일본 지역학 입문 1

문화・사회

한국외국어대학교 일본어대학 학술도서편찬위원회

HUiNE

머리말

1961년 창설된 한국외국어대학교 일본어과는 그동안 우리나라 일어일문학계의 선도 역할을 해왔다. 당시만 해도 우리나라는 일본연구의 불모지였을 뿐만 아니라 일본에 대한 국민감정도 지극히 좋지 못한 상태였다.

그러나 반세기가 지난 지금 상황은 일변했다. 오월동주呉越同舟의 입장 하에서 우리는 미우나 고우나 일본과의 공존의 길을 모색할 수밖에 없을뿐더러, 일본의 그릇된 모습을 바로잡기 위해서라면 더더욱 반일反日이 아닌 지일知日의 논리로 무장해야 한다.

제대로 된 지일이란 일본의 어문학은 물론 역사, 문화, 사회, 정치, 경제 등 전방위적 융합연구를 필요로 한다. 그 동안 다양한 저술 작업을 통해 일본어문학 연구의 저변 확장에 기여해 온 본 학술도서편찬위원회에서는 일본지역에 대한 융합연구를 지향하며 일본의 문화와 사회에 관련된 열 두 개의 관심사를, 세 개의 영역으로 묶어 편찬하였다.

제1부 프롤로그에서는 일본 문화와 사회의 토대를 이루는 인문학적 기초지식을「일본지역학 입문·일본의 역사와 지리」를 통해 소개하였다. 제2부에서는 전통과 일상이 공존하는 일본문화의 중층성을「전통문화·무사도·생활·마쓰리·종교」에서 찾아보았다. 제3부에서는 근대와 탈근대가 교차하고 있는 일본사회의 역동성을「가족·교육·젠더·다민족성과 마이너리티·사회운동」에 초점을 맞추어 조망하였다.

개별 주제의 책임 집필자와 개요를 정리하면 다음과 같다.

「일본지역학 입문」(박용구)은 지역학의 활력이자 논쟁거리로 남아 있는 지역 및 지역학의 개념, 인식론 및 연구방법, 일본학의 발전단계별 유형의 특징에 대해 진지한 고민을 담아 일본지역학의 정체성을 확립하고자 하고 있다.

「역사와 지리」(박용구)는 일본사의 시기별 특징을 통시적으로 개관하고 일본의 지리와 행정구역에 대해서 역사적 배경을 가미하여 설명함으로써 일본 문화와 사회를 이해하기 위한 단초를 제공하고 있다.

「전통문화」(김미정)는 일본 전통문화의 진수를 예술·예능·소양의 세 분야로 나누어 기술하고 있는데, 예술에서는 우키요에·하이쿠·공예, 예능에서는 노·분라쿠·가부키, 소양에서는 다도·서도·이케바나를 사진을 곁들여 알기 쉽게 해설하고 있다.

「무사도」(노병호)는 특히, 충의 문제에 초점을 맞추어 무사도의 형성과 전개, 니토베 이나조의 무사도론, 영화화 한 무사도, 현대 일본사회 속의 무사도를 살핌으로써 무사도에 대한 다층적 분석을 시도하고 있다.

「생활」(김현성)은 일상생활 속에서 보이는 일본인의 행동유형별 생활시간을 양적으로 소개한 후 일본인의 생활문화의 역사, 내용, 특징을 의·식·주로 나누어 과거, 현재, 미래라는 프리즘을 통해 입체적으로 분석하고 있다.

「마쓰리」(양익모)는 방방곡곡에서 연중 거행되는 일본의 마쓰리를 기원, 준비과정, 의식으로 나누어 설명함으로써 현장감을 생생하게 전달할 뿐만 아니라, 3대 전통마쓰리와 현대마쓰리를 소개한 후 일본인에게 마쓰리가 지니는 의미를 규명하고 있다.

「종교」(김태정)는 일본의 민족종교인 신도와 일본 불교의 특징, 절대유일신교인 기독교가 일본에서는 정착하지 못하고 민중종교·민속종교로서 신종교가 유행하는 이유를 통해 일본인의 종교의식과 종교행동을 심층적으로 기술하고 있다.

「가족」(이상훈)은 전통적 성별분업의식과 가부장제의 약화를 축으로 일본 가족제도의 역사 및 가족형태의 변화를 일괄하고, 저출산과 고령화로 인해 야기되고 있는 사회문제에 대한 대책을 개인이 아닌 국가적 차원에서 거시적으로 모색하고 있다.

「교육」(김경옥)은 일본사회를 이해하기 위한 본질적 배경이 교육에 있다는 인식하에 일본의 교육사, 교육행정 및 정책에 관한 제도, 교육내용, 교육과정을 살핀 후 오늘날 일본의 교육이 당면한 문제들을 예리하게 제시하고 있다.

「젠더」(김영)는 소수자로서 여성의 인권과 다양한 선택을 인정하자는 것이 젠더론이라 정의하며, 가족·성문화·천황제에서 비롯되는 여성 억압적인 일본사회의 차별적 구조를 극복하기 위해서는 여성의 자기결정권이 존중되어야 한다고 주장하고 있다.

「다민족성과 마이너리티」(장박진)는 단순히 수적 소수자란 관점이 아니라 사회적 약자로서 차별받고 있는 일본사회의 마이너리티 문제를 아이누·오키나와인·재일코리안·뉴커머·부락민으로 나누어 다민족적 관점에서 해부하고 있다.

「사회운동」(최우영)은 전후 일본 사회운동의 역사를 개관하고, 노동운동과 학생운동으로 대표되는 조직적 사회운동과 조직적 사회운동이 약화된 후 다양하게 전개되고 있는 일본의 새로운 사회운동을 평화운동·소비자운동·환경운동을 중심으로 살펴보고 있다.

이 책이 일본 문화와 사회의 중층성과 역동성을 생생히 전달하는 유익한 자료가 되길 바라며, 나아가 우리의 모습을 반추해볼 수 있는 계기가 될 수 있다면 더 없는 보람이 될 것이다.

2011년 2월 25일

한국외국어대학교 일본어대학 학술도서편찬위원회

목 차

3부 사회

찾아보기

1부
프롤로그

1장 일본지역학이란?

일본학이란 일본을 연구대상으로 하는 지역학을 가리킨다. 이에 해당하는 영문 표기를 살펴보면 Japanology 또는 Japanese Studies가 눈에 띈다. 대체로 전자는 역사, 철학, 문학 등 고전적 인문학 중심의 유럽의 학풍, 후자는 정치학, 사회학, 경제학 등 현대적 사회과학 중심의 미국의 학풍이 반영된 표현이라 할 수 있다.

여기에 더해 우리나라에서는 일본지역학Japanese Area Studies이란 말도 자주 접할 수 있다. 굳이 따지자면 일본지역학이란 표현은 Japanology보다는 Japanese Studies에 가까운 의미를 담고 있다고 할 수 있지만, 그 말이 사용되는 문맥을 살펴보면 일본어학이나 일본문학을 제외한 일본학이라는 함의를 가질 때가 많다.

한편, Japanology와 Japanese Studies를 구분하여 우리말로 옮길 경우는 전자는 일본학, 후자는 일본연구로 하는 것이 일반적이다.

이름 하나 붙이기도 이처럼 복잡한 이유는 우리나라에서 지역학이 각광받게 된 역사가 일천하여 아직도 그 정체성이 제대로 확립되어 있지 못 하기 때문이다. 이 책 및 이 장의 제목을 정하기까지도 똑같은 고민이 있었다. 일단, 일본어학이나 일본문학과의 구분을 보다 선명히 하기 위해 일본지역학이라 이름 붙였지만, 그 내용을 들여다보면 포괄적인 의미에서의 일본학이란 표현이 더 적합할지 모르겠다.

이 점에 유의하면서 지역학 및 지역에 대한 개념, 지역학의 인식론 및 연구방법, 그리고 일본학의 발전단계별 유형의 특징에 대해 살펴보기로 한다.

1. 지역학이란?

'각 지역의 언어를 토대로 역사, 문화, 어학, 문학, 사회, 정치, 경제는 물론 자연과학까지 아울러 해당 지역의 특수성과 보편성을 포함한 총체성을 탐구하는 학문'이란 기술을 실마리로 지역학의 정체성identity

에 대해 생각해 보자.

여기에는 첫째, 지역학은 지역을 연구대상으로 삼는 학문이라는 의미가 담겨 있다. 이때 지역이란 연구자의 입장에 따라 시공time-space의 영역이 확장되거나 축소되기도 하지만 어떤 경우든 해당 지역 사람들의 총체적 삶의 장이란 점에는 변함이 없다.

둘째, '각 지역의 언어를 토대로 한다'는 것은 해당 지역에 살고 있는 사람들의 정신세계의 일차적 표현 수단을 앎으로써 그들의 삶의 본질을 이해하는 데 보다 가까이 접근할 수 있다는 뜻이다. 지역에는 내재적 관점에서 바라 본 정체성과 외재적 관점에서 바라 본 정체성이 있을 수 있는데, 지역학에서는 전통적으로 내재적 관점을 우선시 해 온 탓에 현지어의 습득은 필수적이다. 하지만 급속도로 확산되고 있는 세계화의 물결로 전지구적 교류가 일반화함으로써 밖에서 바라 본 정체성의 의미가 점점 커져가고 있는 현실을 무시할 수 없다. 나아가 두 관점이 서로 얽히고 설켜 지역의 정체성을 역동적으로 변화시켜 나가고 있는 것이 이 시대의 참모습이라 할 수 있다. 따라서 이처럼 변혁기에 놓인 지역의 정체성을 규명하기 위해서는 '안'의 논리를 대표하는 현지어에 정통하는 것은 물론 '밖'의 논리를 선도하고 있는 영어의 습득에도 주의를 기울일 필요가 있다.

셋째, '역사, 문화, 어학, 문학, 사회, 정치, 경제는 물론 자연과학'까지 아우른다고 했는데, 그 이면에는 '역사와 문화'에 대한 기본적인 이해를 바탕으로 연구를 해나가야 한다는 뜻이 내포되어있다. 이는 어떤 지역이든 해당 지역의 역사 및 그 속에서 형성된 문화를 반영한 삶이 형성되어 왔기 때문에 역사와 문화에 대한 기본적인 이해 없이는 지역의 총체성에 접근할 수 없다는 인식에 근거한 것이다. 다시 말해 총체적인 삶의 장으로서의 지역은 현재 눈에 보이는 현상만을 다루는 정태적 접근으로는 본질을 분석할 수 없기 때문에, 오랜 시간 속에서 축적되어 온 해당 지역의 역사와 문화를 시야에 넣은 동태적 분석이 필요하다는 뜻이다.

해당 지역의 역사와 문화에 대한 이해를 강조하는 또 다른 이유는 미국의 외교정책상 목적을 수행하기 위해 행해져 온 지역연구area studies에 대한 회의와 반성에서 비롯된다. 주지하다시피 제2차 세계대전 이후 미국에 의해 주도되어 온 지역연구는 냉전체제 하에서는 물론 세계화 시대에 접어들어서도 미국의 세계전략을 뒷받침하는 수단으로서의 역할을 담당해왔다. 때문에 지역연구가 정치학·정책학·국제정치학의 한 응용분야로 인식되어 온 측면이 강하다. 이런 상황 아래서는 지역이란 강자에 의한 지배의 대상 이상의 의미를 갖기 어렵고, 그 결과 각 지역의 고유한 역사와 문화가 무시되고 만다.

일반이론의 구축에만 눈을 돌리는 오류도 지역의 역사와 문화의 중요성을 환기시키는 계기가 되었다. 그러한 연구자들은 지역을 일반이론을 수립해가는 과정에서 고려해야 할 하나의 사례쯤으로 치부하여 지역의 본질을 왜곡시켰다. 지역을 총체적인 삶의 장으로서 인식하는 지역학자라면 누구나 공감할 수 있는 사실 즉, 고유의 역사와 문화를 가진 지역은 각각의 독자성을 내포하고 있어 이론 구축이나 검증을 위한 대상이 되어서는 안 된다는 점을 간과한 것이다.

넷째, '역사, 문화, 어학, 문학, 사회, 정치, 경제는 물론 자연과학까지 아울러 해당 지역의 특수성과 보편성을 포함한 총체성을 탐구하는 학문'이란 표현은, 영역의 단순한 나열이 아니라 '다코쓰보たこつぼ'적 분과학문discipline의 문제점을 극복하기 위해 학제적interdisciplinary 연구를 통해 특수성과 보편성을 포괄하는 지역을 종합적으로 파악해야 한다는 의미를 함축하고 있다. 엄청나게 빨리 이동하는 비행기 안에서 속도를 감지할 수 있는 유일한 방법은 창밖을 내다보는 것이다. 밖을 통해 안을 가늠하듯이 분과학문의 경계를 넘나드는 노력을 경주할 때 비로소 지역의 총체적 실체에 접근해갈 수 있을 것이다.

① 다코쓰보 속에 갇힌 문어

② 횡단하지 못하는 분과학문의 세계를 연상시키는 다코쓰보들

이는 흔히 총체성Gestart의 파악이란 말로 대변되고 있는데, 총체성이란 부분의 단순한 합 이상이라는 의미를 갖는다. 부분과 부분이 모여 구성하는 전체는 하나하나와는 관계없는 집단성질을 갖게 된다. 예를 들어 생명현상을 생각해보자. 세포는 여러 분자로 이루어져 있다. 물과 단백질을 비롯해 지질, 탄수화물, 무기물 등 여러 가지로 구성되어 있는데, 이러한 분자 하나하나에는 생명이 없다. 그런 분자들이 모여 세포라는 집단을 만들면 그들의 협동작용을 통해 생명현상이라는 총체성이 생긴다.

무모한 시도란 비판에도 불구하고 학제적 연구에 의한 횡단학문의 구축을 끊임없이 역설해 온 지역학의 정신이 빛을 발휘하여 요즈음 우리 학계에 융합fusion·통섭consilience의 바람을 불러일으키고 있다.

지금까지 서술한 내용을 바탕으로 정리해보면 지역학이란 '해당 지역의 언어와 기본적인 역사·문화적 지식을 습득한 연구자가 특수성과 보편성을 포괄하는 해당 지역의 총체성을 학제적으로 연구하는 종합학문'이라 할 수 있다.

2. 네 가지 지역

일반적으로 공간적 범위로서 지역의 개념은 촌락·도시·지방권으로 대표되는 국내sub-national, 국민국가nation-state, 복수의 국민국가를 포괄하는 국가간inter-national, 나아가 초국가적trans-national 영역까지 확대될 수 있을 것이다. 이들 지역은 독자성을 지닌 하나의 단위로 기능하면서도 서로 영향을 미치는 관계 속의 존재로서 그 의의를 달리해 왔다.

(1) 국민국가

근대 이후 20세기까지의 지역학에서는 국민국가에 대한 연구가 압도적이었고 그 영향력은 지금도 강하게 남아 있다. 서구 제국주의의 식민지로서 세계사의 주무대에서 관심 밖의 지역으로 남아 있던 아시아나 아프리카의 국가들은 제2차 세계대전이 끝난 후 내적으로는 국민국가로, 국제사회에서는 하나의 주권국가로 등장하기 시작했다. 새로운 시대적 추세 속에서 이들 나라들을 독자성을 가진 하나의 국가로 파악하려는 노력들은 당연한 역사의 귀결이었다 할 수 있다.

그러나 21세기의 지구촌global village은 이미 국경 없는 세계boardless world로 불릴 만큼 상호의존과 무한 침투가 진행되고 있어 국민국가는 더 이상 고립된 존재로 있을 수 없게 되었다. 이미 대세로 자리 잡은 국제화internationalization 및 세계화globalization의 격랑은 국민국가의 존재 자체까지 위협하며 국내, 국가간 혹은 초국가적 지역의 의미를 한층 강화시키고 있다.

(2) 국가간 지역

국가간 지역은 지역의 특수성을 바탕으로 그 지역의 자주성을 유지하면서 연대와 협력을 촉진하려는 지역주의regionalism[1]를 기반으로 구성된다. 지역주의는 특히 경제문제를 중심으로 전개되고 있는데, 세계적 차원의 다자무역 보다는 우선적으로 국가간 연합에 국한된 자유무역을 추구하고 있다.

memo

1) 사전적 정의에 따르면 지역region이라는 말은 ①복수의 국가로 이루어지는 세계의 일부, ②한 국가 내의 일부 등 문맥에 따라 다르다. 따라서 지역주의regionalism란 ①국제적 지역 통합을 지향하는 사고방식, ②중앙 집권적인 정치 기구 안에서 몇 개의 지방 자치 단체를 지역적 특성에 따라 구분한 새로운 행정 단위로 설치하려고 하는 사고방식을 지칭하지만, 지역학에서의 지역주의란 전자를 가리킨다.

예를 들어 한국·일본·미국·캐나다·호주·뉴질랜드와 아세안 6개국에 의해 출범한 아시아태평양경제협력체(APEC:Asia-Pacific Economic Cooperation)는 장기적으로는 아·태지역 내 무역과 투자의 자유화를 목표로 하고 있지만, 중·단기적으로는 인력자원·기술·관광·통신 등 각 분야별로 실질적인 협력 증진을 통하여 동아시아와 미주를 잇는 경제공동체를 추구하고 있다. 2010년 현재 27개 회원국으로 이뤄진 유럽연합(EU:European Union)은 벨기에·프랑스·독일·이탈리아·룩셈부르크·네덜란드 사이의 경제통합을 실현하기 위한 목적으로 설립된 유럽경제공동체(EEC:European Economic Community)의 후신으로서 현재 경제 통합을 넘어 정치적 통합까지 시도하고 있다. 북미자유무역협정(NAFTA:North American Free Trade Agreement)은 미국·캐나다·멕시코 3국이 관세와 무역장벽을 폐지하고 자유무역권을 형성한 협정이다. 라오스·미얀마·캄보디아·필리핀·말레이시아·싱가포르·인도네시아·브루나이·베트남·타이의 10개국으로 구성된 동남아시아 국가 연합(ASEAN:Association of Southeast Asian Nations)은 동남아시아 지역의 경제 협력을 중심으로 지역 내 각종 문제 해결을 위해 결성되었다. 아르헨티나·브라질·파라과이·우루과이·

베네수엘라를 중심으로 한 메르코수르(MERCOSUR:Mercado Común del Sur)는 중남미지역의 물류와 인력 그리고 자본의 자유로운 교환 및 움직임을 촉구하며 경제 통합에서 시작하여 정치통합까지 나아갈 목적을 지닌 지역연합이다.

(3) 초국가적 지역

국가간 연합을 넘어 초국가적 지역의 의미가 한층 강화된 것은 세계화의 영향이다. 세계화란 경제적, 문화적, 사회적, 정치적 관련이 국가나 지역의 경계를 넘어 지구 규모로 확대되어 가는 과정이다. 세계화가 진척될수록 사람人·물건物·자본金·정보情報의 국제적인 유동화에 따라 다양한 사회현상이 국가나 지역의 틀을 넘어 초역화超域化해 간다. 예를 들면 세계 경제의 융합과 연계 강화, 이문화 교류의 기회 증가, 정치 주체의 일원화, 각종 사회문제의 전지구적 전개 등을 꼽을 수 있다.[2)]

memo

2) 헐리웃 영화·스타벅스·아니메·한류, 세계무역기구·국제금융기구IMF·비정부조직NGO, 환경오염·에너지·전염병·국제분쟁 등.

(4) 국내 지역

초국가적 지역의 등장을 재촉하고 있는 세계화는 다른 한편에서 지방화localization을 촉진시키기도 해서 '세방화glocalization'란 말을 유행시키고 있다. 예를 들어 세계의 모든 무역 분야에서 자유무역질서를 확대, 강화하기 위한 우루과이 라운드(UR:Uruguay Round)의 발효는 쌀시장 개방문제로 인해 우리나라의 농촌에 심각한 영향을 미쳤던 것이다.

지방화는 국가간 연대와 협력을 추구하는 지역주의와는 구분된다. 즉, 지방화란 일정 지역의 주민이 지역공동체에 대해 일체감을 가지고 지역의 행정적, 경제적 자립성과 문화적 독립성을 추구하는 것이라 할 수 있다. 촌락, 도시, 지방권으로 대표되는 국내 지역을 지역학의 대상으로 삼을 수 있느냐는 문제가 제기된 바 있으나 기존의 지역학에서는 부정적인 인식이 강했다. 그러나 양날의 수레바퀴가 된 세계화와 지방화 즉, 거침없이 집어삼키며 밀려오는 거대한 파고와 같은 세방화의 물결을 목도하면서 향후 지역학에 있어서 국내 지역이 갖는 의미가 한껏 강화되어갈 것으로 예상한다.

(5) 지역의 의의

지역은 논리상, 분석상 유효한 형태로 자유로이 설정이 가능하다는 조작개념(≒발명)과 역사적 형성물로서의 지역이 존재한다는 실재개념(≒발견)이 있다. '일본이란 대체 어떤 지역일까?'라는 의문을 가져보자. 국민국가로서의 일본은 근대성의 산물로서 정치적, 경제적 목적을 위해 만들어낸 상상의 공동체에 불과하다는 조작개념이 있을 수 있는 반면, 일본역사의 초창기부터 이어져 온 민족공동체라는 실재개념도 있을 것이다. 이처럼 지역은 조작개념과 실재개념을 동전의 양면처럼 가지고 있다. 심지어 '동남아시아'나 '중동'이란 말처럼 제2차 세계대전 당시 군사상의 전략용어로 채택된 조작개념을 통해 널리 알려진 다음, 학술용어로 보편화되어 실재적 존재를 내포하는 개념처럼 사용되는 사례도 있다.

지역학이 답습해 온 과정을 들여다보면 지역을 상정하는 것은 연구자의 관심사에 따라 좌우되는 인지개념perceptual concept적 성격을 띠고 있다. 요컨대 역사적 실체로서의 지역을 전면 부인하지 않으면서, 연구과제의 성격에 따라 신축성을 가질 수 있는 동태적 공간으로 지역을 인식하는 것이 바람직하다. 편의상 지역을 네 가지 영역으로 나누어 설명했는데, 이들 지역은 독자성을 지닌 하나의 단위로 기능할 때도 있지만 서로 영향을 주고받는, 상호 침투적인 관계 속의 존재로서 그 의의를 달리해 왔다.

3. 세 가지 테마

지역학의 외연은 눈부시게 확장되어왔지만 그 의의를 둘러싼 논란도 끊임없이 이어지고 있다. 논란의 핵심은 주로 방법론과 인식론을 둘러싼 문제였는데, 이와 관련하여 빼놓을 수 없는 세 가지 테마에 대해 살펴보기로 한다.

(1) 학제적 연구

지역학의 지향점인 종합학문으로서의 목표를 달성하기 위한 학제적 연구의 시초는 19세기 유럽의 사회 상황과 그에 대응한 학문적 동향에서 찾아볼 수 있다. 당시 유럽에서 진행된 산업혁명은 정치, 경제, 사회, 문화 등 모든 분야에 걸쳐 상당한 변화를 초래했고, 그 변화는 전통적인 분과학문의 틀 속에서는 분석해내기 힘든 것이었다.

도제관계를 바탕으로 한 종래의 수공업 생산이 임금노동 관계를 기반으로 한 대규모 생산체제로 전이되는 과정에서 발생한 노사관계의 대립은 대표적인 예다. 새로이 등장한 노사간의 대립을 해결하기 위해서는 이에 대한 법적, 정치적, 경제적, 문화적 고찰이 불가결했다. 우리 사회의 갈등을 극에 달하게 만든 '대운하 문제'도 본질적으로 운송, 관광, 환경, 경제, 정치 등 다양한 분야의 갈등이 혼재되어 있는데서 비롯된 현상이어서 학제적 접근이 불가피하다.

제2차 세계대전 이후 미국을 중심으로 지역연구가 발전해가면서 지역의 총체성을 규명하기 위한 방법으로서 학제적 연구의 필요성이 한층 제고되었다. 20세기 학문의 주류는 전문 분화된 학문이라는 기성의 일반적 인식이 지배적이었지만, 분과학문의 설명력의 한계가 학제적 연구의 중요성을 더욱 부각시킨 것이다. 전문화된 분과학문의 체제에서는 대상과 수법을 한정하여 특정한 주제를 좁고 깊게 탐구할 것이 요구되었다. 이러한 연구방법은 학문의 과학화를 주도하면서 많은 기여를 해온 것이 사실이지만, 동시에 극복해나가야 할 상당한 문제도 표출시켜 왔다. 풀어야 할 학문적 과제는 점차 복합화·종합화하고 있는 반면, 분과학문이 발전할수록 분과간의 대화는 현저히 곤란해지고 어떤 경우에는 대화 자체가 거의 불가능한 지경에까지 이른 것이다.

(2) 비교연구

비교란 둘 이상의 대상 사이에 존재하는 동질성과 이질성을 밝히는 작업이고 그렇게 함으로써 비교대상의 특징이 명확해지는 효과를 거둘 수 있다. 이런 비교는 지역의 총체성을 규명하는 작업을 한층 진전시킬 것이다. 지역을 연구하며 얻은 데이터를 단순히 모아두는 것에만 그치지 않고 이 자료들의 비교연구comparative studies에 의해 지역의 특수성을 한층 명확히 하는 한편, 각 지역의 동질성에 기반한 보편성을 밝힘으로써 지역에 대한 총체적 해명을 가능케 하는 기회를 제공하는 것이다. 그 결과 지역간의 배타성이 줄어감과 동시에 보다 보편적인 이론의 확립을 향한 일보 전진도 가능할 것이다.

지역학에 있어 비교연구의 중요성을 강조하고 있지만 비교란 새삼스런 개념이 아니며 기존의 분과학문에서도 상당한 연구 성과가 축적되어 있다. 따라서 지역학에서는 분과학문의 구체적인 비교의 방법을 충분히 활용할 필요가 있다.

단, 지역학에서의 비교란 기존의 비교연구가 범해 온 오류 즉, 일반이론의 확립과 검증을 위해 자신의 이론에 들어맞는 데이터만을 모으고 그 이론에 적합하지 않은 지역을 분석에서 제외시키는 오류를 범해서는 안 된다.

또한 비교의 기준이 서구의 과학에 근거하여 추출되는 경향이 종종 있는데 이 경우 비교의 과정에서 '안'의 논리와 '밖'의 논리 사이에 갈등이 야기되어 왔다. 그 동안 수많은 연구의 결과가 그 오류를 입증했듯이 바깥쪽의 논리만으로 지식의 체계화를 행하면 지역학에서 가장 중시하는 덕목인 대상지역의 독자성 추구가 완전히 무시되어 버린다. 따라서 지역의 비교를 행할 때는 우선적으로 외부에서 가져 온 비교기준이 내적으로 통용될 수 있는지에 대한 검증이 필요하다. 그것이 안쪽의 논리와 모순을 이룬다면 안쪽의 논리를 바탕으로 바깥쪽의 논리를 갈고 닦아가는 노력을 행할 필요가 있다.

(3) 상대주의

제2차 세계대전 종결 후 서구 제국주의의 식민지로부터 독립한 아시아나 중동, 아프리카의 나라들이 주권국가로서 국제무대에 속속 등장하기 시작했다. 그런 가운데 1950, 60년대를 거치면서 구미의 학자들 사이에는 이들 독립국들에 대한 근대화론이 일세를 풍미했다. 즉, 독립국들을 포함한 비구미국가들은 구미 선진 자본주의 국가들이 이미 경험한 근대화의 길을 따라가지 않을 수 없으며, 일단 근대화가 진행되기 시작하면 과거의 역사나 전통과는 무관하게 공업사회의 요건을 충족시키는 가치정향이 발생하고, 근대화를 완수한 사회끼리는 가치면에서 본질적으로 동질성을 갖는다는 단선론적, 불가역적 수렴론收斂論이 만연했던 것이다.

그러나 현실세계는 근대화론자들의 주장대로 움직이지 않았다. 일본은 근대화론의 오류를 보여준 대표적인 사례에 해당한다. 일본은 1960

년대를 지나면서 구미의 어떤 선진 자본주의국가 못지않게 고도의 산업사회가 되었음에도 불구하고 전통적 가치의 근대적 가치로의 전이는 일어나지 않았다. 그러자 1960년대 후반부터는 고도로 경제성장을 이룩한 산업사회라 할지라도 가치상으로 근본적인 이질성이 존재한다는 반反수렴론이 주장되기 시작했다. 그 후 1980년대에 접어들어 '아시아의 4룡'으로 불린 한국을 비롯한 대만, 싱가포르, 홍콩이 가세함으로써 반수렴론은 더욱 힘을 얻게 되었다. 비구미국가들이 구미식 근대화의 맹목적 추종이 아닌 다선적이고 탄력적인 선택지 가운데 주체적 발전모델을 만들어 나갈 수 있음이 명확해진 것이다.

근대화론을 통해 문제점이 여실히 드러난 의사보편주의擬似普遍主義의 논리는 구미 선진 자본주의국가들의 편협한 우월주의의 산물에 지나지 않는다. 총체적 삶의 장으로서의 지역을 추구하며 이에 대항해 온 지역학은 민족이나 인종 차별주의적 구시대의 틀을 바꾸어 놓는 인식론적, 실천적 지知의 가능성을 열어 놓았다. 우열의 기준이 있을 수 없는 상대적 산물로서의 민족에 절대적 의미를 부여하려는 자민족중심주의 ethnocentrism를 상대화시킨 것이 바로 지역학인 것이다. 지역학은 이 의미에서 상대주의를 가장 유효한 영양소로서 삼을 수 있는 연구의 수법임과 동시에 상대주의의 정당성을 가장 적절히 대변할 수 있는 학문이라 할 수 있다.

지역학의 상대주의적 사고는 '모든 문화는 저차원에서 고차원으로 단선적으로 진화하며, 그 가운데 서구문화가 가장 진화한 형태'라는 문화진화주의에 반기를 든 인류학의 문화상대주의cultural relativism와 맥을 같이 한다. 주지하다시피 문화상대주의란 문화는 각 문화의 독특한 환경과 역사적·사회적 상황 속에서 형성되므로 한 집단의 문화가 다른 집단의 문화보다 본질적으로 우월하거나 열등하다고 간주할 만한 과학적인 근거는 없으며, 따라서 다른 집단이나 사회의 문화를 자신의 잣대로 함부로 재단해서는 안 된다는 입장을 견지하고 있다. 문화상대주의는 그 정당성 여부를 둘러싸고 반대론자들과의 사이에서 많은 논란을 불러일으켰지만 비구미에 대한 구미 우월주의를 완화시키는데 지대한 공헌을 했다는 점에서 지역학의 상대주의와 밀접한 관계를 맺고 있다.

고유한 역사와 문화에 기반한 지역의 독자성을 중시하는 지역학에 있어서 절대적인 중심권은 존재하지 않는다. 이런 의미에서 지역학은 전통적인 학풍에 맞서 상대주의의 가치를 더욱 치밀하게 무장시켜 나갈

시대적 소명을 가지고 있다 할 것이다.

4. 일본학의 유형

일본학 연구는 각국별로 그 나라의 지적 전통과 사정에 따라서 다양한 특성을 띠고 있지만, 큰 틀에서 바라보면 유사한 흐름이 보인다. 그간 일본학이 걸어온 길을 재패놀로지형, 재패니즈 스터디형, 현대형의 세가지 유형으로 나누어 살펴보자.[3)]

(1) 재패놀로지형

일본학의 제1유형으로서 근대 전기에 탄생한 패러다임을 말한다. 이 유형의 일본학은 해외에서 파견 나온 선교사, 외교관이나 메이지정부가 초빙한 외국인의 호기심에서 비롯한 보고에서 출발하여 제2차 세계대전 무렵까지 이어졌다. 그 과정 속에서 각국의 대학이나 연구소에서 일본학이 제도화되어 가면서 소수의 전문가[4)]가 등장하기도 했다.

그러나 대부분의 연구방법은 연구자가 다른 문화에서 자란 자신의 주관적인 눈을 통한 대비의 시각에서 일본을 바라보거나, 주변에서 손쉽게 구할 수 있는 데이터를 호기심에 기초해서 정리하는 자료수집 중심의 것이었다. 따라서 보고 중 일부를 제외하고는 의식하지 못한 편견에서 비롯된 왜곡도 많아 그 자체를 학문적 연구라 할 수 없는 것이 많았다. 또한 이 시기에는 연구자의 수가 극히 빈약했고, 연구대상은 주로 옛 일본의 문헌학·고대사·종교학·민속학에 한정되었다. 뿐만 아니라 일본을 중국을 중심으로 한 대문명의 주변에 있는 조그만 나라로 간주하는 동양학의 관점에서 취급하였기 때문에 중국 전공자가 일본연구를 겸한 경우도 종종 있었다.

(2) 재패니즈 스터디형

일본학의 제2유형에 해당하는 이 유형은 제2차 세계대전 종결 무렵에 시작된 근대사회의 패러다임이지만 현재까지도 일본학의 주류 패러다임으로 활용되고 있다. 이 시기의 가장 큰 관심사는 국민국가 일본의 근

memo

3) J.V.ネウストプニー「日本研究のパラダイム—その多様性を理解するために」国際日本文化センター編『世界の中の日本』1988을 토대로 필자가 재가공한 내용임.

4) 미국에서 일본학의 아버지로 불리는 러시아 출신 프랑스 국적의 옐리세예프(Serge Elisséeff, 1889-1972)와 일본학의 어머니로 불리는 영국 출신의 샌섬(George Bailey Sansom, 1883-1965)이 대표적 인물이다.

대화를 둘러싼 제반 사회현상이었다. 재패놀로지형과 비교해보면 연구의 중심이 근대나 현대 일본의 각 분야로 옮겨지고, 일본을 보는 관점도 동양의 일부로서의 일본이 아닌 독립된 존재로서의 일본이며, 일본에 대해 전문적 훈련을 받은 연구자가 많이 등장했다.

이 시기에 가장 주목받을 만한 현상은 연구방법 면의 변화다. 재패놀로지형이 '이론이나 방법 없이' 전체를 뭉뚱그린 일본학이었고 개인적 레벨을 강조한 학문이었음에 반해, 역사학 · 정치학 · 경제학 · 사회학 등 다양한 분과학문의 일환으로서 자각을 가진 일본 연구자가 각 분야로 나뉘어 일본의 사례를 자유롭게 이용하여 보편성 높은 이론을 구축하고자 노력한 것이다. 즉, 경제학에서는 통계를 활용하고, 사회학에서는 설문지와 면접을 활용한 사회조사를 행하고, 문화인류학에서는 참여관찰이 이루어지고, 문학에서는 텍스트의 구조적 분석, 언어학에서는 인포먼트informant 조사가 행해졌다. 나아가 그것을 종합하여 일본 전체를 파악하고자 하는 학제적 연구방법도 동원되기 시작했다.

(3) 현대형

일본학의 제3유형에 해당하는 탈근대의 패러다임이다. 연구방법 면에서 학제적 연구에 더해 비교연구가 강조되기 시작했다는 점이 주목되지만, 연구방법보다는 일본 지역학의 과제에 대한 인식의 차이에서 재패니즈 스터디형과의 차별성이 두드러진다.

현대형에서는 근대를 넘어선 일본사회, 혹은 연구자의 인식이 근대 후를 문제시 한다. 1970년대까지만 해도 주류를 점하고 있던 일본 '특수독특론'[5]의 시점을 벗어나 사회 속의 분산 · 대립 · 과정 · 상호의존 결정 인자라는 요소로 분석의 초점이 이행되고, 1980, 90년대를 거치면서 그 중요도를 더해가고 있다. 연구대상 지역에 있어서도 재패니즈 스터디형이 국민국가 일본의 근대화에 관심을 집중시킨 반면, 현대형 패러다임에서는 국제화와 세계화의 물결과 연동되어 움직이는 국내, 국가간, 초국가적 지역에 대한 관심이 증대되고 있다.

memo

5) 일본인은 모두가 다른 국민에게서는 찾을 수 없는 일정한 특질을 가지고 있다는 '일본인 동질론'과 그와 같은 특징 중에서 가장 현저한 속성은 집단에 관한 자발적인 헌신 정신이라는 '일본인 동조론'을 뜻한다.

심화학습

1. 문화상대주의의 정당성과 문제점을 구체적인 예를 들어 조사해 보자.
2. 학제적 연구에 대한 비판과 창의적 대안에 대해서 생각해 보자.
3. 지역학의 입장에서 일본의 문화와 사회를 어떻게 공부해야할지 생각해 보자.

참고자료

박용구「한국에서의 지역학논의의 재성찰-교토대학 동남아연구소의 초창기활동에 비추어-」『한국국제지역학회보』 제3호 한국국제지역학회 2004년 8월 pp. 71-94

박용구 외『지역학의 현황과 과제』한국외국어대학교 출판부 1996

최무영『최무영교수의 물리학 강의』책갈피 2010

国立民族学博物館『地域研究論集』JCAS Review Vol.1 No.1 平凡社 1997

鈴木一郎『地域研究入門:異文化理解への道』東京大学出版会 1990

사진 · 그림

① http://kawasaki-kaeru.cocolog-niftg.com/blog/2007/04/post_830d_1.html

② http://www.ikishi.sakura.ne.jp/watarasansaku.html

이 책의 사진 및 그림의 출처는 세 가지 방법으로 표시했다. 제목 앞에 ▲ 표시가 붙은 것은 본 학술도서편찬위원회 소장자료, ▼ 표시가 붙은 것은 일본어판 위키피디아에서 가져 온 것이다. 그 외의 사진 및 그림은 제목 앞에 일련번호를 붙이고 본문 끝에 각각의 출처를 실었다. 모든 자료의 검색 일시는 2011년 1월 중이다.

2장 역사와 지리

초급 일본어를 익힌 학습자라면 '昭和63年 JR特急で行く甲信越ツアー'가 '쇼와昭和63년 JR특급으로 떠나는 고신에쓰甲信越 여행'을 뜻한다는 것은 쉽게 짐작할 수 있을 것이다. 그러나 '쇼와63년'이 서력 몇 년이고, '고신에쓰'가 무슨 말인지는 간단한 문제가 아니다. 즉, 일본 역사와 지리에 대한 초보적 지식 없이는 이 짧은 문구가 전달하고자 하는 정보를 제대로 알 수가 없다.

메이지유신 이후 일본은 1천황 1연호를 쓰고 있다. 그에 따라 히로히토裕仁천황이 즉위한 1926년을 원년으로 삼아 사망한 1989년까지 쇼와란 연호를 사용했다. 따라서 쇼와63년이란 서력으로 1988년에 해당한다.

고신에쓰란 일본이 율령국가였던 시절 행정구역의 하나인 '가이노쿠니甲斐国·시나노노쿠니信濃国·에치고노쿠니越後国'라는 세 곳의 머리글자를 따 만들어진 지방명이다. 이들 세 지역은 대체로 현재의 '야마나시현·나가노현·니가타현'에 해당한다.

이처럼 역사와 지리에 관한 지식은 일본의 문화와 사회를 이해하기 위한 필수적인 수단이다. 이 장에서는 먼저 일본역사를 통사적으로 개관하고, 이어서 전통적으로 전해져 내려오는 지방의 의미 및 현재의 행정구역에 대해서 소개하기로 한다.

1. 역사

동해, 태평양, 동중국해, 필리핀해, 오호쓰크해로 둘러싸인 일본열도는 동북에서 남서 방향으로 약 3000km에 걸쳐 뻗어 있는 6000여개의 섬으로 구성되어 있다. 일본열도는 약 2억여 년 전 고생대 말엽의 심한 조산운동과 화산활동 이후 비로소 그 전모를 바다 위에 드러내었다. 또한 생성 당시만 해도 아시아 대륙과 이어져 있던 일본열도가 대륙으로부터 완전히 떨어져 나간 것은 지금으로부터 약 1-2만 년 전 신생대 제4

기의 플라이스토세Pleistocene[6] 말엽으로 추정된다. 이보다 조금 앞서 사람도 살기 시작한 것으로 보이는데, 새로운 증거가 각지에서 발견됨에 따라 점점 그 연대가 거슬러 올라가고 있다.

일본의 역사를 문화사적 관점에서 살펴보면 대체로 센도키先土器(-B.C.8000)-조몬縄文(-기원전 3세기)-야요이弥生(-기원후 3세기)-고훈古墳(-6세기 중엽)-아스카飛鳥(-645)-하쿠호白鳳(-710)-덴표天平(-796)-고닌·조간弘仁·貞観(-9세기 말)-후지와라藤原(-1192)-가마쿠라鎌倉(-1333)-겐무신세이建武新政(-1336)-무로마치室町(-1573)-아즈치·모모야마安土·桃山(-1603)-에도江戸(-1868)-메이지明治(-1912)-다이쇼大正(-1926)-쇼와昭和(-1989)-헤이세이平成(1989-) 시대로 구분할 수 있다.

(1) 원시 · 고대

▼ 쇼토쿠태자

주로 수렵에 의존하며 생활하던 플라이스토세의 일본은 간돌도끼磨製石斧, 활과 화살, 조몬토기를 사용하는 조몬시대를 맞이하여 신석기시대로 접어들었다. 이어서 기원전 3세기를 전후하여 시작된 야요이시대에는 벼농사를 위주로 한 농업 기술과 금속기가 전해지고, 야요이식 토기가 사용되며, 지역마다 소국가가 형성되어 지배계급과 피지배계급의 간격이 커져갔다.

야요이시대가 끝나는 기원후 3세기 무렵부터는 야마토大和정권을 중심으로 국토 통일의 움직임이 전개되었다. 그 과정에서 고훈문화가 발달하고 시세氏姓제도[7]라는 지배기구도 생겼는데, 이 시기를 고고학적 용어로는 고분시대, 정치사적 입장에서는 야마토시대라 부른다.

이 무렵부터 한반도의 문화가 일본에 대량으로 건너갔다. 특히 쇼토쿠聖徳태자(574-622)는 백제를 통해 받아들인 한문과 유교를 바탕으로 604년 통치의 기본 이념인 헌법17조憲法一七条[8]를 만들었다. 나아가 당나라의 율령제에 자극받은 야마토정권은 다이호大宝율령(701)[9]과 이를 개정한 요로養老율령(718)[10]을 편찬하여 율령제 고대국가로 발전해

memo

6) 플라이스토세Pleistocene는 약 180만 년 전부터 1만 년 전까지의 지질시대로서 홍적세 또는 갱신세라고도 한다. 그리스어 'πλεῖστος pleistos(가장)'와 'καινός kainos(새로운)'에서 비롯되었다. 플라이스토세가 끝나는 시기를 고고학에서는 구석기 시대의 끝으로 본다.

7) 동족집단인 우지氏의 조직에 가문이나 정치적 지위 등에 따라 계급 즉, 가바네姓를 부여하여 만든 야마토정권의 지배제도.

8) 지금의 헌법과는 달리 유교나 불교 사상을 바탕으로 한 관료나 귀족이 지켜야 할 도덕적 규범이다.

9) 일본 최초의 형벌에 관한 규정(律)과 정치•경제 등 일반 행정에 관한 규정(令).

10) 다이호율령을 일부 고쳐 편찬한 것으로 형식적으로는 메이지유신까지 존속했다.

갔다. 한편 귀족들의 국가의식이 고양되어 일본 최고의 역사서인 『고지키古事記』(712)와 『니혼쇼키日本書紀』(720)가 등장하고, 문학에서는 일본 최고의 와카和歌집인 『만요슈万葉集』(759)가 편찬되었다. 또한 견당사遣唐使 파견이 중지(894)된 이후 당 문화의 영향이 약해지면서 가나仮名문자의 발달이나 와카집의 편찬 등 일본풍문화가 발전하기 시작했다.

▼ 상해 만국박람회를 맞아 복원된 견당사 배

지식칼럼

고키시치도五畿七道

율령시대에 접어든 후 행정구역은 수도의 주변을 고키(야마토大和 · 셋쓰攝津 · 가와치河內 · 이즈미和泉 · 야마시로山城), 전국을 시치도(도카이東海 · 도산東山 · 호쿠리쿠北陸 · 산인山陰 · 산요山陽 · 난카이南海 · 사이카이西海)로 나누었기 때문에 고키시치도라 불렸고, 도의 밑에는 행정의 기본단위로서 구니国를 두었다.

고키시치도의 흔적은 도카이도신칸센東海道新幹線(도쿄-오사카), 산요山陽신칸센(신오사카-후쿠오카), 호쿠리쿠지도샤도北陸自動車道(니가타-시가)와 같은 교통망이나 호쿠리쿠지방, 산요지방, 산인지방처럼 현재 일본 각지의 지방명 등에 남아 있다.

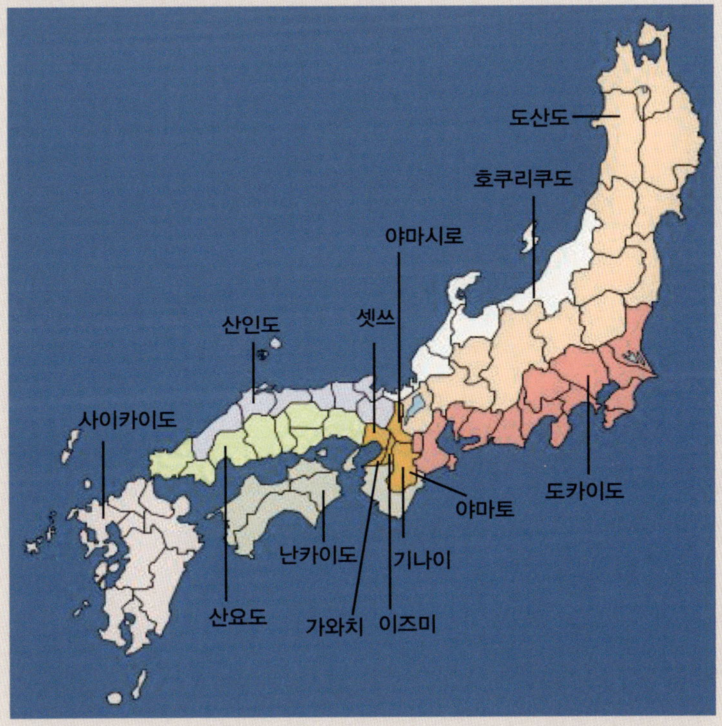

(2) 중세

헤이안시대 말기부터는 간무桓武천황(737-806)의 일족인 헤이시平氏 세력과 세이와清和천황(850-80)의 일족인 겐지源氏 세력의 등장으로 무사들의 시대가 시작되었다. 두 무사 가문은 서로 자신의 선조가 정통 천황의 가문임을 내세우면서 싸웠는데, 결국 미나모토노요리토모源頼朝(1147-99)가 헤이시를 멸망시키고 일본 최초의 무사정권인 가마쿠라막부鎌倉幕府를 설립하여 초대 쇼군将軍에 취임했다. 무사정권은 메이지유신으로 멸망하기까지 약 700년간 이어졌다.

▼ 미나모토노요리토모

그 사이 만 3년에도 못 미치는 짧은 기간 동안 천황 친정체제인 겐무신세이가 실시되기도 했지만, 무로마치에 기반을 굳힌 아시카가씨足利氏[11]에 의해 붕괴됨으로써 무로마치막부가 들어섰다. 8대 쇼군에 10살을 갓 넘긴 아시카가 요시마사足利義政(1436-90)가 즉위한 후 후계자 및 재산 상속을 둘러싼 내분이 일어났는데, 이는 일본 전국을 하극상의 전란으로 몰아간 오닌의 난応仁の乱(1467-77)으로 발전해 갔다. 그 후 100여 년 간 이어진 센고쿠戦国시대를 오다 노부나가織田信長(1534-82)와 도요토미 히데요시豊臣秀吉(1536-98)가 진정시키면서 아즈치·모모야마문화가 꽃을 피웠다.

가마쿠라시대에는 조정세력인 구게公家와 무사세력인 부케武家가 항쟁했던 시대상이 문화에도 반영되었다. 즉, 섬세하지만 우아함을 강조한 구게문화가 주를 이루는 가운데 부케는 구게문화를 수용하면서도 간명하고 웅대함을 특징으로 하는 그들만의 문화를 만들어 나갔다. 무로마치시대에 접어들어서는 부케가 구게를 압도하여 독자적인 문화를 만들어 나갔는데, 이리하여 탄생한 것이 긴카쿠金閣를 중심으로 발전한 기타야마문화北山文化다. 아시카가 요시마사는 오닌의 란 이후 계속되

memo

11) 일본 무가의 하나로서 본성은 겐지출신이다.

는 전란을 뒤로 하고 교토에 긴카쿠銀閣라는 산장을 지어 풍류에 빠졌다. 선종의 영향을 받아 여기를 중심으로 유행한 간소하고 운치 있는 문화를 히가시야마문화東山文化라 한다.

▲ 긴카쿠지金閣寺

▲ 긴카쿠지銀閣寺

아즈치·모모야마 문화는 노부나가가 살던 곳이 아즈치성이고, 히데요시가 만년에 살았던 곳이 후에 모모야마로 불렸기 때문에 붙여진 이름이다. 이 시기의 문화는 신흥 다이묘大名[12]나 도시 호상豪商들의 기풍을 반영하여 활기에 넘쳤으며 남만南蛮문화[13]의 영향도 받았다.

(3) 근세

세키가하라 전투関ヶ原の戦い[14]의 승자인 도쿠가와 이에야스徳川家康(1542-1616)는 1603년 쇼군에 취임하여 에도막부를 열었다. 에도막부는 대내적으로는 쇼군이 막번체제幕藩体制[15] 하에서 토지와 인민을 지배하는 대단히 중앙 집권적인 봉건체제였고, 대외적으로는 초기부터 강력한 쇄국정책을 취해나갔다.

기본적으로 농민이 경제적 기반이었지만, 도시 상공업자인 조닌町人의 활동으로 상업도 번성했다. 뿐만 아니라 전국적으로 수륙교통망도 대단히 발달하여 에도, 오사카大坂, 교토를 비롯한 여러 도시가 번영했다. 그러나 상업의 발달은 무사 계급의 경제적 궁핍을 초래하여 막부체제의 붕괴를 불러온 요인이 되기도 했다.

▼ 도쿠가와 이에야스

에도막부 전기에는 교토와 오사카를

memo

12) 지방에서 세력을 떨치던 사람들 중 무가사회에 접어들어 많은 영지와 부하를 소유하게 된 무사로서 봉건영주에 해당한다.

13) 무로마치 말기에서 에도 초기에 걸쳐 포르투갈·스페인 등의 선교사나 무역상에 의해 전해진 서양문화. 의학, 천문학, 예술, 철포제조술 등이 전래되었다.

14) 도요토미 히데요시가 죽은 후 후계 자리를 둘러싸고 도쿠가와 이에야스를 중심으로 한 동군과 이시다 미쓰나리石田三成를 중심으로 한 서군이 세키가하라에서 벌인 전투.

15) 쇼군을 우두머리로 한 에도막부가 전국을 다이묘(또는 한슈藩主)가 지배하는 번藩 단위로 나누어 다스린 봉건적 통치체제.

중심으로 조닌들의 합리적이고 인간적 감각이 짙게 깔린 겐로쿠元禄문화(1688-1707)가 발전했다. 후기가 되면 에도에도 문화가 성숙해 갔는데, 이 문화는 전환기적 시대상을 반영하여 성숙하고 퇴폐미가 가미된 반면 문화의 대중적 보급이라는 의의를 지녔다. 또한 민중의 교육기관인 데라코야寺子屋[16]를 통한 서민 교육의 확산과 맞물려 문화의 향유 계층도 그 만큼 넓어졌다. 일부의 무사들이나 조닌 등의 지식계급 사이에 성장한 유학儒学, 국학国学, 난학蘭学에는 합리적이고 실증적인 정신에 기초한 근대적 인간관이나 과학기술 등의 맹아가 내포되어 있었다.

memo

16) 에도시대의 서민교육시설로서 승려 · 무사 · 의사 등이 읽기 · 쓰기 · 주산 등을 가르쳤다.

(4) 근대

막말幕末[17] 일본은 국내적으로는 막번봉건체제의 모순, 국제적으로는 구미 자본주의 국가로부터의 개국이라는 압력에 처해 있었다. 이에 대해 일본은 협상에 의한 평화적인 개국의 수행, 막부 타도라는 일련의 과정을 밟으면서 메이지유신(1868)을 시발로 강력한 중앙집권국가를 만들어 내외의 위기에 대응해 나갔다.

▼후쿠자와 유키치

17) 에도막부 말기.

메이지유신 이후 대부분의 다른 근대국가와 마찬가지로 일본은 자본주의 경제와 민주주의적인 정치제도를 표방하며 근대화를 추진했다. 그러나 구미의 근대국가들과는 달리 일본에서는 페리(Matthew Calbraith Perry;1794-1858)의 내항으로 상징되 듯 강요된 개국이 있었고, 아래로부터의 혁명도 이루어지지 못해 일정한 한계를 지닌 근대화가 진행될 수밖에 없었다. 자연스레 절대천황제국가로의 길을 가기 위한 군제개편이 이루어졌고 이를 뒷받침하기 위한 정신무장을 위해 군인칙유軍人勅諭[18] 및 교육칙어教育勅語[19]도 제정되었다.

18) 군의 통수권을 가지고 있는 천황에게 군인이 바쳐야 할 5가지 덕목인 충절 · 예의 · 무용 · 신의 · 검약을 설파함.

19) 충효심을 비롯한 12가지 덕목이 국체의 근본이자 교육의 근원이라 설파함.

한편, 위로부터의 개혁 과정에서 소외당한 세력들은 인민의 힘을 등에 업고 자유민권운동을 전개했다. 그 과정에서 미약하나마 의회나 정당 정치, 지방자치가 실현되었고, 헌법제정(1889)을 비롯한 육법六法을 정비한 근대국가로 탈바꿈해 나갔다. 또한 후쿠자와 유키치福沢諭吉(1835-1901)등 계몽사상가의 활약에 의해 서구의 근대사상이 소개되고 생활양식의 서구화도 진행되었지만 주된 사상적 흐름은 역시 일본의 침략주의를 정당화하기 위한 팽창주의였다. 대외 팽창적 일본 자본주의의 속성은 일청日清(1894-95)·일로日露(1904-05) 전쟁을 계기로 노골적으로 드러났다.

다이쇼시대에는 보통선거 및 정당정치가 실현되었다. 게다가 제1차 세계대전의 특수 혜택까지 받은 일본 경제는 미증유의 호황을 맞이했지만, 원래 취약한 기반 위에 있었던 일본 자본주의는 전쟁 특수의 종결로 심각한 불경기를 겪다가 간토関東대지진(1923)[20]의 영향을 받아 만성적 불황에 빠졌다.

불경기를 회복하지 못한 채 금융공황을 맞이한 쇼와 초기의 일본은 세계 대공황까지 겹쳐 심각한 경제난에 직면했다. 다이쇼기의 정당 정치는 군부의 대두로 붕괴되고 일본경제는 재벌들에게 독점되었다. 군부의 대륙 침략으로 세계로부터 비난받던 일본은 만주사변満州事変[21]을 계기로 국제적 고립의 길을 걷다가 결국 진주만을 공습하여 태평양전쟁을 발발하였다.

memo

20) 진도 7.9의 대지진으로 사망자 및 행방불명자가 14만에 이르고, 일본경찰은 '조선인이 폭도화했다. 우물에 독을 넣고 방화를 했다'며 거짓정보를 퍼뜨리며 학살을 자행했다.

21) 1931년 9월 심양瀋陽 교외에서 시작된 일본의 중국 동북지방 침략전쟁으로, 일본은 이를 통해 만주지방을 빼앗으려 했다.

(5) 현대

▼나가사키의 버섯구름 きのこ雲

히로시마広島와 나가사키長崎에 원자폭탄이 투하되고 소련이 참전하자 일본은 1945년 8월 14일 포츠담 선언 수락을 통해 연합국에 무조건 항복할 뜻을 전했다. 패전 후 일본은 미군정 하에서 정치·경제·사회면에서 여러 가지 민주적 개혁을 단행하고, 1947년 5월 일본국헌법을 시행하여 상징천황제를 제도화했다. 그 후 1952년 4월 샌프란시스코 강화조약의 발효에 의해 주권을 회복한 일본은 국제사회의 일원으로 복귀한 후 러시아(1956), 한국(1965), 중국(1972) 등과 국교를 회복해 갔다. 국내적으로는 보수 자유민주당과 혁신 사회당을 축으로 한 보혁 '55년 체제' 하에 1964년 도쿄올림픽을 성공리에 치러내고 지속적인 고도경제성장을 일구어 세계적 경제대국으로 성장했다.

헤이세이[22]시기에 접어들어 버블경기의 붕괴로 '잃어버린 10년'으로

22) 헤이세이平成란 명칭의 유래는 『사기史記』의 '내평외성内平外成', 『서경書経』의 '지평천성地平天成'에서 왔고, '내외, 천지 모두 평화로워진다'는 뜻이다.

불리는 장기불황이 이어지자 이를 극복하기 위해 경제면에서 다양한 구조개혁을 단행하였으나 여전히 불경기로 고생하고 있다. 정치면에서도 1993년 비자민당 연립세력에 의한 호소카와 모리히로細川護熙내각의 성립으로 자민당은 일시적 야당으로 전락하여 55년 체제가 붕괴되기도 했다. 민주당이 제1야당이 된 1998년 이후에는 자민당과의 2대 정당제가 자리를 잡았고, 급기야 2009년 중의원 선거에서 압승한 민주당을 중심으로 민사국民社国[23] 3당 연립정권의 하토야마 유키오鳩山由紀夫내각이 출범되기에 이르렀다.

메이지유신 이후 탈아입구脱亜入欧로 근대화에 매진하던 일본은 패전 후에는 탈아입미脱亜入美를 통한 미국 따라잡기에 몰두하였다. 그 결과 일본인의 정신세계는 물론 물질적 생활에 있어서도 미국의 영향이 두드러지게 나타난다. 또한 미국의 하위문화subculture를 받아들이면서도 독자적인 형으로 소화하여 아니메, 만화, 게임, J-POP 등을 통해 일본 특유의 '오타쿠문화オタク文化'[24]를 세계로 역발신하고 있다.

memo

23) 민주당民主党 · 사회민주당社会民主党 · 국민신당国民新党.

24) 1970년대에 아니메나 SF 팬에서 출발한 일본의 독특한 문화나 행동양식. 처음에는 어둡고 부정적인 인상을 주었으나 현재는 어떤 일에 푹 빠져 열심인 사람을 지칭하는 좋은 의미도 담고 있다.

2. 지방 및 행정구역

일본열도는 혼슈, 홋카이도, 규슈, 시코쿠라는 4개의 주요 섬을 중심으로 이즈伊豆 · 오가사와라小笠原 · 난세이南西 등의 여러 섬으로 구성된다.

일반적으로 북쪽에서부터 홋카이도北海道, 혼슈本州의 도호쿠東北 · 간토関東 · 주부中部 · 긴키近畿 · 주고쿠中国, 시코쿠四国, 규슈九州 및 오키나와沖縄의 8개 지방으로 분류된다.

행정구역은 더욱 세분화되어 도쿄도, 홋카이도, 오사카부, 교토부와 43현으로 나뉘기 때문에 흔히 47도도부현이라 부르고 그 밑에 시市 · 정町 · 촌村을 둔다. 행정구역은 제각기 명확한 경계를 갖는 반면, 8개 지방은 관습적인 지역개념이기 때문에 일본 전국을 반드시 8개의 지방으로 나눠야 할 당위성도 없을 뿐만 아니라 그렇게 나눠진 지방도 문맥에 따라 경계가 달라질 수 있다.

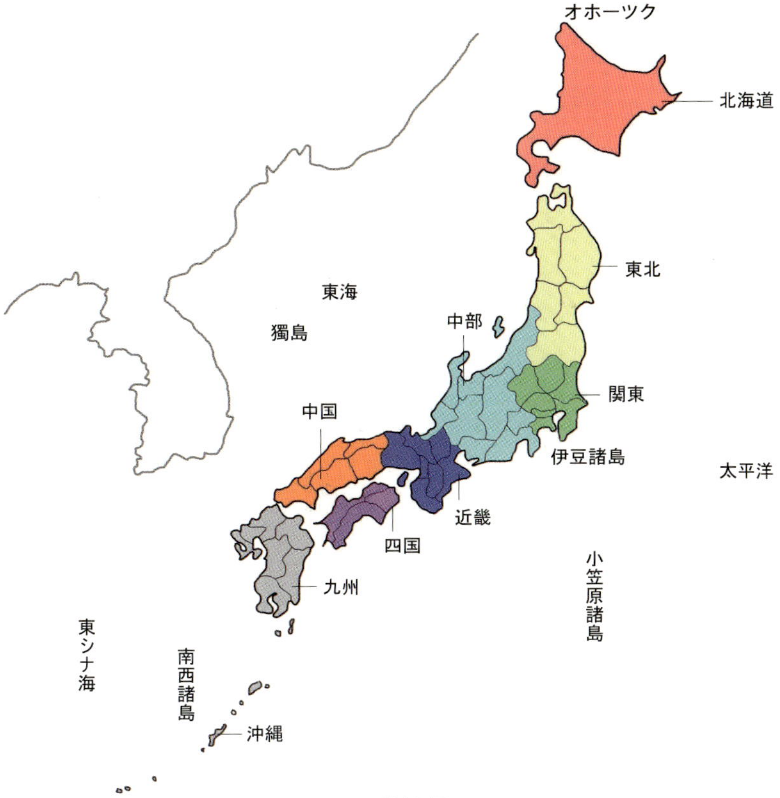

▲ 일본 전도

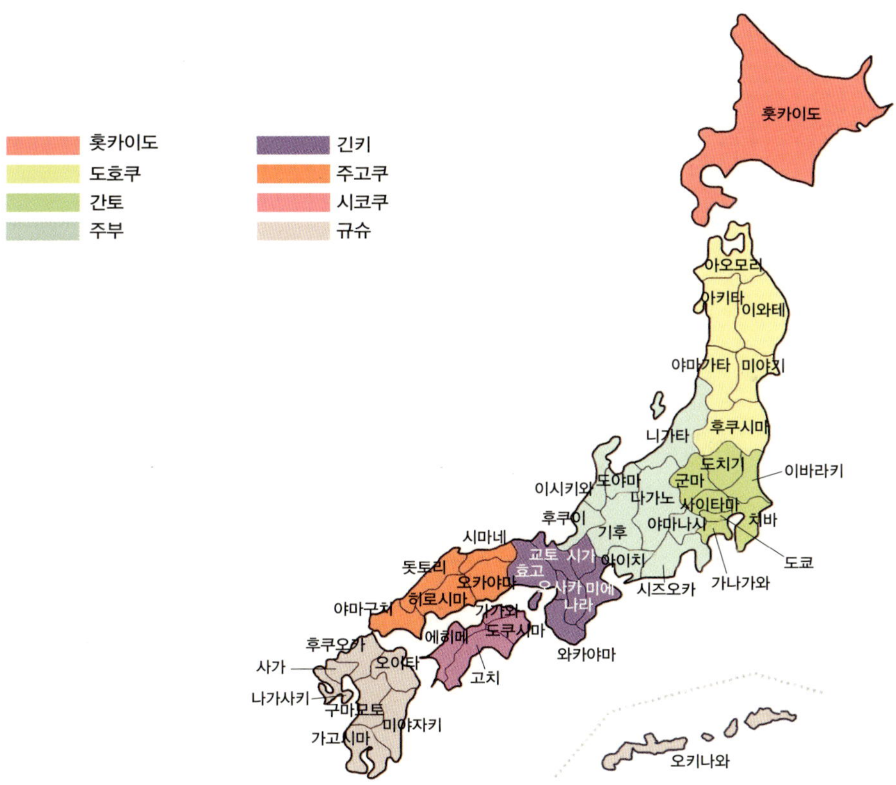

▲ 8개 지방과 47도도부현

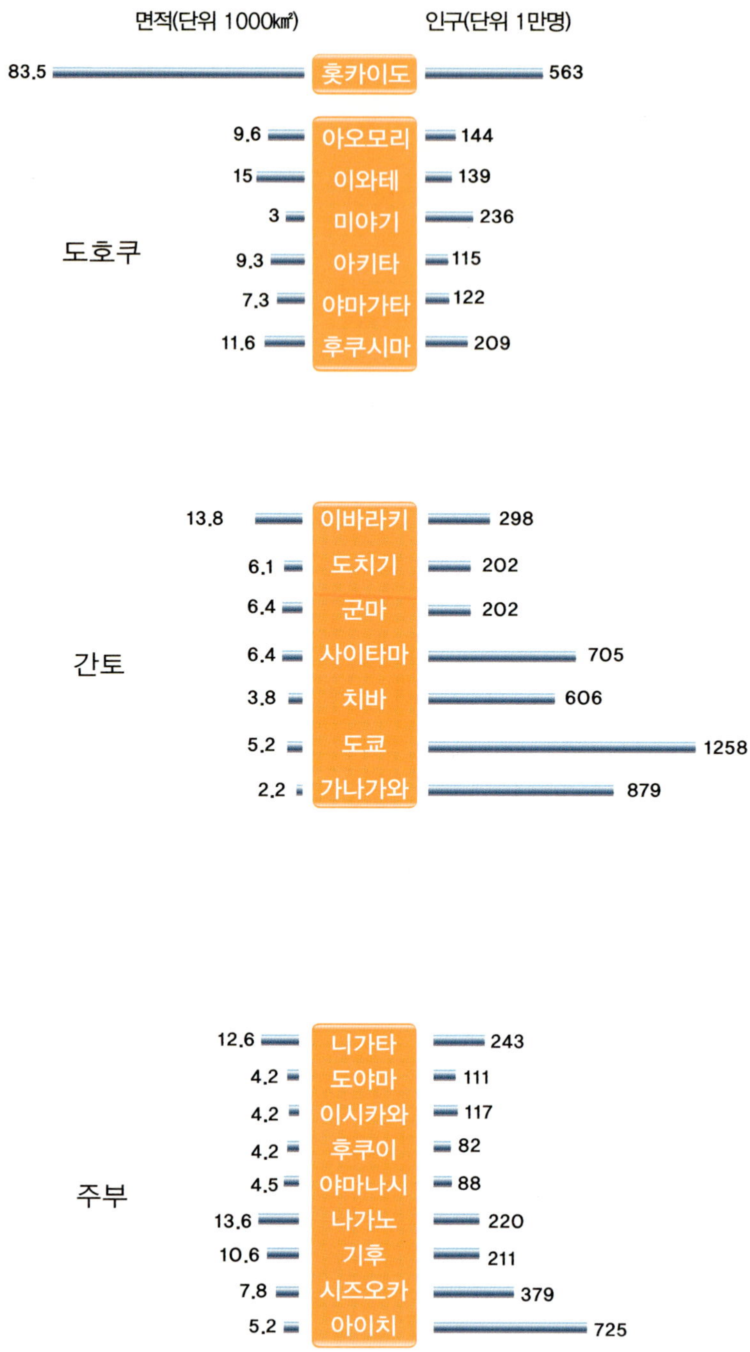

면적(단위 1000㎢)
인구(단위 1만명)
83.5 홋카이도 563
9.6 아오모리 144
15 이와테 139
3 미야기 236
도호쿠
9.3 아키타 115
7.3 야마가타 122
11.6 후쿠시마 209
13.8 이바라키 298
6.1 도치기 202
6.4 군마 202
간토
6.4 사이타마 705
3.8 치바 606
5.2 도쿄 1258
2.2 가나가와 879
12.6 니가타 243
4.2 도야마 111
4.2 이시카와 117
4.2 후쿠이 82
주부
4.5 야마나시 88
13.6 나가노 220
10.6 기후 211
7.8 시즈오카 379
5.2 아이치 725

▲ 47도도부현의 인구와 면적

3.8 지방의 역사성

(1) 홋카이도

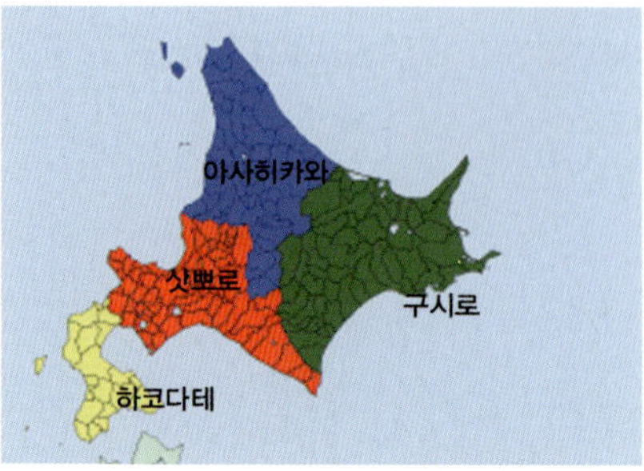

▼도남 : 노랑, 도중앙 : 빨강, 도북 : 파랑, 도동 : 녹색

일본의 최북단에 위치하며 쓰가루津軽해협을 사이에 두고 혼슈, 소야宗谷해협을 사이에 두고 사할린, 쿠릴열도를 사이에 두고 러시아와 접하고 있다. 서로는 동해, 남동으로는 태평양, 북동으로는 오호쓰크해라는 3개의 바다로 둘러 쌓여 있다. 면적으로는 일본에서 2번째, 세계에서 21번째에 해당하는 섬이다. 넓은 만큼 그 안에서 홋카이도의 제1관문인 하코다테函館를 중심으로 한 도남道南, 도청소재지인 삿포로札幌를 중심으로 한 도중앙道央, 구시로釧路를 중심으로 한 도동道東, 아사히카와旭川를 중심으로 한 도북道北의 네 개의 지역으로 분류된다.

메이지시대에 접어들어 고대 율령제의 고키시치도五畿七道의 도道를 모방하여 홋카이도北海道란 이름을 붙였다. 그 전까지 홋카이도는 '에조蝦夷=아이누'가 살고 있다 하여 에조치蝦夷地로 불리고 있었다. 수렵채집생활을 영위하던 아이누가 살던 홋카이도는 일본에서 버림받은 땅이었으나 메이지정부가 홋카이도에 가이타쿠시開拓使[25]를 둔 이후 본격적으로 개발되기 시작했다.

memo

25) 메이지 초기 북방 개발을 위해 설치한 관청.

(2) 도호쿠

세분화해서 아오모리青森현 · 이와테岩手현 · 아키타秋田현을 기타토호쿠北東北, 야마가타山形현 · 미야기宮城현 · 후쿠시마福島현을 미나미토호쿠南東北로 구분하는 사례가 많아지고 있다.

기타토호쿠 3현은 현지사들이 주도하여 3현 연합의 틀을 만들었으나 각 현의 현청소재지간 거리가 멀어, 신칸센의 중심지이며 이와테현의 현청소재지인 모리오카盛岡시를 중심으로 한 교류가 기대만큼의 경제적 시너지효과를 거두지 못했다.

미나미토호쿠 3현은 각 현의 현청소재지가 원래 근접해 있는데다 육상교통망도 잘 정비되어 있어 경제를 중심으로 3현 연합이 잘 이루어진다. 특히 미야기현의 현청소재지인 센다이仙台시와의 연결이 강해 지역 간에 센다이경제권이 형성되어 있다.

(3) 간토

혼슈의 동부에 위치하는 도쿄東京도, 이바라키茨城현, 도치기栃木현, 군마群馬현, 사이타마埼玉현, 지바千葉현, 가나가와神奈川현의 1도6현을 이른다. 특정한 '관문関'으로부터 동쪽지방을 가리키는 말이지만 실제 범위는 시대에 따라 크게 달랐다.

고대에는 기나이를 방어하기 위해 이세노쿠니의 스즈가노세키鈴鹿関, 미노노쿠니의 후와노세키不破関, 에치젠노쿠니의 아라치노세키愛発関[26]의 3관문이 두어졌는데, 이 3관문으로부터 동쪽이 간토였다. 중세 초기에는 가마쿠라막부가 직접적으로 통치권을 행사한 지역으로서 대체로 도토미노쿠니[27], 시나노노쿠니, 에치고노쿠니 이동以東을 포함했다. 근세에 접어들어서는 에도막부가 에도를 방어하기 위해 둔 가나가와현의 하코네노세키箱根関, 도쿄도의 고보토케노세키小仏関, 군마현의 우스이노세키碓氷関보다 동쪽의 반도 8국이 간토로 불렸다. 이 개념은 메이지 이후까지 그대로 계승되어 현대의 간토지방에 이르고 있다.

memo

26) 대체로 이세노쿠니伊勢国는 미에현의 북부, 미노노쿠니美濃国란 기후현의 남부, 에치젠노쿠니越前国란 이시카와현과 후쿠이현의 북부를 가리킨다.

27) 도토미노쿠니遠江国는 시즈오카현의 서부를 가리킨다.

지식칼럼

간사이

간토의 대개념으로서 간사이関西란 말이 사용되어 왔는데, 예부터 기나이의 수도 사람들 사이에 간토란 개념은 비교적 명확히 인식되고 있었음에 반해 간사이란 개념은 거의 존재하지 않았다. 간사이가 현재처럼 오사카를 중심으로 한 게이한신京阪神[28]과 그 주변지역을 지칭하게 된 것은 근대 이후 도쿄 쪽에서 일반화시킨 측면이 강하다.

철도 노선 속의 도쿄 관련 지명

소부総武는 치바와 도쿄, 사이쿄埼京는 사이타마와 도쿄, 게이세이京成는 도쿄와 나리타, 게이요京葉는 도쿄와 지바, 게이힌京浜 또는 도요코東横는 도쿄와 요코하마에 걸친 지역을 가리킨다.

28) 게이한신은 교토시(京)·오사카시(阪)·고베시(神)와 그 주변 지역 및 이들 지역을 연결하는 교통기관의 연선沿線을 가리킨다. 교토에 시가현, 오사카에 나라현, 고베에 효고현을 묶어 지칭하는 경우가 많다. 기나이가 역사지리학적 색채가 짙은 반면에 게이한신은 경제용어로서의 색채가 강하다.

이즈제도

도쿄도에 속하는 태평양에 늘어선 섬들의 총칭. 지리적으로 시즈오카에 가깝지만 에도시대부터 항로가 에도쪽으로 열려 있었고 물적·인적 교류도 도쿄쪽이 많았기 때문에 도쿄도에 소속시킨 것으로 생각된다. 무사, 귀족, 승려 등 지체 높은 사람들이 많이 유배되었기 때문에 수도의 문화나 풍속이 반입되기도 했다.

오가사와라제도

도쿄도 특별구의 남남동쪽 1000km의 태평양상에 있는 30여개의 섬. 4개의 유인도 중 지치지마父島와 하하지마母島에는 일반주민, 이오지마硫黄島에는 자위대, 미나미토리시마南鳥島에는 자위대 · 기상청 · 해상보안청 직원들이 거주하고 있다.

(4) 주부

8개 지방구분 중 하나로 되어 있지만 문화적 · 경제적 · 지형적인 일체성에 의한 구분이라기보다는 '비간사이지역, 비간토지역, 비도호쿠지역'을 하나로 묶어 놓은 것이어서 주부지방 내부의 지역구분은 복잡하다. 그러한 예들을 살펴보면 아래와 같다.

호쿠리쿠

주부지방 중 우리나라의 동해안에 면한 지역. 기상학, 교통, 역사지리학, 토목 등 주로 지리학과 관련한 분야에서는 니가타新潟현 · 도야마富山현 · 이시카와石川현 · 후쿠이福井현의 동서 400km 정도의 가늘고 긴 지역을 가리킨다.

명칭은 기나이로부터 보아 북방에 있는 고키시치도의 호쿠리쿠도에서 유래하는데, 중세 이전에는 이 지역을 홋코쿠北国라 불렀다. 도야마현, 이시카와현, 후쿠이현에서는 자치체, 미디어, 민간기업 등의 단체에서 3현만을 호쿠리쿠라 부르는 경우가 많다.

고신에쓰

주부지방 중 야마나시山梨현, 나가노長野현, 니가타현의 3현의 총칭이다. 각각의 율령국명이었던 가이노쿠니甲斐国, 시나노노쿠니信濃国, 에치고노쿠니越後国의 첫 글자를 따 만든 명칭이다. 서로 교류는 있지만 역내에는 핵이 되는 행정이나 경제의 중심지가 없어 고신에쓰의 중심지는 도쿄란 말이 나오기도 한다.

고신에쓰지방은 중앙성청省庁의 지방기관이나 NHK 또는 민간기업의 지역구분에 있어서 간토지방과 묶여 있는 경우가 많기 때문에 '간토고신에쓰'라 불리는 경우가 많다.

도카이

혼슈 중앙부 중 태평양쪽 지역으로서 시즈오카静岡현, 기후岐阜현, 아이치愛知현, 미에현을 가리켜 도카이 4현이라 부르거나, 시즈오카현을 빼고 도카이 3현이라 부르기도 한다. 간토와 기나이를 연결하는 통로로서 가마쿠라시대 이후 권력자로부터 중시되었다.

(5) 긴키

혼슈의 중서부에 위치하는 지역으로서 교과서나 국어사전에서는 오사카大阪부, 교토京都부, 시가滋賀현, 나라奈良현, 미에三重현, 와카야마和歌山현, 효고현의 2부5현, 각종의 중앙성청, 공공기관, 민간 기업 등에서는 보통 미에현을 뺀 2부4현만을 포함시킨다.

원래 긴키[29]란 수도에 가까운 지역 즉, 수도권을 의미하는 말로서 우리나라의 경기에 해당한다. 긴키란 말이 공식적으로 처음 사용된 것은 1903년 국정교과서 초등학교 지리에서였고, 고대 일본에서는 수도권역을 기나이라 불렀었다. 이 외에 긴키지방을 지칭하는 말로서 간사이란 말이 있는데 행정기관에서는 긴키, 미디어 등 민간업계에서는 간사이란 명칭을 사용하는 경우가 많다.

긴키지방은 메이지유신으로 도쿄 천도가 이루어질 때까지 명실 공히 일본의 중심지였다. 정치·경제의 중심이 간토지방으로 옮아간 지금도 서일본의 중핵으로서 일본의 전통적인 역사와 문화의 고장이다. 이 지방에는 수많은 전통예능이나 문화재가 계승되어, 국보와 중요문화재의 약 60%, 인간문화재의 약 30%, 일본의 세계문화유산 11건 중 5건이 집중해 있다.

에도시대 긴키지방은 조닌층을 중심으로 발전하고 풍요로운 경제력을 배경으로 문화를 꽃피웠다. 대중 연예가 활발히 행해져 가부키歌舞伎

memo

29) Kinki가 영어의 'kinky'(비틀린, 괴팍스러운, 변태의)와 혼동될 염려가 있어 외국인에게는 Kansai를 사용하는 것이 좋다는 주장도 있다.

나 분라쿠文楽, 라쿠고落語 등이 탄생했고 근대에는 만자이漫才가 발달하여 오사카는 코미디의 거점이 되었다. 상공업자인 조닌 중심의 지역 특성을 지닌 오사카사람은 합리주의적, 다혈질적이며, 실질성과 '혼네本音'를 중시하는 기풍을 지닌다. 이는 이상주의적이고 명분과 '다테마에建前'를 중시하는 무사 중심의 에도와는 대조적인 성향이다. 그 때문에 오사카의 기풍은 도쿄 쪽에서 보면 특이한 것으로 과장되어 파악되고, 또 긴키지방 전체가 그러한 오사카의 이미지로 뭉뚱그려 받아들여지는 경향도 있다.

지식칼럼

동일본

동일본이란 홋카이도·도호쿠·간토 지방에 속하는 1도1도12현에, 주부지방 중 간토지방에 면한 니가타현·야마나시현·나가노현·시즈오카현을 합친 1도1도16현을 포함한다. 더 넓게 미에현을 포함한 도카이지방과 호쿠리쿠 지역까지 포함한 지역을 가리킬 때도 있다. 좁게는 홋카이도와 도호쿠 지방 북부 3현을 북일본으로 보아 동일본에 포함시키지 않는 경우도 있다.

(6) 주고쿠

혼슈의 서부에 위치하며 돗토리鳥取현, 시마네島根현, 오카야마岡山현, 히로시마広島현, 야마구치山口현의 5현으로 구성된다. 주고쿠란 지명의 유래는 확실하지 않지만, 헤이안시대 율령의 시행세칙인 엔기시키延喜式에서 수도권인 기나이에서 멀지도, 가깝지도 않은 중간쯤에 있는 지역이라 부른데서 유래했다는 설이 유력하다. 여행업 등을 중심으로 '중국China'과 구별하기 위해 산인山陰[30]과 산요山陽[31]를 합쳐 산인·산요 지방이란 이름을 쓰기도 한다.

전국시대에는 유명한 다이묘가 많았다. 그중 16세기 전반 오우치씨大内氏[32]가 주고쿠지방에서 기타큐슈 북부까지 세력권을 넓혔는데, 본거지였던 야마구치는 서쪽의 수도를 의미하는 사이쿄西京로 불릴 만큼 번성했다. 또한 오카야마와 히로시마 지역은 에도시대 후기에는 일본에서 열 손가락 안에 드는 조카마치城下町[33]로 성장하기도 했다.

막말에서 메이지유신에 걸친 동란기에는 에도막부에 적대심을 불태

memo

30) 동해안에 면한 돗토리현·시마네현·야마구치현 북부.

31) 히로시마현·오카야마현·야마구치현 중남부.

32) 백제 성왕(26대)의 후예라 한다.

33) 전국시대부터 에도시대에 걸쳐 다이묘의 거성을 중심으로 발전한 마을.

우던 조슈번長州藩[34)]이 끝까지 막부토벌이라는 토막討幕 운동을 이끌었다. 이 때문에 조슈번은 메이지기 일본 정계에 많은 인물을 배출했다.

일청전쟁시 제국의회와 대본영大本営[35)]이 임시로 히로시마로 이전하여 후방지원을 맡은 후 히로시마는 군수도시로 성장하였지만, 제2차 세계대전 패전시에는 원자폭탄의 세례를 받았다.

memo

34) 대체로 현재의 야마구치현에 해당함.

35) 전시기에 설치된 일본의 육군 및 해군의 최고 통수기관.

(7) 규슈

일본의 남서부에 위치하며 일본에서 3번째, 세계에서 36번째로 큰 섬으로 규슈와 그 주변 섬들로 이루어진 지방이다. 오키나와는 기본적으로는 규슈지방과 다른 역사와 전통을 가지고 있지만 중앙 행정기관의 업무를 관할하는 지방출장기관이나 기업의 영업지역 등에 오키나와를 규슈지방에 포함시키는 경우도 있고, 혹은 합쳐서 규슈·오키나와 지방이라 부르는 경우도 있다.

규슈를 기타큐슈(후쿠오카福岡·사가佐賀·나가사키長崎·오이타大分)와 미나미큐슈(구마모토熊本·미야자키宮崎·가고시마鹿兒島)로 나누는 경우도 있다. 중앙에 규슈산지가 형성되어 있는데, 그 중핵을 이루는 아소阿蘇산은 동서 18km, 남북 25km나 되는 세계 최대급 칼데라를 가지고 있다. 북부는 비교적 완만하지만 남부는 험악한 산지로 이루어져 있다.

(8) 시코쿠

주요 4개 섬 중 면적이 가장 작다. 세토瀬戸내해를 사이에 두고 긴키지방, 산요지방, 규슈지방으로 둘러싸여 있다. 중앙에는 각 현을 나누는 다양한 형으로 시코쿠 산지, 사누키讃岐산맥의 산들이 솟아 있는데, 이로 인해 각 지역 간에 교류가 곤란한 점도 있다.

고치高知현을 제외한 도쿠시마德島현, 가가와香川현, 에히메愛媛현은 모두 혼슈와 다리로 연결되어 있다. 도쿠시마현은 정치·경제·문화에서 긴키지방의 영향을 받고, 가가와현은 문화·경제 양면에서 오카야마현과 깊은 관계에 있고, 에히메현은 히로시마현, 규슈의 오이타현과 많은 교류를 하고 있다.

심화학습

1. 혼슈와 홋카이도·규슈·시코쿠를 연결해주는 다리 및 터널을 조사해보자.
2. 한국의 지방구분과 행정구역에 대해 조사하고 일본과 비교해 보자.
3. 일본역사의 특수성에 대해 토론해 보자.

참고자료

한국외국어대학교 일본연구소 편『교양으로 읽는 일본사회와 문화』 제이엔씨 2006

前澤桃子『図解雑学日本の歴史』ナツメ社 2001

総務省統計局『日本の統計』2009(http://www.stat.go.jp/data/nihon/)

————『世界の統計』2009(http://www.stat.go.jp/data/sekai/)

일본 위키피디아 http://ja.wikipedia.org/wiki

2부
문화

1장 전통문화

전통문화란 어떤 집단에서 예로부터 이어 내려오는 사상, 풍속, 관습, 기술 등에 관한 양식의 총칭으로서 계속해서 다음 세대로 계승되어 가는 것이다. 따라서 전통문화에는 그 사회가 간직해 온 수많은 유·무형의 문화가 포함되며, 사회 구성원들이 추구하는 삶의 가치와 미美가 녹아있다. 즉, 전통문화 속에는 문화라는 보편성과 더불어 그 민족만이 간직해 온 삶의 방식과 일상 그리고 희로애락이 담겨있다. 따라서 일본의 전통문화 속에는 일본인의 삶과 그들이 추구하는 가치와 미가 있기 마련이고 이를 살펴봄으로써 일본 문화를 한층 더 깊이 이해할 수 있다.

그러나 전통문화의 범위는 너무 넓어 모든 영역을 다루는 것에는 무리가 있다. 따라서 이 장에서는 다른 장과의 내용을 고려하여, 전통문화를 크게 예술, 예능, 소양 세 부분에 한정시켜 살펴보고자 한다.

먼저 예술에서는 근세 서민 회화라고 할 수 있는 우키요에浮世絵와 현대인에게도 친숙한 하이쿠俳句, 대표적인 공예를 검토하겠다. 예능은 일본의 3대 예능이라고 할 수 있는 노能, 분라쿠文楽, 가부키歌舞伎를 소개하고 소양에서는 오늘날에도 일본인의 교양으로 훈육되고 있는 다도茶道, 서도書道, 이케바나生け花에 대해서 살펴보겠다.

1. 예술

(1) 우키요에

발전과 분업화

에도시대의 풍속화인 우키요에는 속세의 그림이라는 뜻으로 서민들의 일상생활과 풍물을 주 소재로 하였다. 우키요에는 무로마치시대의 풍속화의 영향을 받으며 성장하였는데, 크게 육필화肉筆画와 목판화木版画로 나눌 수 있다.

초기의 우키요에는 육필화와 단색 목판화가 주를 이루었다. 17세기 중엽부터 단색의 먹그림에 채색을 더한 것이 나타나기 시작하며 단에丹絵와 베니에紅絵가 등장했다. 단에는 빨강, 노랑, 남색, 녹색 등으로 채색한 그림이다. 그리고 붉은 색 중에서 단丹색을 대신하여 홍紅색을 사용한 것을 베니에라고 했다.

그러나 17세기 후반에 들어 베니에에 두 가지 혹은 세 가지 색상을 더한 베니즈리에紅刷絵가 등장했고, 색상은 점차 더 선명하고 다양해지기 시작하여 18세기 중반부터 우키요에는 전성기를 맞이하였다. 우키요에의 작업은 그림을 그리는 시타에시下絵師, 조각을 새기는 호리시彫師, 인쇄를 담당하는 스리시刷師로 구성되면서 분업체제를 갖추게 된다. 이러한 분업체제에 의해 우키요에는 다량으로 생산되기 시작했으며 서민들도 싼값에 우키요에를 구입할 수 있게 되면서 그야말로 우키요에는 이 시대의 대중매체 역할을 담당하게 되었다.

대중매체로서 우키요에는 막말과 메이지기의 서양의 문물을 일본 국내에 소개하고, 일본의 사정을 해외에 소개하는 데 큰 역할을 담당했다. 그러나 근대화와 함께 신문, 사진 등의 미디어가 등장하면서 쇠퇴하기 시작했다.

종류와 영향

우키요에의 소재는 에도시대 서민들의 생활과 관련된 거의 모든 것으로 볼 수 있다. 이와 같은 소재에 따라 우키요에의 종류도 구분되는데, 유녀 등의 여인을 그린 미인화美人画, 가부키나 노의 배우를 그린 야쿠샤에役者絵, 성적인 장면을 그린 슌가春画, 전국시대의 무장을 그린 무샤에武者絵, 풍경을 그린 메이쇼에名所絵, 역사 속의 명장면을 그린 레키시에歴史絵, 새와 꽃을 그린 가초가花鳥画, 의인화한 동물이나 재미있는 이야기의 한 장면 등을 그린 희화戯画 등 매우 다양한 종류로 구분할 수 있다. 당시 여행이 자유롭지 못 했던 서민들에게 메이쇼화 등은 좋은 선물이 되기도 했다. 당시 우키요에의 몇몇 작가를 소개하자면, 메이쇼화로 유명한 가쓰시카 호쿠사이葛飾北斎, 대표적인 미인화 작가인 기타가와 우타마로喜多川歌麿, 활동시기가 짧았지만 강렬한 작품을 남긴 도슈사이 샤라쿠東洲斎写楽, 우타가와 구니요시歌川国芳 등 많은 작가들이 있다.

▼ ① 희화 : 우타가와구니요시의 고양이의 게이코 猫のけいこ ② 메이쇼화 : 가쓰시카 호쿠사이의 후지산 ③ 야쿠샤에 : 도슈사이 샤라쿠의 3대 오타니오니지의 에도병사三代目大谷鬼次の奴江戸兵衛 ④ 미인화 : 기타가와 우타마로의 간세이의 3대 미인 寛政三美人

▼ 고흐의 탕기 할아버지

메이지 시대에 접어들면서 사진과 서양식 인쇄술의 도입으로 우키요에는 일본 국내에서는 경시되어 점차 쇠퇴하였으나 당시 일본을 방문한 서양인들에 의해 유럽과 미국으로 전파되어 상당한 영향을 주었다. 우키요에가 갖는 평면적 구성에 의한 공간표현, 선명한 도안과 대담한 구도, 원근에 대한 자유로운 표현, 그림자를 갖지 않는 점 등 사실감이 떨어지는 화법은 당시 서양화가들은 생각할 수 없는 부분이었다. 우키요에의 이와 같은 특징은 특히 당시 프랑스 인상파 화가들에게 강한 영감을 주었다. 고흐가 그린 '탕기 할아버지'를 보면 뒷 배경으로 여러 개의 우키요에가 들어가 있는데, 이 작품은 당시의 서양 초상화와는 상당히 다른 이국적인 분위기를 자아내고 있다. 우키요에는 회화는 사실적이어야 한다는 제약에서 화가들을 자유롭게 해 주었고, 이러한 영향은 당시 유럽에서 자포니즘 Japonism[1)]을 형성하는 데 큰 역할을 했다.

memo

1) 일본적인 취향이라고 할 수 있는데, 19세기 후반 프랑스에 우키요에가 유입되어 파리박람회에 출품된 것을 계기로 유행하였으며 특히 인상파 화가들에게 영향을 주었다.

(2) 하이쿠

발생

와카和歌[2]는 일본의 정형시인데, 그중에서 5·7·5의 17음 형식의 단시短詩인 하이쿠俳句는 렌가連歌에서 비롯되었다. 먼저 렌가는 여러 명의 사람이 상구上句와 하구下句를 번갈아 가면서 읊는 형식의 시가인데, 가마쿠라시대 무렵부터 100구 이상의 장시長詩인 조렌가長連歌가 발전하기 시작했다. 15세기 말부터 조렌가에는 정통 렌가와 당시 서민들의 생활을 소재로 하여 유희성을 강조한 하이카이렌가俳諧連歌로 나뉘어 발전하였다. 17세기 에도시대에 마쓰오 바쇼松尾芭蕉(1644-94)[3]와 같은 명인이 등장하면서 하이카이렌가, 즉 하이카이俳諧는 더욱 발전하였다.

하이카이의 첫 번째 구를 홋쿠発句라고 하는데, 이 홋쿠가 5·7·5의 17음으로 이루어져있다. 바쇼는 하이카이의 홋쿠를 매우 중요시하여 홋쿠의 독립성을 높였고 홋쿠만을 감상하기도 했다. 이와 같이 바쇼가 홋쿠의 중요성과 독립성을 강조하여 하이쿠의 기원을 바쇼에 두기도 한다. 그러나 하이쿠라는 명칭은 메이지에 이르러 마사오카 시키正岡子規(1867-1902)[4]에 의해 붙여졌다. 시키는 렌가의 문예적 가치를 부정하고 홋쿠를 독립시켜 하이쿠라고 이름지었다.

특징

하이쿠의 가장 큰 특징은 역시 5·7·5의 운율의 정형성이다. 그리고 계절감을 나타내는 기고季語[5] 역시 하이쿠의 큰 특징으로 기고의 찬반에 의해 다양한 하이쿠의 파가 등장했다. 즉 기고는 반드시 있어야 하다는 기고절대파, 기고보다는 계절 감각을 중요시 하는 기칸파季感派, 기고는 없어도 된다는 무기고용인파 등이 존재한다.

하이쿠의 세 번째 특징으로 지적되는 것이 기레切れ다. 하이카이의 홋쿠로서 출발한 하이쿠는 그 뒤에 이어지는 후속구의 동기가 되어야 함은 물론이고 후속구에 의존하지 않는 완결성을 가져야 한다. 이를 위해 고안된 기법이 기레다. 바쇼의 유명한 구를 예로 들자면, "古池や蛙飛込む水の音"에서 古池や 뒤에서 독자는 흐름에 있어서 한 호흡 멈추고 있다. 이러한 기법이 기레이고 과거에는 18종의 기레지切れ字가 정해져 있었으나 오늘날에는 'かな', 'や', 'けり' 등이 기레지로 이용되고 있다. 바쇼는 기레에 대한 이해가 부족한 초보자를 위해 기레지를 정했지만

memo

2) 중국 한시漢詩에 대비하여 고대로부터 내려오는 일본의 정형시로 넓은 의미로는 조카長歌, 단카短歌, 세도카旋頭歌를 비롯한 일본 시가를 가리키지만, 좁은 의미로는 5·7·5·7·7의 정형을 갖는 단가를 말한다.

3) 에도 전기의 하이진俳人으로 하이카이에 높은 예술성을 부여하였고, 그만의 독특한 시풍을 완성하였다. 또한 그는 각지를 여행하며 수많은 명구와 기행문을 남겼다.

4) 하이쿠를 중흥시킨 인물로 사물이나 상황을 묘사하듯 표현한 사생하이쿠写生俳句를 주창했다.

5) 렌가나 하이쿠에서 계절감을 나타내기 위해 넣도록 정해진 말.

기례지가 반드시 필요한 것은 아니며 그 보다는 내용에 의해 구분되는 것이 기례라고 했다.

지극히 짧은 운율의 정형성을 갖는 하이쿠는 계절을 나타내는 기고와 기례에 의해 독자는 여운을 느끼게 되고, 짧지만 선명하게 그려지는 이미지 속에 감추어진 작가의 정취를 전달받게 된다. 그리고 이러한 여운과 정취는 일본적인 미학으로 평가받기도 한다.

(3) 공예

공예는 실용적인 물건에 본래의 기능을 살리면서 조형미를 조화시키는 솜씨나 그 제품을 말한다. 이중에서도 전통공예란 예부터 사용하던 원재료를 그대로 사용하고 주요한 기술이나 기법이 오늘날까지 계승되고 있어서 독특한 전통의 멋이 유지되면서 시대의 수요에 적합하도록 제작된 것이다.

역사

일본에서 공예의 역사는 일본열도의 주민의 거주와 더불어 시작되었고 함께 발전해 왔다. 선사시대에는 대륙에서 도작稲作기술을 비롯한 선진기술과 청동기·철기 등을 받아들여 공예의 기반을 마련하였다. 아스카시대에는 불교의 수용과 함께 일본문화 발전에 전반적인 방향성이 결정되었고, 사원의 건축이나 불상제작을 위해 목공예, 금속공예 등이 중국과 한반도의 선진기술과 융합되어 비약적으로 발전하였다. 나라시대에는 대륙의 영향이 생활용구에까지 미치게 되었고 당唐의 실크로드를 통해 전달된 봉황, 사자, 기린, 보상화寶相華, 연꽃 등 아시아 각지의 문양이 조각되면서 국제적인 성격을 띠게 되었다. 그러나 견당사가 폐지된 후, 당나라의 영향에서 벗어나기 시작하면서 생활용품도 일본인의 생활감각에 맞도록 일본적인 미의식을 갖는 것들이 다수 제작되었다.

가마쿠라시대에 들어서는 과거 귀족시대의 우아한 취향을 유지하면서도 무사의 간결함과 강인함도 공예품에 반영되었다. 무로마치시대에는 산업과 도시의 발달과 더불어 서민들의 생활을 반영한 간소하고 명쾌한 미가 발생하였다. 또한 지방에도 문화적인 영향이 미치기 시작하면서 각 지방의 수공업의 발달과 함께 상품유통이 번성하였다. 오다 노부나가와 도요토미 히데요시가 정권을 잡았던 아즈치·모모야마시대는 신흥 다이묘나 도시 호상의 경제력을 배경으로 세속적인 장식이 강한 화려한 의장意匠이 선호되는 동시에 한편으로는 다도에서의 와비의 세계도 공존했다. 그리고 이 시기에 전래된 유럽문화가 공예에도 영향을 미쳐 남만공예라고 불리는 유럽풍의 장식도 많이 제작되었다.

에도시대 260여 년 간 쇄국정책이 실시되는 동안 일본의 생활용품과 생산용품은 국내에서 자급자족하였다. 이 시대에는 농업이나 공업의 발달, 상품유통, 화폐경제의 발전 등에 따라 가내수공업에서 상인에 의해 지원을 받는 돈야問屋[6] 가내공업으로 발전하였고, 수공업 제품의 수요가 많은 도시에서는 생산의 분업화도 이루어졌다. 메이지정부의 근대화 노력으로 산업의 확대를 위해 생산기술의 기계화가 진행되면서 전통공예는 위축되었다. 더욱이 제2차 세계대전 이후 급속한 산업화와 생활양식의 서구화, 농촌의 쇠퇴 등은 전통공예 발전의 저해를 가속화시켰다.

memo

6) 생산자로부터 상품을 사들이거나 소매상을 대상으로 장사를 하는 가게나 상인.

오늘날의 전통공예

일본정부는 전통공예의 기술을 지키고 발전시키기 위해 1974년에 '전통적 공예품 산업 진흥에 관한 법률'을 제정하여 적극적인 보호에 나섰다. 지정요건은 일상생활에서 사용되는 공예품일 것, 수공업일 것, 기술과 원재료가 1백년 이상 계승되고 있어야 할 것, 일정 지역에서 산업으로 성립되어 있을 것을 요건으로 하고 있다. 그러나 젊은 후계자의 부족, 원재료의 부족, 비싼 가격, 혁신과 도전정신의 저하 등으로 전통공예는 어려움에 처해 있다.

2007년 현재 일본 정부가 지정한 전통적 공예품은 전국에 210개가 있고, 그 종류는 염직물, 도자기, 칠기, 목·죽공품, 금공품金工品, 문구·와시和紙, 기타로 나눌 수 있다.

대표적인 공예품을 보자면, 염직물의 산지로 유명한 오키나와현의 구메지마쓰무기久米島紬는 류큐琉球왕국의 수작업 방법을 그대로 유지하고 있고 일부 공정에서는 분업도 이루어지지만, 기본적으로는 혼자서 작업을 하여 현재 그 제법이 주요무형문화재로 지정되어 있다. 1975년에 지정된 남부텟키南部鉄器로 총칭되는 이와테현의 철기는 표면의 미세한 문양이 특징으로 꼽힌다. 후쿠시마현의 아이즈싯키会津漆器는 16세기에 시작되어 17세기에는 에도로 전해지면서 대규모 산업으로까지

발전한 역사를 갖고 있다. 후쿠시마현은 이와 같은 칠기 이외에도 오보리소마야키大堀相馬焼로도 유명하다. 시마네현 남부에서 생산되는 세키슈와시石州和紙와 세키슈반시石州半紙는 1967년에 중요무형문화재로 등록이 되었고, 2009년에는 유네스코 무형문화유산[7]으로도 등록된 전통 공예품이다. 종이의 질이 견고하면서도 부드러워 과거에는 창호지로 많이 사용되었으나 오늘날에는 문화재 수리와 서도용지, 상장 제작 등에 이용되고 있다. 또한 도호쿠지방을 대표하는 목공예인 고케시こけし는 이 지역의 온천에 치료차 방문한 손님들이 선물로 사가면서 유명해졌다.

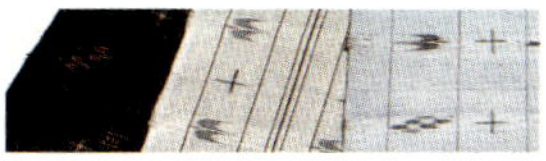

①전통적인 제비 문양이 들어간 여름용 구메지마쓰무기

▲ 이와테현의 남부텟기

②목단 문양의 아이즈싯키

③소박한 멋을 가진 오보리소마야키

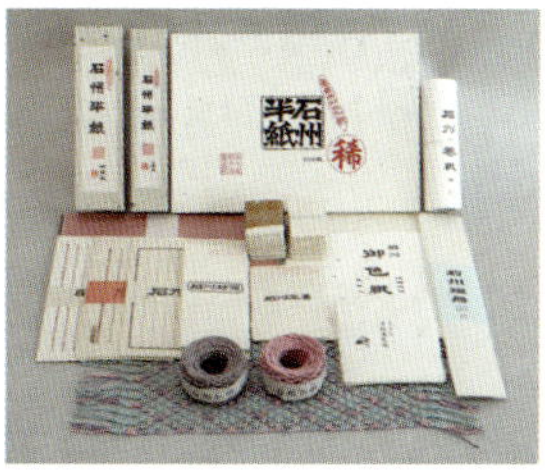

④세키슈와시와 세키슈반시

▼ 도호쿠지방의 고케시

memo

7) 1997년 유네스코 총회에서 소멸 위기에 처한 문화유산을 '인류 구전 및 무형유산 걸작(Masterpieces of the Oral and Intangible Heritage of Humanity)'으로 선정하여 보호하자는 결의안을 채택하였고, 이에 따라 2001년 5월부터 등재 사업이 시작되었다. 선정 대상은 인간의 창조적 재능의 걸작으로서 뛰어난 가치를 지니고 문화사회의 전통에 근거한 구전 및 무형유산으로, 언어 · 문학 · 음악 · 춤 · 놀이 · 신화 · 의식 · 습관 · 공예 · 건축 및 기타 예술 형태를 포함한다.

2. 예능

(1) 노

기원과 발전

중요무형문화재로 보호받고 있는 전통 가면극인 노의 기원은 나라시대의 산가쿠散楽[8]다. 산가쿠는 크게 곡예적인 것-재주넘기, 줄타기, 요술, 장대타기 등-과 연극적인 것으로 나눌 수 있다. 연극적인 것 중에서 대사극을 중심으로 하는 예능극을 사루가쿠猿楽라고 불렀고, 이 고전적인 사루가쿠에 종교적인 색채를 더하여 사원寺院의 보호 속에서 발전한 것이 노다. 노는 14세기의 간아미観阿弥(1333-84), 제아미世阿弥(1363-1443) 부자에 의해서 완성되었다. 간아미는 음악을 창작하고 기존의 레퍼토리를 정교히 발전시켜 나갔고, 제아미는 노의 이론을 만들고 20여 편의 관련저술을 남기며 노를 완성시켰다. 간아미와 제아미는 당시의 쇼군인 아시카가 요시미쓰足利義満(1358-1408)의 보호를 받으며 안정적인 지원 속에서 성장이 가능하였는데, 이후 노는 쇼군과 무사들의 보호 아래 그들의 취향에 맞춰 귀족적이며 고상한 품격을 갖춘 연희로 발전해 나갔다. 그러나 무사의 집권이 끝나는 메이지유신 이후 노는 보호자를 잃어버리며 암흑기를 맞이하기도 하였다. 그러나 경제성장과 더불어 전통문화에 눈을 돌릴 수 있는 여유가 생기면서 노에 대한 새로운 가치를 부여하며 중흥시켜 일본을 대표하는 전통예능으로 승화시키려는 노력이 이어지고 있다.

memo

8) 고대 중국의 곡예 · 마술 · 익살 · 흉내내기 등의 잡다한 예능으로 일본 사루가쿠의 원천이 되었다.

▼노의 한 장면

무대와 배역

오늘날 노의 무대는 실내에 짓지만 과거에는 신사 내의 야외에 신전의 하나로 세워진 경우가 많았다. 이러한 경우 무대 주변에는 나무도 있고 하늘도 그대로 보였는데, 이것을 그대로 살려 오늘날 실내 노의 무대 정면에는 커다란 소나무 한 그루를 그리고, 왼쪽에는 작은 소나무 세 그루를 심어 놓는 전통이 지켜지고 있다. 노무대에는 원칙적으로 별도의 배경이나 장치가 없으며 무대소품으로는 간단한 소도구만이 사용된다. 따라서 이 소도구는 복합적인 의미의 역할을 한다. 예를 들면 부채는 부채 역할 뿐만 아니라 우산, 칼, 혹은 물을 뜨는 표주박 역할까지 한다.

노에는 세 개의 주요 배역이 있는데, 주연 배우인 시테仕手, 조연 배우인 와키脇와 교겐狂言[9]의 배우들이다. 또한 교겐의 배우는 노의 해설자로 등장하는 경우도 있다. 그 밖에 보조배역으로 시종 역할을 하는 쓰레連れ, 어린이 역을 하는 고카타子方 등이 있다. 공연은 언제나 와키가 먼저 등장하여 작품의 실마리를 풀어주고, 그 다음에 시테가 등장하는 순으로 전개된다.

memo

9) 노의 막간에 상연하는 대사 중심의 희극이다. 관객은 교겐을 보면서 노의 장중함과 긴장에서 잠시 벗어날 수 있다. 간막극이었던 교겐은 후에 독립된 전통예능으로 발전하였다.

노멘

노의 가면인 노멘能面에는 기본형으로 약 60종이 있지만 실제 이용되고 있는 것은 200여 종에 이른다. 노의 가면은 단순히 분장을 대신하는 효과뿐만 아니라 연기자에게 일종의 힘을 실어주는 주술적인 역할도 한다. 종종 무표정한 사람을 '노멘같다'고 말하지만, 사실 노멘에는 분노나 기쁨 등 순간의 표정이 다양하게 나타난다.

노멘의 종류는 크게 귀신계鬼神系, 노인계翁系, 여성계女系, 남성계男系, 원령계怨霊系의 5가지로 나눌 수 있다. 귀신계는 사악함이나 악령 등을 쫓는 분노를 순간적으로 나타내는 표정을 하고 있다. 노인계는 노의 기원이 되는 사루가쿠 때에 사용되기 시작한 것으로 노멘 중 가장 오래 되었으며 오곡풍성, 자손번영, 장수의 축복 등을 기원하는 표정을 하고 있다. 여성계는 희로애락의 특정한 표정을 갖지 않는 중간표정을 하고 있지만, 노멘을 상하로 움직여 비추거나 어둡게 하여 표정을 변화시킬 수 있다. 남성계는 영원한 젊음을 상징하는 동자, 용감한 무장, 지옥에서 괴로워하는 표정 등 다양하다. 원령계는 전쟁에서 원통하게 죽은 무장, 살생을 범해 죽어서도 저승에 가지 못 한 망자, 질투에 미친 여자의 표정 등을 표현하고 눈을 금색으로 하여 공포를 자아내기도 한다.

⑤ 다양한 노멘

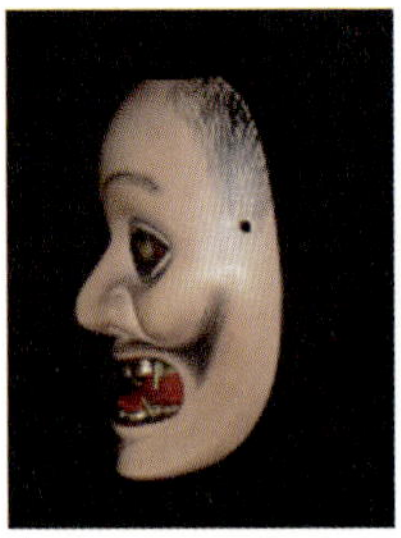

지상을 떠도는 귀신

장수를 기원하는 노인

젊고 귀여운 여성

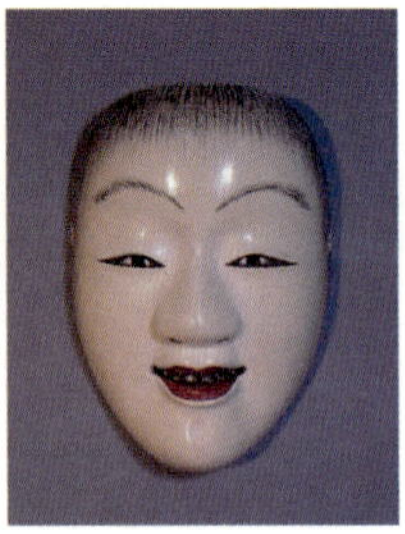

영원한 젊음을 상징하는 동자

용에게 살해되어 원한을 지닌 해녀

(2) 분라쿠

기원과 역사

일본에는 한두 사람이 간단한 이동식 장치로 된 인형을 들고 각지를 유랑하며 소규모로 운영하는 인형극이 있었다. 또한 조루리浄瑠璃라는 형식의 장편 서사시를 부르며 유랑하는 예능인들이 있었는데, 이들을 다유太夫, 혹은 기다유義太夫라고 불렀다. 그리고 샤미센三味線이라는 일본의 전통 현악기를 연주하며 유랑하는 샤미센히키三味線引き라는 예능인들이 있었다. 이들 세 부류의 예능인들이 합세하여 공동 작업으로 비교적 규모가 큰 인형극을 만들어 냈는데, 이 인형극을 닌교조루리人形浄瑠璃라고 한다. 닌교조루리는 17, 8세기의 극작가인 지카마쓰몬자에몬近松門左衛門(1653-1725)[10]이라는 일본 제일인자의 극작가에 의해 풍부한 레퍼토리를 보유하게 되었다. 그는 조루리의 형식을 띠는 지다이모노時代物 90여 편, 세와모노世話物 24편과 가부키 극본 30여 편을 포함한 약 150편의 작품을 남겼는데, 그 구성 모두가 후대의 일본 희곡의 원류와 모범이 되었다.

닌교조루리는 오사카에서 조루리의 명인인 우에무라 분라쿠켄植村文楽軒(1751-1810)[11]에 의해 크게 부흥되었고, 그의 문하생들은 인형 전용극장을 개설하여 스승의 이름을 따서 분라쿠자文楽座라고 했다. 이후 닌교조루리라는 이름 대신에 분라쿠文楽라고 부르게 되었고 오사카를 중심으로 정기공연과 순회공연을 하며 오늘날에도 많은 팬을 확보하고 있다.

memo

10) 에도 중기 조루리 · 가부키의 극작가로 당시 사람들의 삶을 소재로 한 작품을 다수 남겼다.

11) 우에무라 분라쿠켄은 닌교조루리 극장의 경영자였고 6대까지 이어졌는데, 3대 우에무라 분라쿠켄 대에 이르러 닌교조루리를 부흥시키고, 극장은 새롭게 분라쿠자라는 이름을 얻었다.

⑥분라쿠의 무대

무대

객석에서 분라쿠를 보면 무대에는 인형과 인형을 조종하는 닌교즈카이人形遣い가 무대의 중앙에 있고, 극의 내용을 노래하는 다유와 반주자인 샤미센히키는 무대의 오른쪽 '유카床'에 앉아 있다. 유카는 회전식으로 고안되어 한 편의 긴 공연 중에 여러 명의 다유와 샤미센히키가 교대할 수 있도록 회전된다. 분라쿠의 무대 바닥은 다른 연극과 달리 특별히 인형을 조정하는 사람들이 지나다닐 수 있는 통로를 낮게 만들었다. 이 통로는 무대 면보다 0.36m 정도 낮게 만들어 인형조정자의 눈높이와 인형의 눈높이가 비슷해지도록 했다. 무대를 낮게 하여 만든 통로 부분은 배의 밑창처럼 만들어져 있어서 '후나소코船底'라고 부른다.

인형

분라쿠의 인형은 나무로 만드는데, 먼저 두상을 만들고 눈, 코, 입을 조각한 다음 머리의 속을 도려내고 장치들을 내부적으로 만들어 넣는다. 그리고 입술의 열고 닫힘이나 눈썹의 오르내림을 표현할 수 있는 장치를 연결한다. 인형은 남녀 외에 연령, 신분, 성격에 따라 인형의 머리가 달라진다.

⑦ 다양한 인형의 머리

게비이시 | 다라스케 | 겐다 | 와카오토코

고메 | 무스메 | 후케오야마 | 게세

남성 인형의 종류에는 남성적 우수를 담고 있으면서 강인함이 보이는 역할의 게비이시検非違使, 파렴치하고 비굴한 표정의 다라스케陀羅助, 20대 전후의 미남역의 겐타源太, 10대 연애물의 상대역에 이용되는 와카오토코若男, 40, 50대의 무장으로 공명정대한 표정의 고메孔明 등이 있다. 여자 인형은 10대의 청순한 표정의 무스메娘, 20대에서 40대 여성 등에 널리 이용되는 후케오야마老女形, 가장 지체 높은 품격있는 여성 인형인 게세傾城 등 다양하다. 각각 제작된 인형의 머리에 그 인형을 직접 조종하는 닌교즈카이가 맞는 옷을 적당히 입혀 사용한다.

분라쿠는 인형과 닌교즈카이, 다유, 샤미센히키가 절묘한 호흡을 맞추어 이루어지지만, 가장 큰 특징은 역시 인형의 움직임이다. 분라쿠의 인형은 그 동작이 매우 섬세하여 무장의 움직임이라든가, 여성의 우는 모습, 입술, 눈썹 등의 얼굴의 표정에 해당하는 작은 움직임까지 표현할 수 있는 정교함과 섬세함을 갖고 있다. 인형을 조종하는 사람은 세 명 혹은 한 명인데, 주요 배역의 인형은 세 명이 조종을 한다. 이를 산닌즈카이三人遣い라고 한다. 주조종자는 인형의 목과 오른손을, 부조종자는 인형의 왼손을, 보조조종자는 인형의 발을 담당한다.

주조종자가 되기 위해서는 부조종자와 보조조종자의 시기를 각각 10년씩 거쳐야만 가능하다. 인형을 조종하는 이들은 인형과 함께 무대에

등장하는데, 이들은 인형을 돋보이게 하기 위해 검은 복장을 하고 있다. 주조종자는 관객의 궁금증을 해소하기 위해 상반신을 드러내기도 한다. 그러나 모든 인형을 산닌즈카이로 조종하는 것은 아니고 비중이 작은 역할의 인형은 혼자서 하는 히토리즈카이一人遣い로 조종한다.

⑧ 산닌즈카이

(3) 가부키

기원과 발전

노래하고歌, 춤추고舞, 연기한다伎는 의미의 가부키歌舞伎라는 말은 '평평하지 않고 한쪽으로 기울다', '자유분방하다', '눈에 띄게 특이한 모습을 하다'라는 뜻을 가진 '가부쿠傾く'에서 유래했다. 가부키는 한자로 '歌舞妓'로도 표기하는데 이는 노래와 춤이 기녀들에 의해 이루어진 공연물이라는 의미도 지니고 있다.

가부키의 시초는 이즈모다이샤出雲大社의 수복修復을 위해 무녀인 오쿠니お国가 1603년 교토의 기타노텐만구北野天満宮에서 무사복장으로 염불춤을 춘 것에서 비롯되었다. 그 이후 가부키는 온나 가부키女歌舞伎[12], 와카슈 가부키若衆歌舞伎[13]를 거쳐 야로 가부키野郎歌舞伎[14]로 발전하여 오늘날의 형태를 띠게 되었다. 가부키의 성립과정에서 와카슈 가부키까지는 춤의 형식을 더 많이 갖고 있는 데 비해 야로가부키는 연극적인 요소가 더 많이 가미되었다.

무대

가부키의 무대는 중앙무대와 하나미치花道로 구성되어 있는데, 중앙무대는 회전무대와 상하로 움직이는 세리せり를 갖추고 있다. 회전무대는 1758년 오사카 대극장에서 빠르게 장면을 전환하기 위해 처음으로 설치되었다. 하나미치는 주요 배우들이 등퇴장을 하는 통로임과 동시

memo

12) 에도막부 성립 전후에 유행한 무용 중심의 연극. 오쿠니를 모방하여 시작된 것으로 대부분은 유녀들이 출현하였으나 풍기문란을 이유로 1629년에 금지되었다.

13) 온나가부키 이후 성년이 되지 않은 소년 배우들에 의한 가부키였으나, 1652년에 금지되었다.

14) 와카슈 가부키가 금지된 후 이를 계승하여 시작된 것으로 성인 남자 배우에 의해 상연되었다.

에 연기가 이루어지는 무대이기도 하다. 배우들은 하나미치의 3분의 1쯤 되는 곳에서 연기를 펼치기도 하는데, 이를 통해 관객들은 보다 배우들과 교감할 수 있다. 하나미치에 있는 세리는 특별히 슷폰スッポン이라고 한다. 회전무대와 세리는 무대의 배경을 빠르게 전환시켜 대조적인 분위기의 연출이 가능하며 배우의 갑작스런 등퇴장 등에 이용되어 극 전개를 다이나믹하게 해 준다.

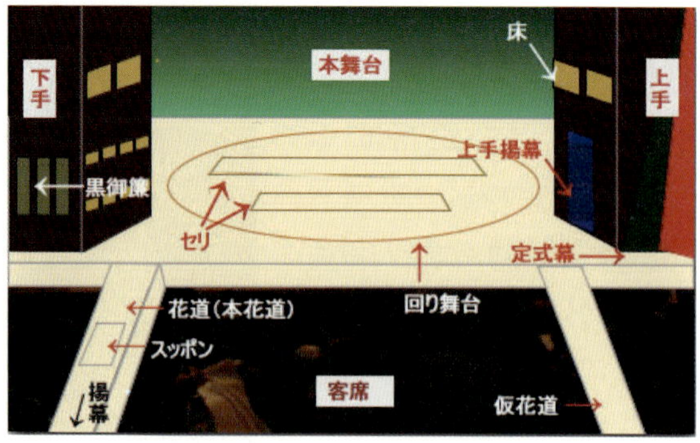

⑨ 다양한 무대장치가 갖추어진 가부키무대

가부키 무대 좌우에는 음악을 연주하는 악사들이 앉는 곳이 있다. 조금 낮게 들어가 있고 발을 드려 객석에서는 보이지 않도록 해 놓았는데 이곳을 게자下座라고 한다.[15] 그리고 무대 오른쪽에는 유카床라고 하여 조금 높은 곳이 있는데, 이곳에 나레이션을 담당하는 다유와 그의 반주를 맡은 샤미센히키가 자리 잡는다.

배우

가부키의 배역은 크게 선한 남자역의 총칭인 다치야쿠立役와 여자역을 가리키는 온나가타女形, 악역을 담당하는 가타키야쿠敵役, 극에서 익살스러운 역할을 담당하는 도케가타道化方, 단역을 맡는 가라미からみ 등으로 나눈다. 가부키 배우는 자신의 역할에 맞게 의상, 소도구, 분장을 하여 그 겉모습에서 배역의 선악이 구분될 수 있도록 특징을 살려내야 한다.

⑩ 대표적 구마도리

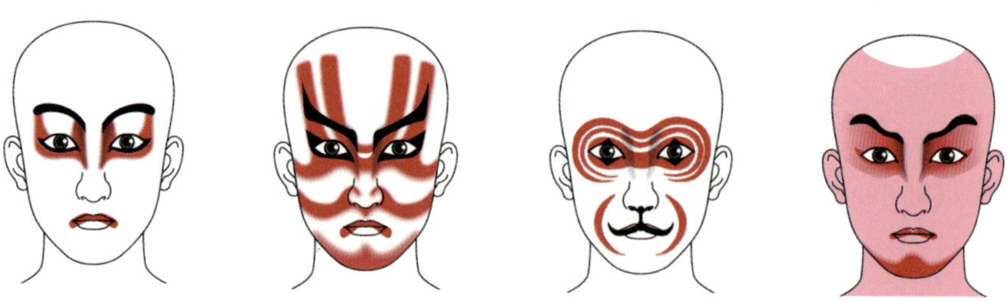

무키미구마[16] 스지구마[17] 사루구마[18] 아캇쓰라[19]

memo

15) 무대에서 구로미스黒御簾 뒤에 게자가 있다.

16) 정의감이 강한 역할에 사용.

17) 아라고토의 대표적 분장법.

18) 원숭이분장으로 여러 동물도 구마도리로 표현이 가능하다.

19) 악역의 분장법.

가부키 분장의 기본색은 백白·적赤·차茶·청青색으로 인물의 성격과 역할에 따라 색의 조합은 달라진다. 배우는 분장을 본인이 직접 하며, 그 분장법 중 매우 독특한 하나가 구마도리隈取り다. 이것은 얼굴의 혈관이나 근육을 과장되게 표현하여 극적으로 표현하는 방법으로 각 배역에 맞도록 표현한다. 가부키의 의상과 가쓰라鬘 역시 배역의 성격을 표현하는 소도구에 해당된다. 가부키가 번성하였던 에도시대는 신분사회였고 당시의 색채가 강한 가부키의 의상과 가쓰라는 신분과 나이, 직업에 따라 어느 정도 정해져 있었다.

종류

가부키는 소재에 따라 세 가지로 나눈다. 역사적인 소재를 다루는 것을 지다이모노時代物라고 하는데 여기에는 무용담을 과장한 아라고토荒事가 포함된다. 그리고 당시의 풍속이나 인정人情을 소재로 한 세와모노世話物와 무용극인 쇼사고토所作事가 있다.

오늘날 가부키는 전용극장을 기반으로 활발한 공연을 통해 일본 전통문화의 대표로서 자리 잡았고, 현대적인 소재를 무대에 올림으로써 시대에 맞추어 가려는 노력도 게을리하지 않고 있다.

3. 소양

(1) 다도

유입과 완성

다도茶道는 물을 끓이고, 차를 타고, 차를 대접하는 행위, 또는 그것을 기본으로 하는 양식과 예도芸道를 말한다. 원래는 '茶湯', '茶の湯'라고 했는데, 에도시대 초기부터 茶道라고 불리기 시작했다. 현재 일반적으로는 다도라고 하면 맛차抹茶를 이용한 다도를 일컫지만 에도시대에 성립한 센차도煎茶道[20]도 포함한다.

일본에 차의 제조법과 마시는 습관은 헤이안시대 견당사에 의해 소개되었다. 당시 일본인은 차를 기호품이라기보다 약으로서 다루어 필요한 양만큼만 달여서 마셨다. 이 시기의 다도는 아직 뿌리를 내리지 못했는데, 가마쿠라 시대에 접어들어 일본에 선종을 전한 에이사이栄西

memo

20) 뜨거운 물에 차를 끓이는 센차에 관한 제법을 일컫는다. 에도 중기 맛차의 다도를 비판하였고 고상한 문인 정신을 추구한다.

memo

21) 일본 임제종의 시조로 1168년과 87년 중국 송나라에 가서 임제종을 전수받고, 일본에 돌아와 선종의 정착에 노력했으며, 또한 차 씨앗을 가져와 재배하며 차를 보급시켰다.

22) 일본 조동종曹洞宗의 시조.

23) 모모야마시대에 유행한 간소하고 정적이 있는 경지를 중요시하는 다도로서 센노리큐가 완성했다고 한다.

24) 일본을 대표하는 다인으로 와비차의 완성자이다. 오다 노부나가와 도요토미 히데요시를 섬기면서 신망이 두터웠으나 히데요시의 노여움을 사서 할복으로 생을 마쳤다.

(1141-1215)[21]와 도겐道元(1200-53)[22]에 의해 약으로 받아들여진 맛차가 선종의 보급과 함께 정신 수양적인 요소를 강조하면서 정착하게 되었다. 더욱이 차 재배가 확산되자 차를 마시는 습관이 일반인들에게도 전파되어 갔다. 무로마치 시대에는 마신 물의 산지를 맞추거나 또는 차의 종류를 맞추는 일종의 도박과 중국산 다기茶器의 인기가 많아서 여기에 큰 돈을 쏟아붓고 성대한 다회茶会를 개최하는 것이 다이묘들 사이에서 유행했다. 그러나 한편에서 무라타 슈코村田珠光(1422-1502)와 같은 승려는 다회에서 도박과 음주를 금지하고 주인과 손님이 정신적 교류를 중시하는 다회를 펼쳐 나갔고, 이것이 오늘날 일본 다도의 정석으로 여겨지고 있는 와비차わび茶[23]의 원류가 되었다. 이후 와비차는 아즈치·모모야마시대에 이르러 다케노 조오武野紹鴎(1502-55)와 그의 제자 센노리큐千利休(1522-91)[24]에 의해 완성되었다.

마음가짐

센노 리큐는 다도에 대한 수칙과 마음가짐에 대해서 시키시치소쿠四規七則로 설명하였다. 시키는 화和·경敬·청清·적寂의 네 가지 규율이다. 화和는 서로 사이좋게 지내며 나아가 불심에 의하여 서로가 하나로 잘 어우러지는 상태를 말한다. 경敬이란 주인과 손님 모두가 불성을 공유하는 존엄한 인격체임을 인정할 때 저절로 우러나오는 상호 존중의 마음가짐을 말한다. 청清은 감각적·물질적인 청정무구清浄無垢의 상태를 기본으로 하며 다실과 다도구를 청결하게 다루는 일과도 통하는 정신이다. 적寂은 조용한 상태, 즉 다실에서는 정숙함을 유지하라는 의미이지만, 다도에서는 공간적인 정적만을 의미하는 것이 아니라 주위에 의해 동요되지 않는 마음의 정적, 적연부동寂然不動의 심경을 말한다.

시치소쿠는 차를 잘 타는 방법으로서 여름에는 시원하고 겨울에는 따뜻하게, 차는 맛있게, 차를 탈 때는 물이 잘 끓을 수 있도록 목탄을 준비하고, 다실의 꽃은 자연 속의 꽃과 같이 생생하게 하고, 주변의 모든 사람에게 두루 마음을 쓰고, 약속 시간보다 미리 여유를 갖고 준비를 하며, 모든 사태를 대비하여 준비하는 데 게을리 하지 않도록 가르치고 있다.

다회

이와 같은 자세로 주인은 다회를 여는데, 다회는 개최 시기와 목적 등에 따라 기본적으로 일곱 가지 방식이 있는데, 이를 다사칠식茶事七式이

라고 한다. 먼저, 다회 중에서 가장 엄숙한 것으로 경축일, 기일忌日, 환송회 등의 정오에 모여 간단한 식사를 곁들이는 다회를 '정오다회正午の茶事'라고 하고, 주로 겨울밤에 모여 겨울의 정취를 이야기 하는 다회를 '밤다회夜咄の茶事'라고 한다. 아침에 여는 '아침다회朝茶事'는 주로 여름철에 열리며, 새벽 동트는 것을 화제로 하는 다회는 '새벽다회暁の茶事'다. 신분이 높은 귀한 손님이 다녀간 후 그 사람의 자취를 느끼며 갖는 다회가 '자취다회跡見の茶事'인데, 손님의 요청에 의해 주로 이루어진다. 갑자기 찾아온 손님을 위한 '임시다회不時の茶事', 가벼운 식사 후 안내받는 '식후다회飯後の茶事'도 있다. 이상의 일곱 가지를 기본으로 하지만 그때그때 적절한 목적에 따라 다채롭게 전개될 수 있는 것이 다회다.

매회 이루어지는 다회이지만, 주인이나 손님은 모두 일생에 한 번밖에 없는 귀중한 기회라는 '이치고이치에一期一会'의 마음가짐으로 차를 대하고 다회를 즐긴다. 다도는 일본인의 정신수양을 위한 하나의 생활문화로서도 뛰어나지만, 그 안에 구성요소로 자리잡고 있는 이케바나, 서도의 감상 등을 통한 종합예술이기도 하다.

▼ 다실

(2) 서도

서도書道는 쓰는 것으로서 문자의 아름다움을 표현하고자 하는 동양의 조형예술이며 미화된 문자를 서書라고 한다. 서도는 이 문자의 미적 표현법을 규격 있는 가르침 하에서 학습하면서 실용으로서 생활을 미화하고, 취미로서 마음을 풍요롭게 하며, 개성미를 표현해 나가는 것이다. 그리고 그 학습과정에서 인격을 연마하고 정조情操를 순화시켜 나감으로써 인격수양의 한 방편으로 이용되었고 중국에서는 육예의 하나로 존중되어 왔다.

서법

서도는 주로 붓과 먹을 사용하여 그 특징을 살려 종이 위에 문자를 쓰는 것이다. 글씨를 쓰는 서법은 필법筆法, 간가결구법間架結構法, 포치장법布置章法으로 구성된다. 붓의 사용법인 필법에는 크게 붓을 쥔 팔의 사용에 대한 완법腕法, 붓을 잡는 방법에 따른 집필법執筆法, 점과 획을 그을 때 붓의 사용법인 용필법用筆法이 있다. 간가결구법은 해서楷書를 기본으로 한 조형이론으로 점획의 간격과 이들의 조합을 고려하여 보기 좋게 글자를 쓰는 방법에 대한 것이다. 간가라는 말이 점획의 간격을 의미하고, 결구는 점획의 조합방법을 의미한다. 포치장법은 문자와 행의 배치에 의해 작품 전체의 구도와 구성을 결정하는 것이다. 포치법은 글자의 배치 등에 관한 것이고, 장법은 행의 구성이나 중심을 잡는 법, 또는 전체적인 변화와 통일에 관한 방법이다. 이와 같은 서법을 기본으로 하여 다양한 방법의 조합이 나오게 된다. 일본에서는 쇼와시대부터 대규모의 서도전이 개최됨에 따라 서도가 근대예술로서 위치를 확립하게 되었고, 예술작품으로서 새로운 창작법이 개발되면서 기존의 기법에 더해졌다.

▼ 간가결구법의 기본이 되는 해서

서도교육

일본에서는 예부터 '학습의 기초読み書きソロバン'로서 데라코야 등에서 습자가 지도되었다. 이러한 전통 하에 많은 서도교실과 습자교실이 존재했다. 오늘날 일본 의무교육에서는 국어과의 서사書写로서 초등학교 3학년 이상의 수업에서는 붓으로 지도받는 것이 학습지도요령에 규정되어 있다. 고등학교에서는 예술과에 음악, 미술 등과 함께 서도가 선택과목으로 배치되어 있다. 대학에서는 교육학부나 문학부를 둔 대학은 서도에 관한 강의를 개설하고 있고, 특히 각 현에 설치된 교원 양성의 교육학부에서는 서사교육書写教育·서도교육書道教育의 연구실을 두어 전문교육을 실시하고 있다.

현재 유일한 객관적인 서도 기량판단기준을 갖는 자격으로서 문부과학성 후원의 모필서사검정毛筆書写検定이 있다. 최하인 5급에서 최상 1

급까지 있고, 1급을 취득하면 지도자 자격을 공적으로 인정받는다. 그러나 일반적으로 보급된 단위·급수와 사범師範에 대한 인정은 각 서도교실이나 서도회가 독자적으로 판정하고 있으며 공통된 것은 없다.

(3) 이케바나

화도華道·花道라고도 표기하는 이케바나生け花는 화초나 나무 등의 식물재료를 서로 조화시켜 꽂아 두고 감상하는 예술이다. 단, 華道라고 썼을 때에는 生け花보다 더 구도적求道的인 측면이 강조되고 있다.

이케바나는 꽃보다는 가지를 꽂는 것이 기본적인 골격인데, 이는 일본의 민간신앙과 관련이 깊다. 마쓰리 때에는 반드시 나무를 꽂아 세워 두었는데, 이는 신령이 수목에 강림한다고 믿었기 때문이다. 이와 같은 믿음은 일본 민간신앙에 일관되게 흐르는 특징이다. 또한 꽃은 일회성의 상징이 아니라 피기 때문에 지고, 지기 때문에 피는 사멸과 재생의 상징으로서 받아들여져 사령死霊을 되살리는 도구로도 여겨졌다.

기원

불교가 상류계급에게 받아들여지면서 불전仏前에 꽃을 올리게 되었는데, 꽃병이나 항아리, 접시 등에 꽂아서 올리는 것이 일반화되면서 일본인이 식물에 대해서 갖고 있던 민간신앙에 불교적인 윤색이 가해지게 되었다. 이에 따라 식물은 실외에서 실내로, 아름답게 가공되는 과정을 걷게 되었다. 이러한 풍조 속에서 꽃꽂이가 실내 장식으로 더욱 무게를 얻게 된 것은 도코노마床の間[25]의 탄생이다. 일본에서 도코노마가 발생하게 된 것은 15세기 무렵으로 추측된다. 남북조시대부터 무로마

⑪ 도코노마와 미쓰구소쿠

memo

25) 일본 건축에서 객실인 다다미방의 정면에 바닥을 한 층 높여 만든 곳으로 벽에는 족자를 걸고 바닥에는 도자기나 꽃병 등을 장식해 두는 곳이다.

치시대에 걸쳐 중국 회화가 상당히 유입되었고 그 대부분은 족자 형태였는데, 이를 걸어두고 감상하기 위한 시설로서 도코노마가 탄생하게 되었다. 정식으로 객실을 장식하기 위해서는 족자 앞에 미쓰구소쿠三具足[26]를 두는데, 그림을 향해 오른쪽에는 촛대, 중앙에는 향로, 왼쪽에는 화병을 두었다. 이 양식은 불전양식을 그대로 답습하는 것으로서 도코노마가 갖는 의식적인 기능을 볼 수 있다. 도코노마가 예술 감상의 기능을 겸비할 무렵부터 오락감상의 측면이 강조되고 그때부터 이케바나가 감상의 중심으로 자리잡게 되었다.

memo

26) 불전에 올리는 향로 · 화병 · 촛대의 세 가지를 말한다.

발전

16세기 후반 아즈치모모야마시대가 되면 성, 저택 등의 건축물의 규모가 점차 웅대해지기 시작하고 이에 따라 도코노마도 2칸에서 3칸 이상의 것이 되었고, 이케바나도 여기에 어울리도록 호화로운 것으로 발전했다. 당시의 이케바나에 사용된 화초는 종류도 많고 가지의 배치도 기교적이며 색채도 풍부한 호화로움을 자랑했다. 호화로운 이케바나는 도쿠가와시대에 들어서 새롭게 대두된 조닌계급에도 영향을 미치게 되었고, 제2대 이케노보 센코池坊專好(1570-1658)에 의해서 릿카立花 · 立華[27] 양식이 정비되었다. 센코에게 있어 릿카는 합리적인 구성미의 소산인 동시에 자연을 상징적으로 노래하는 예술이었다. 겐로쿠에 이르러 이케노보 릿카는 최전성기를 맞이하고 그를 따르는 문하생들이 배출되었다. 그러나 센코릿카는 일곱 개의 야쿠에다役枝 형태를 지키지 않으면 릿카가 아니라는 정형화의 길을 걸음으로써 오히려 그 창조성을 잃고 시대에 뒤떨어지게 되었다.

27) 일본 꽃꽂이 양식의 하나로 중심이 되는 가지를 중앙에 세우고 여기에 7개의 가지를 배치하여 전체로서 자연의 양상을 구성한 것이다.

시대를 거슬러 아즈치 · 모모야마시대에 유행하던 다도는 와비차를 낳았고, 다실에서의 꽃은 서원書院의 화려한 릿카와 대극을 이루는 것으로 발전해 나갔다. 다실에서의 꽃은 '꽂는たてる' 것에 비해 '던져 넣는なげいれ' 형식의 꽃꽂이로 자유성을 의미하고 초목화의 자연 상태 그대로를 감상하는 형태가 다도의 번성과 함께 보급되었다. 결국은 다도로부터 독립한 나게이레바나抛入花가 에도의 조닌町人들 사이에서 유행하게 되었다. 그러나 '이케바나는 형식이 없으면 서원의 장식품에 지나지 않았고, 나게이레바나는 장난감에 지나지 않는다'는 비판이 나오면서, 나게이레바나의 자유성을 갖으면서도 격조있는 형식미를 취하는 세이카

生花가 탄생하게 되었다.

세이카는 릿카보다 간략한데, 천天, 지地, 인人에 해당하는 3개의 야쿠에다를 기반으로 누구라도 쉽게 격조 있는 작품을 만들 수 있어서 널리 유행하게 되었고 다양한 유파와 이에모토家元제도[28]를 통해 번성하게 되었다. 에도말기의 퇴폐적인 문화 속에서는 하나의 유예遊芸로 변모하였고 막부의 단속을 받게 되자 유교와 결합하여 이케바나는 '인륜人倫의 도를 밝히는 것'이라고 주장하며 '화도花道'라고 칭하게 되었다. 그리고 그 문호를 여성과 아이들에게도 개방하였고 특히 여성들의 교양의 필두로 발전하였다.

memo

28) 기예技芸의 세계에서 한 유파의 정통을 있는 집 또는 그 주인 등 종가를 일컫는다.

변천

메이지유신과 더불어 서양문물이 유입되면서 이케바나에도 서양화의 영향이 미쳐 자유로운 이케바나로서 모리바나盛り花, 자유카自由花가 탄생하여 자유로운 근대를 표현하게 되었다. 제2차 세계대전 이후 이케바나는 근대조형의 시점에서 이케바나를 출발시키고자 하는 젠에이이케바나前衛いけ花가 석권하게 되었고 이와 같은 자유로운 분위기의 이케바나와 전통을 고수하는 이에모토제도의 이케바나가 공존하면서 발전해나가고 있다.

⑫ 릿카 양식

⑬ 세이카 양식

⑭ 모리바나 양식

⑮ 현대적 양식

심화학습

1. 일본의 전통문화에 근거하여 일본인의 미의식을 논하여 보자.
2. 이에모토제도가 일본의 전통문화 전수에 있어서 어떠한 역할을 하였는지 조사해 보자.
3. 일본의 전통 예술, 예능, 소양에 해당하는 한국의 전통문화에 대해서 조사해 보자.

참고자료

김용안 『키워드로 여는 일본의 響』 제이앤씨 2009

한국외국어대학교 일본연구소 편 『교양으로 읽는 일본사회와 문화』 제이앤씨 2006

木村時夫『日本文化の伝統と変容』成文堂 1990

일본 위키피디아 http://ja.wikipedia.org/wiki

일본문화 디지털도서관 http://www2.ntj.jac.go.jp/dglib

사진 · 그림

① http://www.motoji.co.jp/knowledge/Waorimonogatari_1-02.htm

② http://www.aizu.ne.jp/seki-sikki/asp/item.asp?iteno=1-04-09&cateno=9

③ http://www.namie-tta.jp/spot/culture/oobori/index.htm

④ http://www.sekishu.jp/products/index.html

⑤ http://www.nohmask21.com/index_j.html

⑥-⑧ http://www.bunraku.or.jp/ibunraku/index.html

⑨ http://www.sen-nen-bi.com/100/105/

⑩ http://www2.ntj.jac.go.jp/dglib

⑪ http://www11.ocn.ne.jp/~kawase/geishin_0801.html

⑫ http://akeda.blog.ocn.ne.jp/photos/uncategorized/img_4753.jpg

⑬-⑭ http://www.katabami.com/c1.html

⑮ http://www.linkclub.or.jp/~a~mama/hana/koza/kihonk/kihon_3.html

2장 무사도

한국과 일본의 차이를 '문文의 사회 : 무武의 사회'로 대비시켜 설명하는 경우를 종종 볼 수 있다. 즉, 한국이 문의 사회라면 일본은 무의 사회라는 것이다. 그 차이는 같은 유교적 지배이데올로기 하에 놓여 있었던 조선시대와 에도시대의 신분제도에서 명확히 드러난다.

당시 양국은 함께 사농공상士農工商의 신분제도를 취하고 있었다. 본래 사농공상이란 중국의 춘추전국시대의 신분구분으로서, 사는 지배계급, 농공상은 피지배계급에 속했다. 춘추전국시대의 사는 세습된 관직과 토지에 의해서가 아니라 지적인 능력에 따라 관리에 임명된 새로운 지배층으로서의 제자백가諸子百家로 상징된다. 그러던 것이 과거를 통한 관리 등용이 일반화 한 송대宋代에 접어들어 문인관료화 하였다.

조선시대와 에도시대의 한일 양국도 사가 지배계급 이라는 점에서는 동일했으나 그 실체는 판이했다. 조선시대의 사는 송나라와 마찬가지로 선비 · 문관 · 과거科挙 · 양반 등 학문적·윤리적인 유교적 색채가 강했음에 반해, 에도시대의 사는 무사로서 남성적 · 군사적 이미지의 화신이었다. 따라서 무사계급의 윤리 및 가치기준을 지칭하는 무사도란 말을 들으면 주군에 대한 절대적 충성이나 할복 등을 떠올리게 된다.

그러나 그 역사적 전개과정을 더듬어보면 무사도의 의미는 이보다 훨씬 복잡하다. 무사도의 의미를 전체적으로 살펴보면 크게 신도神道 · 문학 · 불교 · 유교라는 네 종류의 정신세계로 구성되어 있다고 말할 수 있다. 신도는 무사들의 집단의식을 고취하는 역할을 하고, 선종禅宗은 무사의 부동성不動性의 형성에 기여하고, 문학은 무사들의 시야를 넓혀 취미생활을 고취시키며, 주자학은 도덕의 표준을 제공했다.

이처럼 복합적인 성격을 띠는 무사도를 체계적으로 이해하기 위해 이 장에서는 우선, 무사와 무사도의 형성과 전개, 니토베 이나조가 강조한 무사도의 7대 덕목, 일본의 영화에 나타난 무사도의 표상을 살펴본 후, 특히 무사도의 가장 대표적인 덕목으로 꼽히는 충의 문제를 집중적으로 검토할 것이다. 이어서 현대 일본사회에 무사도를 재생시켜야 한다는 주장의 의미를 살펴보는 것으로 글을 맺고자 한다.

1. 무사와 무사도

(1) 무사의 기원

무사도란 '무사武士'가 지켜야 할 '도리道'를 말한다. 따라서 무사도를 규명하기 위해서는 먼저 무사의 실체가 어떤 것이었는지 밝힐 필요가 있고, 실체를 이해하기 위해서는 무사의 기원을 살펴보아야 한다. 흔히 무사를 뜻하는 의미로 사용되고 있는 '모노노후もののふ, 부칸武官, 사무라이侍'[29]란 말을 통해 그 기원을 더듬어 보기로 한다.

먼저 '모노노후'란 '무용武勇으로 주군을 모시며 전장에서 싸우는 사람'을 의미한다. 모노노후는 야마토시대에 군사와 경찰 업무를 담당한 호족이었던 '모노노베物部'에서 유래한다고 한다. '군사에 종사하는 관리'를 뜻하는 '부칸'은 '율령제하에서 훈련을 받은 상근 공무원'을 그렇게 부른데서 유래한다. '귀족 등 신분이 높은 사람을 곁에서 모시다'라는 뜻의 '사부라후侍ふ'를 어원으로 하는 '사무라이'란 말은 '무기를 가지고 황족이나 귀족의 경호를 담당하는 자'를 일컬었다. 정리하자면 '모노노후, 부칸, 사무라이'는 모두가 무력武力집단이었다는 공통점을 가지고 있다.

세 개의 무력집단 중에서도 본 장의 주제인 무사도와 직접 관련이 있는 집단은 사무라이다. 위에서 설명했지만 사무라이란 주군을 곁에서 모시는 사람이었기 때문에 '긴주샤近習者'라 불리기도 했는데, 그중 일부는 헤이안시대 중엽부터 천황과 상황上皇[30] 및 황태자 등의 처소를 경호하는 측근 무사의 임무를 맡기도 했다.

그런데 사무라이의 주류는 역시 무인정권인 막부를 지탱했던 무사계급이라 할 수 있다. 이 무사계급은 헤이안시대 후기 지방으로부터 대두하기 시작했다. 고쿠가国衙[31]의 관리·장원의 장관荘官·유력농민이 조정의 권력이 약화되고 지방정치가 혼란한 가운데 지배하고 있던 토지와 백성을 지키기 위해 무장을 시작한 것이 그 기원이다. 이들은 신식의 무예를 가예家芸로 삼아 조정이나 고쿠가로부터 무장을 인정받았다.

이들 무장집단들은 점차 혼케本家의 우두머리인 소료惣領[32]를 중심으로 혈연으로 맺어진 분케分家의 이에노코家の子(형제·자손·친척), 혈연관계는 없지만 이들을 주군으로 모시는 가신집단인 게닌家人·로토郎党로 구성된 무사단으로 조직화되었다. 이들 무사단은 처음에는 소규모

memo

29) 이 외에도 로닌浪人은 모시던 주군가의 몰락으로 인해 주종관계가 단절되어 대대로 이어져 오던 가록家禄 및 그 밖의 은전을 잃어버린 무사를 지칭한다. 무인은 군사에 종사하는 사람으로서 문인에 반대되는 의미이며, 군인은 메이지시대 이후 서양식의 근대적인 군대로 편성된 조직된 무장집단을 의미한다.

30) 천황이 황위를 물려준 후에 불리는 존칭으로, 다이조텐노太上天皇 혹은 다이조코太上皇라고 한다. 이에 대해 현재 황위에 있는 천황을 긴조텐노今上天皇라고 한다.

31) 율령시대 중앙에서 구니国에 파견한 관료인 고쿠시国司가 지방정치를 수행하는 장소·기관·인원을 지칭한다.

32) 무사집안에서 분할상속이 행해질 때 집안의 재산을 상속받는 남자.

였지만 중앙에서 지방으로 내려온 귀족이나 유력한 관리를 중심으로 점차 대무사단으로 발전해갔다. 대무사단의 우두머리인 도료棟梁에는 중앙귀족의 피를 물려받은 자가 선발되었는데, 간무천황의 자손인 간무헤이시와 세이와천황의 자손인 세이와겐지[33]가 대표적인 예이다.

(2) 무사도의 형성과정

중세의 무사도

가마쿠라시대는 무사가 정치·군사적으로 권력을 잡은 시대다. 이때에는 무사의 직제 혹은 법령을 규정한 고세이바이시키모쿠御成敗式目[34]가 마련되었다. 여기에는 무사의 일상생활과 사회생활에 관한 규율 및 무사의 정치적 지위를 고양하기 위한 도덕교육이 규정되어 있다. 그밖에도 사회존중·제사·불사仏事의 장려가 규정되어 있고, 무사의 도덕교육에 불교를 이용한 점이 특징이다. 특히 선종禅宗과의 관련이 두드러진다. 선종이 중요해진 이유는 '문자를 앞세우지 않는다'는 불립문자不立文字의 교의와 죽음에 대한 공포를 극복하기 위한 가르침 등이 무사의 정신과 합치되었기 때문이다. 한편 부처의 대자대비한 정신에 의해 자신을 해치는 적일지라도 미워해서는 안되며 자신과 가까운 사람에게도 집착해서는 안 된다는 사상도 발달하였다.

가마쿠라시대의 무사도가 불교와 관련되어 발전하였다면, 무로마치시대에서 전국시대에 이르는 시기의 무사도의 특징은 사상적인 것도 일상생활을 규율한 것도 아닌, 지속되는 전투 속에서의 처세술이었다. 이 시기의 무사도는 전선에서의 주의사항, 일상생활에서의 태도, 그리고 전사로서의 마음가짐에 관한 내용이 주류를 이루게 된다.

근세의 무사도

막번체제 하의 평화의 시대의 무사는 전사戦士가 아닌 정치 및 행정관료로 변모해야 했다. 이렇게 무사의 존재이유가 의문시되던 시대에 유교정신이 적극적으로 수용되었다. 야마가 소코山鹿素行(1622-85), 구마자와 반잔熊沢蕃山(1619-91), 나카에 도쥬中江藤樹(1608-48)등의 유학자들은 문文에 중점을 두는 사도士道로서의 무사도를 확립해 간다. 이들은 농공상에 앞선 신분인 사士가 이상적인 군자가 되어야 한다는 도덕적 틀을 확립하였다. 즉, 단순한 처세술로서의 무사도에 새로운 철학적 요

memo

33) 이들 천황의 자손들이 지방에 정착하게 된 것은 천황이 많은 수의 황후 및 그 황후들로부터 태어난 황자를 두었기 때문이다. 중앙에서는 이들 모두를 받아들일 수 없었기 때문에 낮은 신분 출신의 황후에게서 태어난 황자들은 출가하여 절에 들어가거나 다이라平나 미나모토源와 같은 성을 하사받아 신하로 격하되어 지방으로 보내졌다.

34) 가마쿠라시대인 1232년에 제정된 무사정권의 법령으로 조에이시키모쿠貞永式目라고도 한다.

소를 가미하여 무사도를 체계적인 사상으로 발전시켰다. 무사도란 말도 이 시대에 만들어졌다.『하가쿠레葉隠』와 같이 막말에 그 존재가 알려진 지방의 무사도도 존재한다.

무사도의 본래의 충성의 대상인 주군이 천황으로 변모해 가는 과정과 관련된 무사도의 의미변화에 대해서는 미토학水戸学[35]을 언급하지 않을 수 없다. 미토번의 사상가인 아이자와 세시사이会沢正志斎는 열강이 일본에 개국을 강요한 시대에 일본은 어떠한 진로를 선택해야 하는가라는 과제에 대한 해답을 존황사상尊王思想에서 찾았다. 이 사상은 양이론攘夷論과 결합되어 막번체제에 대한 반체제사상을 싹트게 하는 원인이 되었다.

막말 반체제사상을 만연하게 한 또 다른 원인으로 막부와 번의 제도개혁의 문제를 거론하지 않을 수 없다. 즉, 막부와 번에서 국방론·부국강병책을 실현하기 위해 여러 경제정책이 실시되었는데, 이로 인한 국내경제의 파탄으로 하급무사는 곤궁해지고, 결국 체제내의 불만분자인 하급무사는 막부해체의 주체가 되어간다. 구체적으로는 번이 무사로부터 녹미禄米를 빌려감으로써 무사는 만성적으로 빈곤해지게 되고, 이는 상급무사와 하급무사의 대립으로 연결되어 현상타파의 하나의 계기가 되는 것이다.

memo

35) 도쿠가와계의 사국史局인 쇼코칸彰考館(미토번주인 도쿠가와 미쓰쿠니德川光圀가『대일본사大日本史』를 편찬하기 위해 설립한 편찬국)에 대대로 전해내려오는 유학 · 사학을 기반으로 국학과 신도를 받아들여 19세기 전반에 성립한 학파.

지식칼럼

『하가쿠레』

에도시대 중기인 1716년 무렵 나베시마번鍋島藩(현재의 사가현)의 번사藩士인 야마모토 쓰네토모山本常朝는 무사의 소양을 '무사도'라는 용어로 설명하였다. 이를 다시로 쓰라모토田代陣基가 필기하여 기록한 책이『하가쿠레』다. 이 책은 무사도의 '내면적인 성찰'이라는 점과 밀접하게 관련되어 있고, 무사의 '죽음'과의 친근성 즉 무사≒죽음을 논한 것으로 유명하다. 이 부분을 정리하면 다음과 같다.

무사도의 본질은 죽는 것이다. 생사를 선택해야 할 때 빨리 죽는 쪽을 선택할 뿐이다. 불필요한 생각을 하지 않고 그저 매진할 뿐이다. "일을 성취하지 못한 채 죽으면 개죽음이다"라는 말은 타산적인 무사도일 뿐이다. 어쨌든 양자를 택일해야 할 때 절대적으로 올바른 쪽을 선택한다는 것은 매우 어려운 일이다. 사람은 누구나 당연히 죽는 것보다 사는 것이 좋다고 생각할 것이다. 따라서 사는 쪽에 더 많은 표를 몰아줄 것이다. 하지만 사는 쪽을 선택하여 일을 그르친 후에도 계속 살아있게 되면 겁쟁이라고 욕을 먹을 것이다. 반면 죽음을 선택하면 설혹 일을 그르쳐 죽게 되더라도 개죽음 혹은 정신병자라는 욕을 먹는 것이 결코 부끄럽지 않을 것이다. 이것이 무사도의 본질이다. 무사도에 철저하기 위해서는 아침저녁으로 항상 죽음을 각오할 필요가 있다. 죽음을 각오하고 있을 때에 비로소 무사도는 자신의 것이 되고 일생 변함없이 봉공奉公할 수 있다.

근대의 무사도

메이지유신 이후 10여년에 걸친 근대적 개혁, 즉 판적봉환版籍奉還[36] 및 폐번치현廃藩置県[37]에 의한 무가武家 자체의 소멸, 질록처분秩禄処分[38]에 의한 봉건무사 신분제도의 재정적인 철폐, 징병령徵兵令에 의한 무사의 전문적 직분인 전사로서의 존재가치의 소멸, 지배계급의 상징인 다이토帯刀의 금지廃刀令 등으로 인해 무사계급은 해체되었다.

그러나 사농공상의 신분제에 따른 무사계급은 해체되었지만 이전의 무사세력은 메이지 신정부의 보호 아래 화족華族 또는 사족士族의 형태로 온존했다. 그리고 이 화 · 사족들은 일본이 근대국가로 발전해 가는 과정에서 메이지정부의 관리, 자유민권운동의 지도자, 선출된 의원, 자본주의적 근대산업의 주역, 문무 양면을 겸비한 교사로서 중추적인 역할을 담당했다.

이처럼 정치 · 사회 · 교육 · 경제 분야에서 지도적인 지위를 차지한 구무사층의 사상 · 철학 · 사고가 서서히 일본사회에 침투해 들어갔다. 즉, '평민의 무사화' 현상이 진행되어간 것이다. 메이지 초기의 지나친 서구화에 대한 반동으로 무사계급에 대한 향수는 더욱 강해졌다. 이렇게 재흥된 무사도는 두 종류로 분류할 수 있다. 하나는 화혼적和魂的 무사도, 다른 하나는 황도적皇道的 무사도다.

먼저 화혼적 무사도란 소멸한 무사계급에 대한 회고의 마음과 일본인의 정신적 기본이념으로서의 무사도를 논하여 구사족이 자신들의 아이덴티티를 재확인하는 작업이다. 화혼양재和魂洋才의 중심에는 화혼이 있다. 화혼적 무사도의 대표자로는 후쿠자와 유키치福沢諭吉를 들 수 있다. 후쿠자와는 도쿠가와시대의 무사의 정신을 '오기痩せ我慢'라고 하면서 일본인의 '독립자존' 정신의 필요성을 주창하고 문벌과 유학자의 봉건적 정신을 부정했다. 후쿠자와는 일본에서 문명이 진보할 수 있었던 원인으로 일본혼日本魂을 언급하고 있다. 사실 메이지기의 사상과 언론

memo

36) 1869년 7월 25일 메이지정부에 의해 행해진 중앙집권화 사업의 하나로 여러 다이묘의 영지版図와 영민戸籍을 천황에 반환토록 한 것.

37) 1871년 8월 29일 메이지정부가 번을 폐지하고 중앙정부 관할의 부府와 현県으로 일원화한 조치.

38) 질록이란 화족華族이나 사족士族에게 수여된 가록家禄과 유신의 공로자에게 부여된 상전록賞典禄을 의미한다. 메이지정부는 1876년에 이를 전폐하는데 이러한 조치를 질록처분이라고 한다.

을 주도한 공리주의적 성격의 후쿠자와 자신도 무사계급 출신으로 그 사상의 근저에 무사도의 영향이 엿보인다.

한편 황도적 무사도는 1890년대 이후의 국가주의적 풍조·일본주의 운동의 영향을 받은 것으로, 청일·러일전쟁의 승리에 고무된 무사도라고 말할 수 있다. 이를 대표하는 것은 1905년에 출판된 이노우에 데쓰지로井上哲治郎의 『무사도총서武士道叢書』다. 이노우에는 청일·러일전쟁의 승리는 일본 고래의 무사도에 의한 것으로, 이는 천황으로 상징되며, 천황에 대한 충성이 곧 국가를 위한 것이라고 하는 천황중심의 국민도덕론을 제창하고 있다. 무사도는 전쟁수행을 위한 정신적 지주라는 주장에 다름 아니다. 이노우에는 충의 개념, 멸사봉공滅私奉公, 나아가 『하가쿠레』의 "무사도의 본질은 죽는 것"을 변형시켜 국가를 위해서는 죽음도 마다하지 않는 것이 무사도라고 해석·선전하였다. 이노우에의 활동은 태평양전쟁시에도 황도적 무사도정신의 주창으로 이어졌다.

2. 니토베 이나조의 『무사도』

(1) 니토베 이나조

일본에서 근대적인 무사도론을 확립한 것은 니토베 이나조新渡戸稲造(1862-1933)다. 니토베는 농학자이며 교육자로서 국제연맹의 사무차장을 역임한 인물이다. 그의 유명한 저서인 『무사도』는 Bushido: The Soul of Japan이라는 제목으로 먼저 영문으로 발행되었다. 니토베 이나조는 일본은행권의 5천원권(1984-2004)의 인물로 알려져 있으며, 다쿠쇼쿠拓殖대학의 명예교수를 역임한 기독교인이다.

니토베는 1877년 삿포로농학교札幌農学校(현, 홋카이도대학교)의 제2기생으로 입학하였다. 입학 이후의 니토베는 제1기 선배들의 권유로 기독교에 입신한 후 도쿄대학에 입학하고, 미국의 존스 홉킨스대학으로 유학을 떠났다. 유학중 삿포로농학교의 조교로 임명되어 근무하던 니토베는 관비로 다시 독일유학을 떠나 박사학위를 받았다. 박사학위를 받은 니토베는

① 니토베 이나조의 사진이 들어있는 구 5천엔권

삿포로농학교에서 교편을 잡지만 건강이 좋지 않아 미국의 캘리포니아로 요양을 떠났다. 이때(1900) 쓰여진 작품이 바로 『무사도』의 영문판이었다. 당시의 일본과 일본인은 청일전쟁의 승리로 일약 국제적인 주목을 받았는데 이러한 정세와 맞물려 『무사도』는 전세계에 번역·출판되었다. 이 저작으로 유명해진 니토베는 국제연맹의 사무차장(1920-26)으로 임명되기도 하였다.

(2) 『무사도』의 정신

니토베 이나조의 『무사도』에는 무사가 지켜야 할 7가지 덕목이 열거되어 있다.

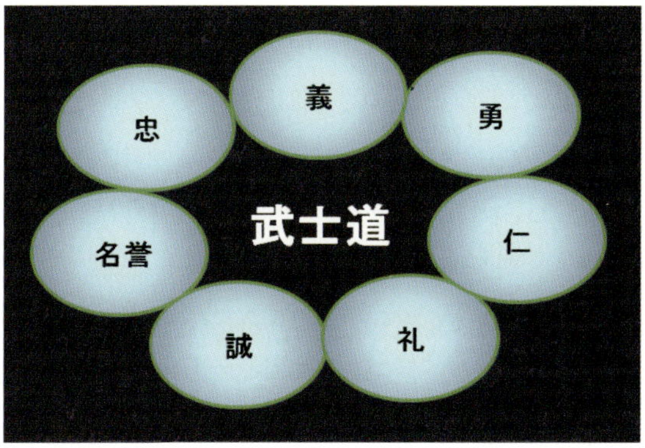

의

의義의 하나인 의리義理의 순수한 의미는 단순명료한 의무로서 부모, 손윗사람, 손아랫사람, 일반사회에 대한 의무를 의미한다. 의무란 '정의의 도리'가 우리들에게 하도록 요구하는 명령이다. '효도'처럼 의무가 부담으로 느껴지든 느껴지지 않든 의리가 개입하여 피할 수 없도록 한다. 의리는 엄격한 감독자로서 채찍을 손에 들고 나태한 자를 감독한다.

전국시대의 다이묘인 우에스기 겐신上杉謙信은 다케다 신겐武田信玄과 천하통일을 둘러싸고 4번에 걸쳐서 결전하였다. 그러나 다케다의 근거지인 가이甲斐가 봉쇄되어 소금 반입이 불가능해지자, 우에스기는 한통의 편지를 다케다에게 보냈다. "나는 당신과 무기로 싸우는 것이지 쌀과 소금으로 싸우는 것이 아니다. 이제부터 소금이 필요하다면 우리가 제공하겠다." 우에스기는 또한 소금의 가격이 높아져 다케다군이 곤경에 처해지는 일이 없도록 하였다. 이처럼 적이라고 하더라도 곤경에 처하지 않도록 하는 것이 참된 무사이며 적의 약점을 공략하는 것은 비겁하다고 생각하는 것이 의의 한 예라고 말할 수 있다.

용

용기勇氣의 동태적인 표현은 "올바른 일을 행하는 것"이다. 무조건 목숨을 쉽게 버리는 '개죽음'이 아닌 "마땅히 죽어야 할 때 죽는 것"이다. 이처럼 용기의 동태적인 표현이 '감행의 행위'라면 용기의 정태적인 표현은 '평정심平静心'이다. 위험 혹은 죽음의 위협 앞에서도 평정심을 잃지 않는 자가 용기 있는 자이다. 용기란 '여유余裕'를 의미하기도 한다. 우에스기 겐신이 다케다 신겐에게 소금을 보냈던 행위도 용기와 관련되어 있다. 이처럼 진정한 용기란 전시에는 적으로 평시에는 친구처럼 대하는 것이다.

인

인仁은 사랑·관용·애정·동정·연민·자비 등과 관련된 덕목이다. 인은 왕에게 가장 적합하다는 의미에서 '왕의 덕'으로 불린다. 왕에게는 자비가 왕관보다 더 잘 어울린다. 그러나 인은 맹목적인 충동이 아니라 정의에 대한 정당한 고려를 요구하는 사랑이다. 또한 단순한 마음의 어떤 상태가 아니라 생사의 문제에 관련된 권력을 배후에 갖고 있는 사랑이다. 무사의 인은 약자와 패자에 적합한 덕으로도 칭송된다. 투쟁과 공포의 와중에 애련哀憐의 감정을 환기시키기 때문에 음악적·문학적이기도 하다.

이치노 타니의 전투一ノ谷の戦い(1184)[39]에서 구마가이 나오자네熊谷直実가 자신의 아들과 같은 나이의 젊은 무사 다이라노아쓰모리平敦盛를 살려주고자 하나 죽여 달라고 하는 요구에 울면서 벨 수밖에 측은지심은 이를 잘 보여주는 장면이다.

memo

39) 미나모토노요시쓰네源義経 군대가 고베시의 이치노타니에 진출하여 헤이씨를 물리친 전투.

예

참된 예礼란 상대를 공경하는 마음을 눈에 보이는 형태로 표현하는 것이다. 따라서 예는 사교상 필요불가결하다. 하지만 지나친 예는 환영받지 못한다. 예란 울고 있는 사람과 함께 울고, 기뻐하고 있는 사람과 함께 기뻐하는 것을 의미한다. 예는 자애와 겸손에서 생기며, 타인에 대한

다정스런 기분으로 행동하기 때문에 항상 우미優美한 감수성으로 표현된다.

선교사가 인사를 할 때 쓰고 있던 모자를 벗고 예의를 표하는 것처럼, 일본인은 양산을 쓰고 있다가 지인을 만나면 양산을 벗고 함께 햇살에 노출시킨다. 물론 양산이 크다면 같이 쓴다. 미국에서는 선물을 주고받을 때 그 선물의 양과 질로 상대방의 마음을 평가하지만, 일본에서는 양과 질에 상관없이, 즉 선물 자체의 가치가 아닌 하나의 마음으로 선물을 주고받는다.

성

성誠의 한자는 言과 成의 결합으로 이루어져 있다. 성실을 중시하는 무사의 세계에서 허언은 비겁하다고 간주된다. 무사는 한번 맡은 일은 끝까지 지키는 것을 중시한다. 보통 약속은 증서로 이루어지지는 않지만 지켜지고 이행된 '증서를 쓴다'는 것은 품위에 맞지 않는 것으로 생각되었다. 그러나 한번 한 약속은 목숨을 걸고서라도 지켜야 한다.

메이지유신 이후 무사가 상공업에서 평민인 상인과 경쟁해야 할 때 홍정술을 전혀 알지 못하였기 때문에 회복하기 어려운 대패배를 겪기도 하였다. 하지만 산업이 진보함에 따라 신실信実은 실행하기에 용이하고 유리한 덕이 되었다. 지켜지지 않은 증서를 제시해서는 안 된다는 적극적인 규칙이 존재하지도 않았고, 허언이 죄로서 심판받지도 않았다. 그러나 지켜지지 않은 약속은 심한 불명예라고 생각하였다. 따라서 거래 상대와의 약속, 소비자와의 약속, 자기 자신과의 약속은 제재가 없을지라도 절대로 지켜야 할 윤리가 되었다.[40)]

memo

40) 이러한 관념은 현대일본의 자본주의 정신 혹은 장인정신과도 관련되어 있다.

명예

명예名誉의 감각은 인격의 존엄 및 가치에 대한 명백한 자각을 포함한다. 영어 honour의 관념은 명名 · 면목面目 · 외문外聞으로 알려져 있다. 각각 성서에서 사용된 이름name, 그리이스어에서 온 인격personality, 명성fame을 연상시킨다. 좋은 이름이란 명성이고, 인간의 불멸의 부분이며, 이것이 없다면 사람은 금수와 같다. 결백에 대한 어떠한 침해도 치욕이라고 생각했다.

파렴치廉恥心는 소년을 교육할 때 양성되는 최초의 덕목 중 하나였다. "비웃음을 받을거야" · "체면을 더럽히지 마" · "부끄럽지 않아?"등은 비행을 범한 소년에 대한 올바른 행동을 재촉하는 최후의 호소였다. 소년의 명예심에 호소한다는 것은 소년의 심정의 가장 민감한 부분을 자극하는 것이었다.

명예는 때로는 병적인 성질을 띠기도 한다. 어느 상인이 호의적인 마음으로 무사의 등에 벼룩이 있다고 주의를 주자 무사는 그 상인을 순식간에 베어버렸다는 이야기가 전해질 정도이다. 벼룩은 동물에 모여드는 벌레인데 고귀한 무사를 동물과 동일시 한 것은 결코 용서될 수 없는 모욕이라고 생각하였던 것이다.

충

무사도의 충의忠義에는 서양과는 다른 특징이 있다. 그것은 개인 혹은 부모에 대한 애정보다 주군에 대한 충의와 충절을 중시하였다는 점이다. 또한 가족과 일족一族의 이익이 개인의 이익에 앞서기 때문에 개인의 감정이 희생되는 경우가 많았다.

무사도에 있어서 국법과 국가는 인격자로 표현된다. 충은 이러한 정치이론으로부터 생겨난 윤리이다. 따라서 개인이 국가를 위해 혹은 국가의 정당한 권위의 장악자를 위해서 살거나 죽어야 한다고 생각한다.

하지만 무사도는 주군의 변덕스런 의사 혹은 사악하거나 허망한 생각을 위해 신하 자신의 양심을 희생하는 것에 대해서 낮은 평가를 내리고 있다. 신하의 의견이 군주와 다를 경우 신하가 취해야 할 충의의 길은 모든 수단을 다해서 군주의 잘못을 바로잡는 데에 있다. 군주가 이를 받아들이지 않을 때에는 자신의 피를 흘려서라도(즉, 군주에 의해 처단될지라도) 성실함을 증명하여 주군의 지혜와 양심에 대한 최후의 호소를 행하는 것이 무사의 당연한 일상이었다.

지식칼럼

기사도와 무사도

무사도와 유사한 개념으로 서양의 기사도騎士道를 들 수 있다. 중세 유럽을 기원으로 하는 기사도는 충절 · 무용 · 고상함 · 예절을 기본으로 한다. 충절의 대상으로는 군주 · 기독교 · 교회가 있다. 무용武勇이란 전투에서 적을 무찌르는 힘을 의미한다. 고상함은 품격을 상징하며, 기사의 자질에서 가장 중시되는 부분이다. 예절이란 훌륭한 기사라면 동료에게 정중하게 행동하는 것이다.

프랑스의 기사도문학 연구자인 레온 고티에(Léon Gautier, 1832-1897)는 기사들이 지켜야 할「10계」를 다음과 같이 열거하고 있다.

①굳건한 신앙과 교회의 가르침에 대한 복종, ②사회정의의 정신적 지주인 교회의 옹호, ③사회적 · 경제적 약자에 대한 경의와 자비, 그리고 그들을 돕고 지키려는 마음가짐. ④자신의 생활의 장이며 자양분인 조국에 대한 애국심, ⑤공동체의 구성원과 고락을 같이하며, 적 앞에서는 퇴각을 거부하는 용기, ⑥신앙과 양심을 억압하는 이교도들에 대한 불굴의 의지, ⑦봉건영주에 대한 엄격한 복종. 하지만 영주에 대한 의무가 신에 대한 의무와 어긋나서는 안됨, ⑧진실과 맹세에 대한 충실, ⑨아낌없는 베풂, ⑩악에 대항해서는 언제 어디에서든 정의롭게 대항하는 것.

이 10계를 살펴보면 기사도는 기독교와의 연관성이 강하며, 종교적 · 사회적 · 개인적인 측면에서 접근하고 있음을 알 수 있다.

한편 무사도는 불교로부터 운명을 받아들이는 태도, 유교로부터는 도덕관, 신도로부터는 조상에 대한 숭경이라는 영향을 받고 있긴 하지만 실제의 무사들에게 종교는 불가결한 요소가 아니다. 이는 다음에서 설명할 '무사도의 본질은 죽는 것이다'라는 테제로 미루어 짐작할 수 있다. 즉, 기사도는 기독교와 함께, 무사도는 종교를 뛰어넘어 발전했다는 차이를 보인다.

기사도와 무사도의 또 다른 차이는 ①무사도는 부끄러움에 대한 감각에 민감하여 부끄러움보다는 죽음을 중시하는데 반해서, 기사도에서는 죄의식에 대한 감각이 발달했다는 점, ②기사도에서는 'lady first'와 같은 여성에의 예절이 발달하여 '신사적'이라고 일컬어지는 점, ③기사도는 대외적인 성격을, 무사도는 대내적 성찰을 중시한다는 점이다. 즉, 기사도는 기사가 지켜야할 '행동의 규범적 성격'을 중시하고, 상대적이긴 하지만 무사도는 무사 자신의 '내면적인 성찰'을 중시한다고 할 수 있다.

3. 무사 · 무사도의 표상

(1) 주신구라

아코赤穂사건은 『주신구라忠臣蔵』라는 이름으로 널리 알려져 있는데, 이 명칭은 이 사건을 제재로 한 닌교조루리와 가부키의 가나데혼주신구라仮名手本忠臣蔵의 통칭 및 이로부터 파생한 일련의 작품에서 유래한다. 영화, 드라마, 소설, 연극 등으로도 많이 만들어졌는데, 영화만 하더라도 1908년 이후 현재까지 80편 이상이 제작되는 등 수많은 작품들이 여전히 인기를 누리고 있다. '아코로시浪士의 복수' 혹은 '기라테이吉良邸 살해사건'이라고도 일컬어지는 아코 사건의 내막은 다음과 같다.

1701년 4월 21일 반슈播州(효고현)의 아코번의 번주인 아사노 나가노리浅野長矩는 막부의 의식과 전례를 담당하는 하타모토旗本인 기라 요시히사吉良義央에 대한 불만으로 에도성에서 기라를 습격하였다. 그러나 완전한 살해에는 실패하여 막부로부터 할복하라는 명령을 받는다. 그 후 아사노의 유신遺臣인 오이시 요시오大石良雄를 포함한 47명의 아코로시는 1703년 1월 30일 기라의 집에 침입하여 주군 아사노 나가노리를 대신해서 기라 요시히사를 살해했다. 그리고 그 시체를 센가쿠지泉岳寺의 주군의 묘 앞에 바친 후 막부의 명령에 따라 모두 할복했다. 이러한 일련의 사건을 아코사건이라고 한다.

② 드라마 주신구라

③ 주신구라 11단째인 야간 토벌 장면

④ 아코의사義士 마쓰리

(2) 라스트 사무라이

톰 크루즈Tom Cruise가 주연을 맡았던 '라스트 사무라이The Last Samurai'의 나탄 알그렌Nathan Algren은 유랑자가 되었다. 유랑자가 된 알그렌에게 한때 그가 싸웠던 전투는 이젠 다 과거사일 뿐이었다. 하지만 전투를 해야 했던 당시 그는 명예와 나라를 위해서 생명의 위험을 두려워하지 않았다. 그런데 남북전쟁 이래로 세계는 변했다. '용기'가 차지했던 자리를 대신하여 '실용주의'가 등장했다. 개인의 이익이 희생을 대체했고, 명예는 그 어디에도 존재하지 않았다. 인디언을 섬멸하는 역할을 맡았던 알그렌의 역할은 환멸과 슬픔과 함께 사라져 갔다.

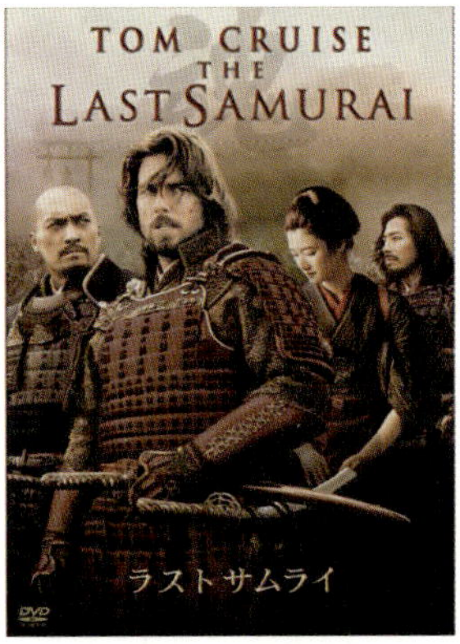

⑤ 라스트 사무라이

이때 지구의 반대편에서 또 다른 군인이 이제 곧 사라지려 하는 자신의 삶을 예측하고 있었다. 그의 이름은 와타나베 겐渡辺謙이 연기하는 가쓰모토 모리쓰구勝元盛次였다. 가쓰모토는 일본 고대의 전사 중 마지막 리더였으며 추앙받는 사무라이였다. 가쓰모토는 자신의 삶을 천황과 일본을 위해 바쳐왔다. 근대적인 것들이 인디언들의 고립과 경멸을 초래하고 미국의 서부를 침식해갔던 것처럼, 근대는 지구의 반대편인 일본에서도 일본의 전통을 위험에 빠트렸다. 서구화·근대가 가져다 준 전신과 철도는 사무라이가 오랫동안 지켜왔던 삶의 가치와 양식을 위험에 빠뜨렸다. 하지만 가쓰모토는 이를 순수히 받아들이려 하지 않았다.

일본이라는 시장을 탐내는 미국의 계략 속에서 일본의 젊은 천황은 일본의 첫 번째 근대적인 징집군을 훈련시키도록 알그렌을 고용한다. 천황의 측근들은 일본을 더욱 서양화하여 무역을 할 수 있는 정부로 만들기 위해 반대파인 사무라이들을 근절하고자 징집군을 이용하려고 한다. 그러나 알그렌은 사무라이들과의 접촉을 통해 그들로부터 깊은 인상을 받았다. 사무라이들이 지닌 강렬한 신념은 알그렌의 과거 그 자체였던 것이다.

자신의 목숨과 목숨보다도 소중한 영혼을 동시에 걸고서 거칠고 낯선 영역에 침입했을 때, 알그렌은 자신이 두 시대와 두 세계 사이의 격렬하고 서사시적인 싸움의 한가운데 놓여있음을 발견하게 되었다. 바로 그때 그는 자신의 영혼을 이끌고 있는 그 어떤 명예감을 발견하게 된다.

(3) 7인의 사무라이

구로사와 아키라黒澤明 감독에 의해 1954년에 발표된 영화인 '7인의 사무라이七人の侍'는 전국시대의 일본에서 도적의 빈번한 습격으로 고민하는 농민들이 무사를 고용하여 마을을 지킨다는 이야기이다.

⑥ 7인의 사무라이

즉, 도적들의 약탈에 신음하며 농민들이 비탄에 빠져있을 때 젊은 농부인 리키치利吉는 마을의 장로인 기사쿠儀作와 상의하여 사무라이를 고용하여 마을을 지킬 결심을 한다. 이들이 무사를 모으기 위해 고심하는 가운데 감베勘兵衛라는 낭인의 솜씨에 반하게 되고 감베에게 음식을 댓가로 마을을 지켜줄 것을 설득한다. 이에 감베는 40마리의 말을 타고 나타나는 도적들과 싸우기 위해서는 7인의 무사가 필요하다고 판단하여 고로베五郎兵衛를 시작으로, 시치로지七郎次, 헤이하치平八, 규조久蔵, 가쓰시로勝四郎, 기쿠치요菊千代 등 총 7명의 사무라이를 조직하였다.

감베는 마을을 돌아보며 약점을 조사한 후 마을을 요새화하는 안을 제시했다. 농민들에게 마을 주위에 해자와 울타리를 칠 것을 권유하고, 농민들도 도적들에 대항하여 협력하여 싸울 것을 제안한다. 사무라이들은 때때로 농민들의 비겁함에 분노하기도 했다. 하지만 농민들을 그렇게 만든 것은 사무라이 자신들이라며 절규했다.

가을의 수확기에 도적의 정탐꾼이 마을에 들어왔으나 마을은 이전과는 달리 요새화되었고 정탐꾼은 생포되어 도적들의 본거지를 실토하게 된다. 감베를 지휘자로 한 7인의 사무라이는 농민들을 잘 조직하여 그들의 선두에 서서 도적들의 본거지에서 그리고 마을로 습격해 온 도적의 무리들을 격퇴시켰다. 이러한 싸움의 와중에 7인의 사무라이 중 4명이 죽게 되었다. 감베는 '승자는 우리가 아니라 농민들이다'라고 외치는데 이는 대지와 함께 살아가는 인간이야말로 최후의 승리자라는 결론을 암시한다.

이처럼 구로사와 아키라의 영화는 뛰어난 오락성과 서사시적인 내용을 담고 있다. 구로사와는 사무라이 즉, 무사와 민중인 농민들과의 관계에 대한 긍정적인 모티브를 최대한 표상함으로써 또 다른 의미의 무사도의 정신을 보였다고 말할 수 있다.

4. 무사도와 충성

(1) 충성과 복종

『하가쿠레』는 "주군의 분부가 있다면 시시비비를 가리지 말고 삼가 명령을 받들어야 한다"고 말하고 있다. 하지만 동시에 주군의 명령이 도리에 어긋날 경우에는 "계속적으로 주군의 잘못을 아뢰어야 한다"고도 했다. 즉, 시시비비를 가리지 않고 주군의 명령을 따라야 한다고 전제하면서도, 일견 모순된 것처럼 보이지만, 지속적으로 간언하여 주군이 다시 심사숙고할 수 있도록 해야 한다는 것이다. 참된 충절忠節이란 "주군이 마음을 바꾸어서 번을 굳건히 하도록 하는 것"이라는 의미이다. 주군의 명령이 부당할 경우 이를 무비판적으로 수용하지 않고 주군 스스로 깨우치도록 하는 것이 진정한 충의忠義라는 것이다. 이처럼『하가쿠레』에서의 충의의 관념은 주군에 대한 절대적 복종만이 아니라, 자립한 개인으로서의 무사의 관념 즉 무사의 주체적인 판단에 근거한 책임성의 문제를 동시에 중시하고 있다.

무사의 개인으로서의 자립성을 더욱 부각시킨 것은 도쿠가와시대의 유학자인 무로 규소室鳩巣였다. 무로는 이상적인 주군이라면 신하의 간언과 충고에 귀를 귀울여야 한다고 했다. 동시에 신하인 무사도 절의節義가 있어야 한다고 지적하며, "절의의 무사란 입으로는 거짓을 말하지 않고, 몸으로는 사적인 일을 행하지 않고, 마음은 순수해야 하며, 겉으로는 꾸밈이 없어야 하고, 행동에 어긋남이 있어서는 안되며, 예의바르게 행동해야 하고, 윗사람에게는 아부하지 말고, 아랫사람에게는 오만해서는 안되며, 약속을 어기지 말 것이며, 다른 사람의 곤경을 보고 넘어가지 말고, (중략) 부끄러움을 알고, 목이 잘릴지라도 해서는 안될 일을 하지 않으며, 죽어야할 곳이라면 물러서지 않고, 항상 의리를 중시하고, 마음은 철석과 같이 견고하고 또한 온화자애하며, 사물의 이치를 알고, 사람들에게 인정이 있는 자"[41]라고 했다.

그런데 주군의 명령과 자신의 신념이 일치하지 않을 경우 각자가 갖

memo

41) 무로 규소의『명군가훈明君家訓』(1715). 이 책은 도쿠가와 막부의 8대장군인 요시무네吉宗가 취임한 이후 널리 보급되었고, 18세기 무사도의 주류적 위치를 차지하게 된다.

고 있는 신념을 굽혀서까지 주군에게 충절을 다해야 하는 것은 아니다. 설령 주군의 명령에 어긋날 지라도 각자가 자기의 신념을 굽히지 않는 것이 주군에게도 참으로 소중한 것이었다. 즉, 절대적인 복종이 아닌 무사 개개인이 품고 있는 신념과 신조를 존중하여 그 신념과 신조에 근거한 항명抗命까지도 긍정하는 입장인 것이다. 이러한 신념에의 충실이라는 점은 주군과 주군가에 대한 충성심을 전제로 한 양자간의 깊은 '신뢰감'에서 나온다.

(2) 충성과 반역

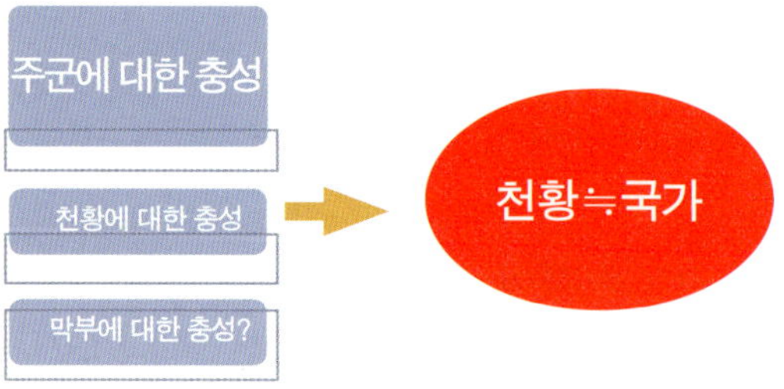

근세 → 근대

봉건적인 주종관계는 봉토封土의 급부라는 은혜御恩에 대한 추종자의 헌신적인 봉공奉公에 의해 성립된다. 이는 법질서의 붕괴를 배경으로 주군에 대한 인격적인 충성을 주축으로 한 사당私党적인 단결을 통해 무사단의 이익과 안전을 확보하기 위해서 발전한 것이다. 무사의 에토스ethos는 전투라는 비일상적인 상황을 전제하기 때문에 생사라는 운명공동성에 대한 실감을 공유한다. 이러한 의미에서 비합리적이라고 할 수 있으며, 그러한 실감이 공유되는 범위도 무사 자신과 동일시 할 수 있는 집단을 벗어나지 못한다. 그러나 무사의 에토스는 봉건제의 조직화와 확대로 인해 합리화 되어가고, 군신 간의 의義 또는 역할分이라는 유교적 범주가 여기에 침투하게 된다. 즉, 은혜와 봉공의 봉건적 충성관계가 개인 간의 주종의 '정의情誼'를 기조로 하게 된 것이다.

막번체제의 정당화도 주로 유교적인 원리로 가능하였다. 이러한 점은 양날의 칼과 같아서 막부나 번의 실정失政이 있게 되면 '정의'에 대한 충성에서 '원리'에 대한 충성이 분리되어 나오게 된다. 왕정복고와 메이지 천황제의 형성이라는 문제를 충성문제라는 관점에서 보면, 중층적으로 서로 겹쳐있던 봉건적 충성이 '政令의 帰一'[42]을 통해 국민적 통일의 상

memo

42) 막부 및 각 번이 장악했던 정치 및 행정을 천황에게 되돌려 주는 것을 말한다.

징인 천황에 집중해 가는 것이다. 이는 번에 대한 충성을 국가로 확대하는 단순한 공간적인 문제도 아니려니와 충성의 인격적 대상을 천황으로 바꿨다는 간단한 문제도 아니었다. 위의 그림은 바로 이러한 상황을 잘 설명하고 있다. 즉, 봉건시대에는 충성의 대상으로 천황과 막부가 전혀 의식되지 않은 것은 아니었지만 직접적인 충성의 객체는 자신의 주군뿐이었다. 그러나 막말과 메이지 이후 충성의 대상은 점차 천황이 독점하게 되고, 이 천황은 통일된 일본 그리고 일원화된 일본을 상징하는 일본의 내셔널리즘의 정점이 되어 간 것이다.

요체는 기존의 주군과의 충성관계의 해체, 유교적 원리가 기존의 주종관계보다 중요해지는 가운데, 국제적인 위기감에 촉발되어 충성대상이 상승 혹은 확대되면서, 천황으로의 일원적인 충성이 결정되었고, 동시에 천황을 정점으로 한 일본의 내셔널리즘이 완성된 것이다.

5. 현대 일본사회와 무사도

니토베 이나조의 무사도론이 서구인의 일본에 대한 부정적인 인식에 대한 반감으로 등장했다고 한다면, 현대 일본의 무사도론은 수동적이고 소비적인 개인, 사물에 대해서 둔감하고 무자각한 인간, 무책임이 횡행하는 전후 일본이라는 부정적인 인식하에서 등장하고 있다. 따라서 현대 일본의 무사도론은 큰 틀에서 본다면, '사회' 및 '국가'에 대한 책임이라고 하는 '공公' 혹은 '공동체'의 논리라는 점에서, 대체로 전후일본의 '민주'와 '자유'에 대한 비판적인 뉘앙스를 담고 있다.

일본의 '무사도협회武士道協会'[43]는 무사도야말로 일본의 독자적인 문화와 전통에 의해 배태되어 온 윤리와 도덕관이며 근대 일본 발전의 초석이라고 정의한다. 또한 무사도협회는 현대일본에 무사도를 소생시켜 고결한 뜻을 살려 세계에 자랑할 만한 일본을 건설해 나가자고 주장하고 있다. 무사도협회의 인식은 '일본은 지금 정신이 무너져가고 있다'는 판단에 다름 아니며, 이에 입각하여 현대일본의 병리현상을 다음과 같이 열거하고 있다.

이처럼 현대 일본의 가정·교육·기업·사회·정치의 세계에서 발생하는 거의 모든 사건 및 세계에서의 일본의 지위의 하락과 관련되어 발생하는 사건들의 공통된 원인으로 일본인의 윤리관과 도덕관, 인간관계, 사

memo

43) http://www.bushido.or.jp/

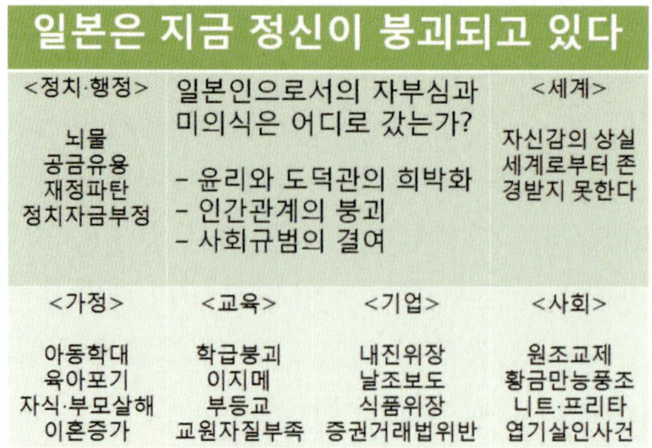

⑦ 현대 일본사회의 병리

회규범의 붕괴와 희박화를 거론하여 그 저류로서의 '일본정신'을 회복하기 위한 방법으로 무사도의 부활을 거론하고 있는 것이다. 바꿔 말하면 무사도의 부활을 통해서 이들 부정적인 사회현상을 긍정적인 방향으로 바꿀 수 있다는 주장인 것이다.

한편 사상적인 측면에서 무사도의 재흥을 꿈꾸는 대표적인 인물로 후쿠다 가즈야福田和也(1960.10-)[44]를 들 수 있다. 후쿠다 가즈야 또한 현대 일본사회의 문제점을 다음과 같이 열거하고 있다. 무차별 살인, 길거리 폭력, 소년 혹은 정신장애자에 의한 범죄, 유키지루시雪印의 유통기한을 위반한 식품판매 사건[45], 미즈호은행의 시스템 장애 사건[46] 등이 있다. 이러한 일련의 사건들은 일본의 기축이 무너짐으로 인해서 발생하였고 미래의 일본에도 불안감을 자아내게 하는 원인들이었다.

그런데 후쿠다 가즈야의 생각에는 무사의 시대이건 현재이건 무사와 인간의 본질에는 아무런 변함이 없었다. 즉, 인간이 태어나서 자라고, 일하고, 죽어간다는 사실과 가치관에 있어서의 변화는 없다는 것이다. 때문에 이들 가치관에 근거한 도덕, 윤리, 미의식의 본질도 바뀌지 않았다. 그런데 도덕, 윤리, 미의식을 갖는 단위는 무엇인가? 후쿠다 가즈야는 시간적인 범위와 인간적인 범위를 확대해 나가다 보면 '국가' 즉 일본인이라고 하는 '공통감각'에 직면하게 된다고 한다. 즉, 일본의 역사 속에서 자라서 그 사회에서 숨쉬어 온 공통감각이 존재한다는 것이다. 따라서 후쿠다 가즈야의 견해에 따르면 개인도 국가 속에서만 영혼을 가질 수 있다.

이러한 인식을 바탕으로 후쿠다 가즈야는 현대 일본의 문제와 관련하여 무사도의 필요성을 다음과 같이 주장하고 있다.

memo

44) 문예평론가로 게이오대학 환경정보학부 교수. 파시즘의 사상사적 의의를 강조하는 입장을 취하고 있다.

45) 2000년 6월에서 7월에 걸쳐 긴키지방을 중심으로 발생한 유키지루시뉴교雪印乳業(현재, 유키지루시메구밀크)의 저지방 유제품에 의한 집단 식중독 사건. 피해자는 1만4780명에 달했다.

46) 2002년 4월 1일 다이이치칸교第一勧業 · 후지富士 · 닛폰코교日本興業 세 은행의 합병에 의해 거대은행인 미즈호은행みずほ銀行이 탄생했으나 컴퓨터 시스템에 대규모의 장애가 발생했다. 이로 인해 수백만 건에 달하는 계좌이체의 누락 · 예금잔고의 기록 등에 오류가 생겨 사회적인 문제가 되었는데 완전한 복구에는 한 달이라는 시간이 필요했다.

첫째, 죽음을 받아들임으로써 자신의 한계를 알 수 있고, 자신을 지속시킬 수 있다. 즉, 자신의 한계와 전승伝承의 지속성을 강조하여 자신의 이에家가 얼마나 지속되고 있는가, 그 흐름 속에서 자신의 존재란 무엇인지를 알게 함으로써 과거에 대한 일정한 배려를 하게 한다는 것이다. 이러한 과거에 대한 배려를 통해 '자기 목숨만이 최고' 혹은 '살아있는 것'만으로 충분하다는 사고를 불식할 수 있다고 한다.

둘째, 메이지 이후의 가타나가리刀狩[47] 혹은 전후 헌법 9조[48] 등은 일본에서 폭력을 부정함으로써 오히려 그만큼 (또 다른 의미의) '폭력의 억제'를 불가능하게 하였고, 이것이 오늘날의 일본의 교내 폭력, 가정내 폭력, 길거리 폭력 등의 범죄로 이어지고 있다는 것이다.

셋째, 금전적인 이익만을 중시하여 깨끗하고, 가난하고, 아름답게 사는 법을 잊었다고 한다. 무사도는 명예라는 무형의 가치를 존중했다는 지적이다.

넷째, 무사도는 윤리적인 내용을 담고 있고, 그 윤리적인 내용은 자신 및 타인을 규정하며, 그 윤리적인 내용에 배치되었을 때에는 스스로 할복하거나 상대를 밸 정도의 내면적인 강제성을 동반한다. 그런데 그러한 무사도의 윤리성, 즉 긴장감과 책임감이 사라짐으로 인해서 많은 문제가 발생하고 있다고 한다. 예를 들면 국가를 대표하여 미국과 교섭하는 경우 정치가와 외교관은 이전과 같은 긴장감을 갖지 않게 되었고, 심지어 자위대조차도 긴장감을 잃어 버렸다. 즉, 목숨을 걸고서라도 맡겨진 일을 해내야 한다는 사명감을 가질 수 있도록 긴장감을 회복시키기 위해 무사도가 필요하다는 것이다.

즉, 현대일본의 무사도 논의는 현대 일본사회의 모든 문제의 원인을 공동체보다는 개인을 중요시한 결과 윤리의식이 상실되었다는 점에 돌리고 있으며, 그 대안으로 공동체의식의 복권과 국가의식의 회복을 강조하는 경향이 강하다고 말할 수 있다.

memo

47) 본래는 도요토미 히데요시에 의한 농민의 칼소지帯刀 금지령을 말하나 여기서는 메이지유신 이후인 1876년에 내려진 모든 국민의 칼소지금지령帯刀禁止令을 의미한다.

48) 전후일본의 평화사상을 상징하는 헌법조문으로 9조 1항은 전쟁을, 9조 2항은 군대보유를 금지하고 있다.

심화학습

1. 무사도와 기사도의 차이점에 대해서 토론해 보자.
2. 무사도의 재생을 통해 현대 일본사회의 병리현상을 치유할 수 있다는 주장에 대해서 생각해 보자.
3. '문'과 '무'의 관점에서 한국과 일본 사회의 특징을 비교해 보자.

참고자료

니토베 이나조 · 미야모토 무사시저, 추영현역 『무사도』 동서문화사 2007

호사카 유지 『조선 선비와 일본 사무라이』 김영사 2007

岸祐二 『図解雑学 武士道』 ナツメ社 2006

丸山真男 『忠誠と反逆』 筑摩書房 1992

福田和也 『なぜ今「武士道」か 日本及び日本人の復活』 三笠書房 2002

사진 · 그림

① http://www.bidders.co.jp/dap/sv/nor1?id=133085795&p=y%23body

② http://www.kyoto-wel.com/item/IS81212N02277.html

③ http://ja.wikipedia.org/wiki/%E5%BF%A0%E8%87%A3%E8%94%B5

④ http://av.watch.impress.co.jp/docs/20040401/whv01.jpg

⑤ http://www.nishi-harima.jp/ako.html

⑥ http://6kaku-yokohama.seesaa.net/article/120949260.html

⑦ http://www.bushido.or.jp/contents.html#a_rinen

3장 생활

인간이 살아가는데 필요한 것들은 대부분 의식주와 관련이 있기 때문에 생활 문화도 크게 의복, 음식, 주거 문화로 구분할 수 있다. 한국과 유사하면서도 차이가 나는 일본인의 생활문화도 생활과 근접한 의식주의 해결 문제에 상당수 존재한다. 이 장에서는 이와 같은 의식주와 관련된 일본인의 생활문화의 역사, 내용, 특징을 살펴보기로 한다. 이에 앞서 일본인의 평균 생활시간을 총무성『사회생활기본조사』와 NHK방송문화연구소『국민생활시간조사』를 통해 양적으로 검토하기로 한다. 예를 들어 삶의 질이 윤택해짐에 따라 일본인의 근로시간은 점차 감소하고 있으며, 상대적으로 여가나 휴식 시간은 증가하고 있다. 그 시간을 의식주와 관련된 문화에 사용하면서 생활문화도 변화하고 있으며 다양해지고 있다. 이를 통해 일본 생활문화의 특징을 과거, 현재, 미래라는 프리즘에서 살펴볼 필요가 있다.

한편, 일본 생활문화의 특징을 이해하는 데 있어서 일본어와 관련된 지식을 필요로 하는 경우가 적지 않다. 예를 들어 기모노着物라는 용어는 일반적 의복이라는 의미에서 출발하였다. 그러나 서구화가 진전되면서 일본식 전통 의복을 지칭하는 말로 변질되었다는 것은 근대 이후 일본의 생활문화에 서구적 요인이 도입되었음을 의미한다. 또한 음식과 주거문화에서도 생활문화의 저변에 깔려 있는 불교나 조상신에 대한 공경 의식을 함축하고 있는 용어들이 많이 있다. 이와 같이 생활문화에서 나타난 특징을 관련된 언어와 연관시켜 생각해 보는 것은 일본사회와 문화를 새로운 시각으로 이해하는데 도움이 될 것이다.

1. 일상생활과 시간

일본인의 일상생활 속에서의 행동 패턴을 시간 단위로 세밀히 조사한 대표적인 자료로 두 가지가 있다. 총무성이 1976년부터 5년마다 실시하는『사회생활기본조사』와 NHK방송문화연구소가 1960년부터 5년

마다 실시하는『국민생활시간조사』가 그것이다. 이를 통해 일본인의 성별, 연령별, 직업별, 거주지별로 다양한 일상생활의 모습을 알 수 있다.

인간의 하루 일과는 크게 수면, 근로, 휴식, 이동, 여가활동에 소요되는 시간으로 구분할 수 있다. 10세 이상 일본인은 1주일에 하루 평균 7시간 42분간 수면을 취한다. 이들의 평균 기상시간은 남성이 6시 47분이며, 여성이 6시 30분이다. 식사하는 데에는 남성의 경우 총 1시간 36분, 여성은 총 1시간 42분을 사용한다. 하루에 평균적으로 일하는데 사용하는 시간은 정규직/비정규직, 연령, 성별에 따라 다양하다. 아래 그림은 토요일과 일요일을 포함한 1주일 평균 하루 일과를 주요 행동 유형별로 계산한 것이다. 10세 이상이 조사대상이라는 점과 모든 일본인의 평균을 계산한 점 때문에 일하는 데 사용하는 시간은 상대적으로 짧다.

남성 직장인의 경우 하루 평균 7시간을 일에 사용한다. 토요일과 일요일을 제외하고 평일만 계산하면 하루 평균 7시간 31분이다. 여성 직장인은 하루 평균 5시간을 일하고, 7시간 14분을 수면에 사용한다. 남성보다 일하는 시간이 짧은 이유는 파트타이머와 같은 계약직 종사자가 많고, 가사를 병행하는 경우가 많기 때문이다. TV시청/신문 구독과 휴식에 남성은 각각 2시간 23분과 1시간 23분을, 여성은 각각 2시간 21분과 1시간 26분을 사용하는 것으로 나타나고 있다.

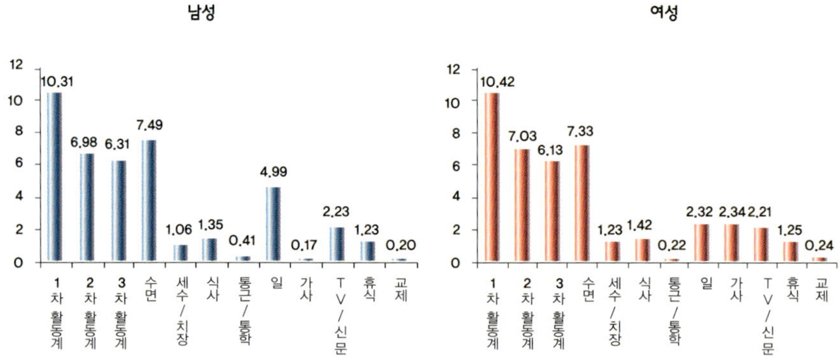

① 일본인의 행동 유형별 생활시간(10세 이상, 단위는 시간)

memo

49) 1차 활동: 수면, 세수/치장, 식사. 2차 활동:통근/통학, 일, 본업으로서의 학업, 가사, 육아, 간호, 생필품구입. 3차 활동:TV시청, 신문, 휴식, 본업이외의 학습, 취미, 오락, 스포츠, 사회봉사, 교제 등.

일본인의 생활시간 조사는 하루 24시간 동안 이루어지는 행동을 크게 1차 활동[49], 2차 활동, 3차 활동으로 유형화하고 있다. 최근 20여 년 사이에 일본인의 활동유형을 보면 2차 활동 시간의 감소와 3차 활동 시간의 증가라는 현상이 일어나고 있음을 알 수 있다. 버블 경제기[50]에 진입하던 1986년의 경우 1차 활동에 10시간 25분, 2차 활동에 7시간 48분, 3차 활동에 5시간 47분을 각각 사용하였으나, 2006년에는 각각 10시간 35분, 7시간 4분, 6시간 21분을 각 활동에 사용하는 것으로 나타나고 있다. 20년 동안 1차 활동 시간은 10분이 증가하였고, 주로 여가 및 휴식에 해당하는 3차 활동은 같은 기간 동안 34분이나 증가하였다. 이에 비해 생계와 직결되는 2차 활동 시간은 44분이나 감소하였다. 예를 들어 남성 직장인의 경우 1986년에는 하루 평균 7시간 24분 동안 일했으나, 2006년에는 7시간만 일하는 것으로 나타났으며, 여성 직장인의 경우도 일하는 시간이 1986년 5시간 39분에서 2006년 5시간으로 감소했다.

2차 활동에 사용하는 시간이 감소한 이유에는 여러 가지가 있다. 그중에서 일본인의 생활 방식이 지향하는 바가 변화하고 있다는 점이 중요하다. 과거처럼 보다 많이 일하고 회사에 헌신하여 금전적 여유를 추구하기 보다는 정신적 여유를 찾는 경향이 강해졌고, 이에 따라 3차 활동에 투자하는 시간이 증가하였다고 할 수 있다. 이에 동반하여 일본에서는 3차 활동과 관련되는 여가, 스포츠, 오락과 관련된 시장이 커지고 있으며, 그 활동과 관련된 민간 동호회나 봉사활동 단체도 증가하고 있다. 뿐만 아니라 개개인이 음식과 의복에 관심을 가질 수 있는 시간은 과거보다 증가하였기 때문에, 의식주와 관련된 생활문화는 보다 다양해지고 있다. 예를 들어 2000년대 이후 TV프로그램을 중심으로 생겨난 구루메붐グルメブーム[51], 기모노 전문 잡지를 기폭제로 한 기모노히메KIMONO姫[52]와 같은 단어가 이를 대변해 주고 있다.

② KIMONO姫 2009년호 표지

memo

50) 1985년 플라자 합의에 의한 엔고기円高期부터 1991년까지를 버블경제기로 분류한다.

51) 구루메란 식도락을 즐기는 사람이란 의미인 gourmet의 일본식 발음으로, 구루메붐은 음식에 정통하고 이를 즐기는 사람들이 많이 나타나는 현상을 의미한다.

52) 2003년 제1호를 출판하여 기모노에 대한 젊은 여성층의 관심을 모으는데 성공했고, 기모노 패션화의 장을 열었다.

2. 의복

(1) 기모노와 와후쿠

기모노着物라는 용어는 원래 말 그대로 입는 것着る物을 총칭하는 것이다. 즉 서구에서 양복洋服이 도입되기 전까지는 의복 전체를 가리키는 단어였다. 1868년 메이지유신 이후에 서구식 의복이 소개되고 양복과 구별하기 위해 기모노라는 단어가 일본식 전통 의복을 지칭하는 말로 정착화 되기 시작했다. 따라서 남성과 여성의 서구식 양복이 보편화된 현대 일본 사회에서 기모노는 일본식 전통 의복만을 지칭하는 와후쿠和服의 의미로 사용되는 경우가 대부분이다.

(2) 기모노 역사

▼ 쥬니히토에

▼ 소쿠타이

나라시대 이전까지 일본에서는 원피스가 아닌 상의와 하의를 따로 입는 투피스가 보다 일반적이었다. 조정이 불교와 중국 당나라의 관제를 도입하고 제복에 관한 규정을 마련하면서 의복은 보다 복잡해졌다. 관직을 가진 집권층이 일반 평민들과 구별되는 옷을 입을 방도를 강구하면서 여러 겹의 옷을 덧입는 형태가 보급되었다.

헤이안시대에 접어들면서 귀족문화가 보다 호화롭게 발달하기 시작했다. 귀족층 여성을 중심으로는 화려한 주니히토에十二単가, 남성 귀족층을 중심으로는 소쿠타이束帯가 모습을 보이게 되는데, 이것이 현대 기모노의 원조격이라고 할 수 있다. 주니히토에는 말 그대로 12겹을 겹쳐 있던 옷을 말하고 무게가 10kg이 넘어 대단히 무겁다. 이렇게 12겹이나 겹쳐 입으면 활동에 대단히 불편하다. 따라서 중세 가마쿠라시대에 무사정권이 들어서면서 실용성을 강조하게 되었고 기모노는 시대의 흐름에 따라 더욱 가볍고, 입는 방식 또한 간략해졌다. 뿐만 아니라 에도시대 이전까지 속옷으로 입었던 고소데小袖는 겉옷화되고, 허리에 오비帯라 불리는 띠를 매어 옷을 고정시키게 되었다.

지식칼럼

고대 일본 관료의 의복

헤이안시대 이후 문무 관제 하에서의 남성 관료의 공식 의복이다. 궁중에서 즉위식인 다이죠사이大嘗祭, 1월1일의 신년 하례식 같은 큰 행사에 입는 것을 라이후쿠礼服, 출근시의 공식제복을 조후쿠朝服라고 한다. 이에 비해 소쿠타이는 보다 일반적인 궁중 의식과 일상 집무시에 문무관 관료들이 입는 복식이다. 한편 礼服는 일반적인 예복을 뜻할 때는 레이후쿠 라고 읽으나, 헤이안 시대 이후 관료들의 큰 공식 행사에 입는 관복을 의미할 때는 라이후쿠라고 읽는 점에 유의할 필요가 있다.

(3) 기모노 종류

기모노에는 후리소데振り袖, 도메소데留袖, 호몬기訪問着, 쓰케사게付下げ, 고몬小紋 등의 여성용과 하카마袴와 같은 남성용이 있다. 나가기長着, 하오리羽織, 유카타浴衣와 같이 현대에는 남성과 여성이 모두 입는 기모도도 널리 보급되어 있다. 여성용의 경우는 미혼과 기혼 여부에 따라, 그리고 행사의 격식 수준에 맞게 기모노를 구별해서 입는다.

③ 후리소데

후리소데

후리소데는 미혼 여성들이 입는 가장 화려한 예복에 해당하는 기모노로써 결혼식 피로연과 성년식에 많이 입는다. 소매 길이에 따라 여러 종류가 있다. 소매가 복사뼈까지 오는 오후리소데大振り袖는 예식 성격이 보다 강한 결혼식과 피로연에서 신부가 입는 기모노이다. 이것보다 소매가 약간 짧은 나카후리소데中振り袖는 1월 15일의 성년식, 졸업식 등에서 입는 경우가 많다.

도메소데

④ 도메소데

도메소데는 기혼 여성들이 입는 가장 격이 높은 예복의 기모노다. 검정색 바탕의 구로도메소데黒留袖와 칼라의 이로도메소데色留袖로 나뉘는데 구로도메소데가 보다 격식 있는 기모노다. 결혼식 피로연에 신랑과 신부의 기혼 친구나 친인척이 주로 입는다. 원래 도메留는 '막다'의 뜻을 가진 단어로 터진 부분을 막는다는 의미다. 미혼여성이 입는 후리소데의 소매부분은 터져 있는데 비해, 도메소데는 소매 길이가 짧고 터진 소매부분이 봉합되어 있다. 즉 결혼하기 전까지 입던 후리소데를 결혼 이후에는 소매를 약간 자르고 터진 부분을 봉합시켜 재활용한 것으로 이해할 수도 있다. 그러나 현대에는 미혼용과 기혼용을 별도로 마련하는 경우가 대부분이다.

호몬기

⑤ 호몬기

호몬기는 후리소데나 도메소데보다 약식적인 행사에 입는 예복의 기모노로 혼인여부와 상관없이 입을 수 있다. 호몬기라는 말이 의미하듯이 타인의 집과 같은 어떠한 특정 장소를 방문할 때 입는 의복이다. 현재는 가벼운 파티와 같은 사교용 예복으로 입는 경우가 많다. 호몬기와 같이 약식 예복의 기모노로 쓰케사게付下げ와 기모노 중에서 가장 캐주얼한 것인 고몬小紋도 있다. 호몬기에서 쓰케사게, 고몬으로 갈수록 보다 약식적인 행사에 입는 기모노라는 성격이 강하다.[53)]

memo

53) 이로무지色無地는 말 그대로 전체적으로 문양이 없는 기모노다. 검정색은 주로 상복이 되나, 윤택 있는 것은 가벼운 축하자리에, 검정색 이외의 수수한 색은 상복으로도 입을 수 있다. 즉 수수한 색은 경조사에 입을 수 있기 때문에 그 활용도가 높은데, 비교적 연배가 있는 세대가 입는 경우가 많다.

하카마

하카마는 남성의 예복으로 상의에 덧입는 하오리안에 남성들이 입는 긴 치마와 같은 기모노다. 예식에는 검정색의 문양이 없는 것을 주로 입는다. 한편 최근에는 일부 여학생들이 학교 졸업식에 이와 유사한 것을 입는 경우도 나타나고 있다.

하오리

하오리는 나가기 위에 한 겹 더 입는 외투를 말하고, 주로 방한 용도로 겨울철에 많이 입는다. 원래 전쟁터에서 남성이 입는 외투에서 유래하였는데, 그 실용성으로 인해 일상 용도로까지 퍼졌다. 에도시대까지 여성은 우치카케打掛라는 여성용 기모노 외투를 주로 걸쳤으나, 메이지시대 이후부터는 겨울철에 여성들이 하오리를 걸치는 경우가 생겨나기 시작했다.

⑥하오리 · 하카마 (신랑)

⑦ 우치카케 (신부)

나가기

나가기는 남성과 여성이 모두 입을 수 있는 것으로 기모노의 겉옷에 해당하고 목부터 발목까지 오는 긴 외투이다. 본래 기모노라고 하면 이 나가기를 의미하는 것이었는데 현재는 겉옷화 되었다. 나가기의 허리 부분에 허리띠에 해당하는 오비로 고정시킨다.

유카타

유카타는 남녀 모두 입을 수 있고, 본래 목욕 후에 입는 가벼운 가운에서 유래된 기모노다. 소재로는 실크를 사용하는 다른 기모노와 달리 면이나 마麻를 사용한다. 최근에는 여름용으로 가정은 물론 하나비花火를 보러갈 때에도 입는다. 여름철에 지역별로 열리는 하나비 행사장 주변에 유카타 차림의 청춘남녀가 낯설지 않을 정도로 여름철에 실외용으로 많이 입는다. 일본에서 료칸旅館은 물

▼ 유카타 차림의 여성들

론 호텔에 잠옷 대신 비치되어 있는 것이 바로 이 유카타다.

(4) 기모노 착용일

일본에서 기모노를 입는 빈도가 시대의 흐름에 따라 감소하고 있는 것은 사실이다. 기모노가 고가일 뿐만 아니라 착용에 있어서는 머리손질부터 시작하여 상당한 시간과 노력이 소요된다. 따라서 실용성이 보편화된 현대인에게 그리 환영받을 수 있는 의복이라고는 볼 수 없기 때문이다.

⑧ 시치고산의 모녀

⑨ 성년식 기모노

그러나 일본에서 기모노 차림의 여성과 남성을 목격할 수 있는 빈도는 한국에서 한복 차림을 보는 것보다 훨씬 많다. 경조사는 물론 정월, 성년식, 학교 졸업식, 사은회에 기모노를 입고 참석하는 여성이 많기 때문이다. 어린아이들은 경우에는 여자아이는 3살, 7살, 남자아이는 3살, 5살에 신에게 그간의 성장에 감사하고 앞으로의 무탈한 성장을 기원하기 위해 신사에 참배하러 가는 시치고산七五三 행사 때 기모노를 입히는 경우가 많다.

3. 음식

(1) 음식 문화의 변천

일본 본토에서는 야요이 시대부터 논농사가 본격적으로 시작되었고, 이에 따라 쌀 중심의 음식 문화도 발전하기 시작했다. 쌀은 주식이기 때문에 별도로 반찬에 해당되는 부식이 필요했는데, 일본에서는 오랜 기간 동안 어패류와 야채가 부식의 중심이었다. 그 이유는 종교 및 노동력과 밀접하게 관련되어 있다.

6세기에 한반도에서 불교가 전래되면서 7세기 중반부터 불교 승려들에게나 요구되던 육식금지령이 수시로 내려졌다. 당시 소나 말은 농경에서 사람의 노동력을 대신하는 중요한 도구이기 때문에 식용으로 하는 것은 금기시되었다. 그러나 육식금지령을 발령한다고 해서 여태까지 수렵과 어획을 해오던 서민들이 하루아침에 육식을 그만두기는 어렵다. 7세기와 8세기에 천황이 수차례 육식금지령을 내렸다는 사실은 식습관을 변화시키는 데에는 오랜 시간이 필요하다는 것을 말해 준다. 그중에서도 어패류와 고래의 식용은 최소한의 영양 섭취를 위해 허용되었고, 특히 고래는 포유류에 속하지만 전통사회에 있어서 생선의 일종으로서 허용되었다. 결국 실제로 서민들은 줄곧 육식을 즐겼다고 할 수 있다. 단 노동력의 일부인 소를 육식하는 경우는 거의 없었다.

원칙적 육류 금지령은 기본적으로 일본 본토에만 해당되는 것이었고, 아이누족이 살던 홋카이도 지방과 류큐琉球왕국이었던 오키나와 지방은 오히려 육류가 식생활의 중심이었다. 홋카이도 지방은 추운 기후로 인해 농경의 발달이 늦었고, 짐승의 모피로 추위를 견뎌야 하는 기후로 인해 사슴과 곰과 같은 육류는 오랜 기간 동안 계속해서 식용되었다. 오키나와의 경우도 일본 본토와는 다른 왕국으로 존재해 왔기 때문에 육식금지령과는 관계가 멀고 돼지나 염소를 식용으로도 사육하였다. 오키나와 지역의 돼지고기 요리가 유명하게 된 이유의 하나가 바로 이 점 때문이다.

▲ 전골요리를 닮은 스키야키

메이지유신 이후 본격적으로 근대화가 추진되면서 일본은 부국강병을 위해 일본인의 체질을 보다 강하게 만들기 위해 육식과 우유 같은 동물성 유지방을 섭취하도록 권장하게 되었는데, 문제는 육류의 조리법

이었다. 교토지방에서 시작된 스키야키すき焼き와 같은 음식은 에도시대 말기에 와서 시작된 것에 불과하고, 메이지유신까지 일본 특유의 전통적 육류 조리법은 거의 없던 것과 마찬가지라고 할 수 있다.

육류조리법은 20세기 초부터 시작하였고, 특히 1955년 전후 고도성장기부터는 육류 조리법이 다양하게 개발되었는데, 이는 주로 서구의 조리법을 도입하여 일본식에 맞게 수정된 것이라는 공통점이 있다. 예를 들어 햄버거 스테이크, 돈카쓰, 고로케와 같은 것이 20세기 이후에 서구의 육류 조리법을 일본식으로 개량화시키는 과정에서 탄생한 대표적 요리들이라고 할 수 있다.

(2) 자연의 맛 중시

서구의 것을 응용시킨 음식 이외에 대표적 일본 음식으로 연상할 수 있는 것으로 사시미刺身, 스시寿司, 쓰케모노漬物, 오뎅おでん, 덴푸라天ぷら, 미소시루味噌汁 등이 있다. 공통점은 사람의 인위적인 가공을 최소한으로 억제하고 자연 그대로의 맛을 중시한다는 것이다. 어패류를 가급적 그대로 조리하거나, 설사 조리하더라도 최소한의 조리에 그치는 사시미와 스시의 경우를 보면 알 수 있다. 또한 일본의 대표적인 코스요리라고 할 수 있는 가이세키会席 요리를 보면 그릇 하나하나에 담겨져 오는 음식들은 간이 진하지 않고, 조미료 사용을 최대한 억제해서 만든 것들이 대부분이다. 이와 같은 자연 맛의 중시는 일본의 전통 신앙인 신도

▲ 사시미

▲ 스시

▲ 쓰케모노

▲ 오뎅

▲ 덴푸라

▲ 미소시루

사상과도 관련이 적지 않다. 신도는 기본적으로 조상신과 자연신에 대한 숭배이고 자연에 대한 경외심을 중시한다. 이 자연에 대한 존경으로 일생을 살아간다고 하는 것이 음식 문화에도 영향을 미쳤다고 볼 수 있는 것이다.

한편 사시미와 스시는 기본적으로 어패류를 생식하거나 최소한의 조리만 가미해서 먹는 것인데, 일본에서 어패류를 그대로 생식하기 시작한 것은 그리 오래된 일이 아니다. 에도시대 말기부터 생식을 시작하였고, 그전에는 일부 어촌지역을 제외한 대부분의 지역에서 생선은 소금이나 식초로 균을 제거한 후 가공해서 먹었다. 생선 보존기술과 운송기기가 개발되면서 사시미와 스시는 보다 광범위하게 보급된 것이다.

(3) 식습관

일부 상류층이 3식을 하는 경우도 있었으나 메이지유신 이전까지 서민층에게는 아침과 저녁 2식이 일반적이었고, 메이지유신 이후부터 하루 3회 식사가 서서히 정착되기 시작하였다. 물론 서구에서도 19세기 초반까지는 1일 2식이 기본이었다. 1일 3식이 확립된 것은 1920년대에 국립영양연구소가 1일 3식이 균형 잡힌 영양을 섭취할 수 있는 식사법이라는 발표를 한 것을 기점으로 한다.

하루 3식 중에서도 조식과 석식은 가족과 함께 즐기고, 중식은 직장이나 학교에서 해결하는 방식이 많다. 중식과 석식의 내용은 천차만별이나, 조식은 밥, 미소시루, 김, 달걀, 쓰케모노, 연어나 고등어 같은 생선구이焼き魚를 기본으로 하는 경우가 많다. 간토 지역을 중심으로 전국적으로 확산된 콩발효식품인 낫토納豆가 메뉴에 추가되는 경우도 많다. 최근에는 식습관의 서구화로 인하여 조식을 빵과 오믈렛 혹은 시리얼로

⑩ 현대화된 일본 조식

⑪ 낫토

해결하는 빈도가 젊은 세대를 중심으로 높아져 가고 있다.

일본인의 식사 습관 중에서 특징적인 것은 몇 가지가 있다. 예를 들어 한국과 달리 밥공기를 손에 든 채로 식사하는 습관, 밥을 주로 젓가락으로 먹는 습관, 라면과 같은 면류를 먹을 때 소리를 내며 먹는 것이 실례는 아니라는 점 등이 대표적인 식사 습관들이다. 또한 식사 중에는 말을 많이 하지 않는 경향이 있는데, 이는 종교와 밀접한 관련이 있다. 식사에 포함되는 음식들은 신이 내린 것으로 이는 곧 신과의 대면 기회를 의미한다. 따라서 식사에 대한 자세를 보다 경건히 할 필요가 있기 때문이었다.

하지만 차려진 식단 앞에서 식사를 하기 전후에는 반드시 한 마디의 인사를 하는 것이 보편적이다. 식사 전에는 이타다키마스いただきます라고 하여 "잘 먹겠습니다"라는 말을 하고, 식사 후에는 고치소사마데시타ご馳走さまでした의 "잘 먹었습니다"라는 말을 한다. 그것도 두 손을 모으고 합장合掌하면서 하는 경우가 대부분이고, 심지어 홀로 식사를 할 경우에도 조용히 두 마디를 잊지 않고 하기도 한다. 이는 합장으로 감사를 표하는 불교의 선禅사상에 기초하여 식사를 제공한 사람이나 신에게 그 감사의 마음을 두 손으로 표현하는 것에서 나온 것이다. 즉, 두 가지 인사말의 저변에는 불교의 영향과 함께 공동체의 신에 대한 감사의 마음이 깔려 있다고 볼 수 있다.

▲ 규동체인점 요시노야

최근에는 음식 문화에 많은 변화가 나타나고 있는데, 그 방향은 패스트푸드화라고 요약할 수 있다. 원래 일본의 대표음식이라고 하는 스시는 일본식 패스트푸드의 일종이라고 할 수 있다. 햄버거체인을 비롯하여 간단하면서도 빨리 먹을 수 있는 서구의 음식문화가 부분적으로 도입되면서 전통적 일본 음식도 패스트푸드화하는 경향이 강하다. 규동牛丼이 대표적이다. 요시노야吉野家, 마쓰야松屋, 스키야すきや로 대표되는 규동 체인이 전국적으로 분포하고 있다. 심지어 과거에 집에서 어머니가 챙겨주던 벤토弁当 마저도 오리진벤토オリジン弁当 같은 대규모 체인으로까지 발달하고 있는 실정이다.

(4) 주요 음식

쇼진요리

쇼진精進요리는 야채, 콩, 곡식을 재료로 조리한 채식 위주의 요리로, 살생이 금지된 불교 승려들이 보급시킨 것이다. 쇼진이라는 용어는 정진하여 수양한다는 의미로 불교 선종과의 관련성을 말해 준다. 쇼진요리가 본격적으로 발달한 것은 가마쿠라시대 이후다. 최근에는 불교 사원에서 이를 문화 상품화하여 신자들에게 제공하는 경우도 있다.

▲ 쇼진요리

가이세키요리

▲ 가이세키会席요리

가이세키[54]요리는 연회에서 제공되는 코스요리로서 현재 일본에서 가장 의식을 갖춘 요리라고 할 수 있다. 예전에는 렌가나 하이카이 자리에서 자주 즐기던 호화 요리이다. 코스에 포함되는 메뉴는 이치주산사이一汁三菜라고 해서 국, 사시미, 구이, 삶은 요리가 기본이고, 전채나 튀김 등이 나오며, 마지막에 밥과 미소시루 및 디저트가 추가된다.

memo

54) '가이세키'에 해당하는 한자로 懐石와 会席의 두 가지가 있다. 가이세키懐石요리라는 용어는 원래 차를 마시기 전에 공복을 달래주는 밥 중심의 소박한 음식을 말한다. 이 가이세키懐石요리를 메뉴의 한 가지에 포함하여 주로 연회의 코스요리로 발전시킨 것을 가이세키会席요리라고 한다.

사시미

사시미는 생선과 어패류를 생식하는 것으로 일반적으로 사시미용 간장에 찍어 먹는다. 일본인들이 사시미를 많이 먹는 것은 바다로 둘러싸여 있어 언제나 신선한 생선을 얻을 수 있다는 자연환경적 요인에 기인한다. 그러나 하나의 요리로서 사시미가 정착된 에도시대 이전까지는 어디까지나 부식의 하나에 불과했다.

스시

한국어로 초밥으로 번역되는 스시[55]를 표기하는 방법은 すし, 鮨, 寿し, 壽司로 다양한데, 식초 간을 한 쌀밥에 어패류를 조합시킨 일본의 대표적 음식이다. 본래 어패류의 단백질을 보존하기 위해 식초를 섞었던 것에서 유래한다. 무수한 스시 종류 중에서 소위 에도마에즈시江戸前寿司라고도 불리는 니기리즈시握りずし가 가장 보편적인 것이라고 할 수 있는데, 1923년 관동대지진으로 도쿄에서 스시를 만들던 요리사들이 고향으로 돌아가면서 전국적으로 퍼지게 되었다.

memo

55) 스시전문점에서는 스시를 만들거나 먹을 때만 사용하는 전문용어가 사용된다. 샤리シャリ는 스시에 쓰이는 찰기없는 밥, 가리ガリ는 스시를 먹을 때 같이 먹는 생강, 무라사키ムラサキ는 스시용 간장, 아가리アガリ는 입가심용 차, 나미다ナミダ는 와사비를 가리킨다.

우동·소바·라멘

일본을 대표하는 면 요리로는 우동·소바·라멘이 대표적이다. 모두 기본적으로 중국의 영향을 받아 일본식으로 개량된 요리들이라고 할 수 있다. 일반적으로 간사이지방은 우동, 간토지방은 소바라는 말이 있듯이 해당 지방 일원에서 주로 즐기는 음식으로 알려져 있으며, 간의 농도도 약간 차이가 난다. 일반적으로 일본의 대표 면 요리로 알려진 라멘도 그 원류를 찾으면 중국에서 도입되어 일본식으로 개량시킨 것이다. 중국의 면 요리가 일본에 도입되고 나서 에도시대 말기부터는 현재와 유사한 형태의 라멘으로까지 발전하기 시작하였다. 라멘을 주카소바中華そば라는 간판을 단 식당에서 파는 곳이 있다는 점에서도 중국문화의 영향이라는 점을 알 수 있다. 1958년 닛신식품日清食品사가 가정에서 간단하게 조리할 수 있는 즉석라면으로 개발한 것이 치킨라멘인데, 이후 치킨라멘은 라멘의 인스턴트화를 선도하였다.

▲ 사누키 우동

▲ 신슈 소바

▲ 하카타 라멘

지식칼럼

치킨라면

1958년 닛신식품사 창립자인 안도모모후쿠安藤百福가 오사카 우메다梅田 지역 노점 라면가게 앞에 줄지어 선 인파를 보고 보다 간편하게 라멘을 먹을 방법을 강구하는 과정에서 개발되었다. 지금의 컵라멘과는 다르게 치킨라멘 チキンラーメン은 면 자체에 간이 되어 있어, 봉지를 뜯어 내용물을 용기에 넣고, 뜨거운 물은 부은 후 뚜껑을 덮고 3분 후에 먹도록 한 것이다. 현재까지도 시판되고 있으며, 2008년 개발 50주년을 맞이하였다. 닛신식품사가 치킨라멘이라는 브랜드를 사용하면서 이전까지 주로 시나소바支那そば나 주카소바中華そば라는 용어를 사용하던 라멘업계에 '라멘'이라는 단어가 보편화되는 계기가 되었다.

(5) 음식 선호도

일본 음식 중에서 일본인이 가장 좋아하는 것은 스시와 사시미다. 아래 표는 1983년과 2007년에 일본인들을 대상으로 선호하는 음식을 조사한 결과다. 1983년과 2007년 조사에서 스시와 사시미 지지율은 각각 73%, 67%로 1위, 2위를 차지하고 있다. 물론 세대별로 보면 장년층일수록 스시와 사시미 선호도가 높고, 청년층일수록 해외에서 도입된 고기요리 선호도가 높은 것은 사실이다. 약 25년간 두드러지는 변화는 라멘과 카레라이스의 선호도 상승이다. 고도성장기부터 여타 종류의 음식에 비해 상대적으로 라멘과 카레 체인점이 급증하였다는 점을 생각하면 선호도는 음식문화의 변화를 반영하고 있다고 볼 수 있다.

연도	1983년			2007년		
순위	요리		지지율	요리		지지율
1위	스시	すし	73%	스시	すし	73%
2위	사시미	刺身	67%	사시미	刺身	67%
3위	스키야키	すき焼き	61%	라멘	ラーメン	62%
4위	쓰케모노	漬物	59%	미소시루	みそ汁	62%
5위	우동	うどん	57%	야키자카나	焼き魚	60%
6위	자완무시	茶碗蒸し	57%	야키니쿠	焼き肉	59%
7위	덴푸라	天ぷら	57%	카레라이스	カレーライス	58%
8위	샐러드	サラダ	57%	교자	ギョーザ	57%
9위	야키니쿠	焼き肉	57%	샐러드	サラダ	56%
10위	라멘	ラーメン	53%	돈지루	豚汁	55%

⑫ 일본인의 선호 요리 (지지율은 '좋아한다는' 응답자 비율, 복수 응답).

4. 주거

(1) 주거의 변천

헤이안시대 일부 상류층의 주거는 신덴즈쿠리寝殿造라고 하여 본채를 기준으로 남쪽에 정원을 두고 동쪽과 서쪽에 부속 건물이 들어서 있는 형태였다. 가마쿠라시대의 귀족무사층도 신덴즈쿠리 양식을 기본으로 하되 이를 보다 간소화시킨 형태에 주거하는 경우가 많았다. 무로마치시대 중반부터 무사계층을 중심으로 한 상류층 주거에 서서히 변화가 생겨났다. 바로 신덴즈쿠리에서 쇼인즈쿠리書院造로 상류층 주거의 주류가 변화한 것이다. 도코노마床の間가 있는 자시키座敷 형태의 공간을 손님맞이용으로 배치하고 주인이 거주하는 공간과 분리시켜 놓았다. 이후 오다 노부나가와 도요토미 히데요시가 활약하던 아즈치·모모야마시대에 들어서면서 스키야数寄屋라는 일종의 차실茶室까지 마련하여 손님과 풍류를 즐기는 공간을 마련하는 것도 확산되었다.

이에 비해 인구의 대다수를 차지하는 서민층 주거는 상당히 간소했다. 히라야平屋라 불리는 단층의 독채구조에 문을 들어서면 지면보다 높은 공간인 유카床나 지면 높이의 도마土間를 배치하고, 더 안쪽에 이마居間

라는 거실과 침실 공간을 두는 구조가 많았다. 현재도 농촌의 전통가옥에서 많이 보이는 난방 및 조리 용도의 이로리囲炉裏는 이 유카나 도마에 설치하였다. 그러나 근대에 가까워질수록 상류층의 주거 문화가 서민층에도 서서히 파고들게 되었다.

일본 가옥의 방바닥에 까는 장판에 해당하는 다타미畳는 헤이안 시대부터 사용되었으나, 당시에는 사람이 앉는 공간에만 부분적으로 사용하여 일종의 방석과 같은 역할을 했다. 무로마치시대부터 서서히 방 전체에 다타미를 까는 가옥이 생겨났다. 전후 고도경제성장이 시작되면서 마루바닥을 거실뿐 아니라 침실까지 도입하는 가옥이 맨션 같은 공동주택을 중심으로 생겨나고 있으나, 이 경우에도 다타미 방을 한 곳 정도는 유지하는 경우가 많다.

메이지유신을 계기로 일부 상류계층에 서양식 주택이 도입되기도 했고, 지금의 요코하마나 고베 지역을 중심으로 이 시기의 서양식 주택이 남아 있다. 그러나 기본적으로 대부분의 주택은 일본식 전통가옥이었고 내부구조는 상류층 주거와 서민층 주거가 혼합된 형태로 발전하였다. 메이지유신을 계기로 서민에 대한 주택 규제가 상대적으로 약화되고 생활수준이 전반적으로 높아지면서 경제력에 따라 주거 내부를 꾸밀 수 있게 되었다. 서민층의 가옥에 상류층이 즐기던 도코노마와 같은 시설을 설치하는 주택이 증가한 것이다.

(2) 가옥 내부

⑬ 잇코다테 주택의 내부구조

다타미

다타미는 일본 가옥의 내부를 상징하는 것 중 하나로 볏짚을 압축시켜 만든 바닥용 장판이다. 중국에서 도입된 것이 아니라 일본 고유의 주거 문화를 나타내는 표상이라 할 수 있다. 다타미 한 장의 크기는 가로 90cm, 세로 180cm 내외가 일반적이다. 지역별로 크기에 약간의 차이가 있는데 교토나 오사카 등 간사이지방에서는 약간 큰 것을, 간토지방 및 공영주택에 해당하는 공

단公団주택에는 이보다 약간 작은 크기를 사용하기도 한다. 방의 크기를 세는 단위도 다타미와 같은 한자인 畳의 음독인 조じょう를 사용하는 경우가 일반적인데, 4.5조 크기와 6조 크기의 방이 가장 대중적이다.

쇼지 · 후스마

쇼지障子와 후스마襖는 일본의 전통 종이를 격자가 있는 문에 발라 만든 미닫이문으로 가옥 내부의 공간의 분리하는 역할을 한다. 쇼지는 채광이 잘 되도록 하여 창문이나 정원쪽 미닫이문에 붙여 사용하고, 후스마는 채광을 막아 방과 방 사이, 혹은 방안의 수납고인 오시이레를 구분하는 미닫이문에 붙이는 경우가 많다.

오시이레

오시이레押し入れ는 방 한 쪽 벽면에 있는 붙박이장으로 후스마 혹은 쇼지로 구분하여 이불, 옷, 가재도구를 넣도록 하는 공간이다. 현대식 맨션이라도 오시이레를 방에 넣는 경우가 대부분이다. 안쪽은 흔히 상단과 하단 구조로 되어 있는데, 상단에는 이불, 하단에는 옷이나 작은 가재도구를 넣는 것이 통상적이다. 거실에 두는 소형 창고인 난도納戸가 자주 사용하지 않는 가재도구를 보관하는 곳이라면, 빈번히 사용하는 일상 용품을 보관하는 곳이 오시이레라고 할 수 있다.

⑭ 오시이레

도코노마

도코노마床の間는 방 한 쪽의 벽면에 마련한 다타미 0.5 - 1조 크기 넓이에 족자와 꽃꽂이로 장식한 공간이다. 도코床라는 말에는 한 단 높은 곳이라는 의미가 있는데 약간 높게 설치하여 그 바닥은 다타미가 아닌 판자로 깐다. 원래는 부처나 신을 모시는 공간으로 승려 생활에서 출발하였으나 무로마치 시대부터 귀족층에 퍼지면서 장식적 공간으로 변화되었다. 그 후 에도시대부터 서민층에게도 퍼지게 되었으나 현대의 도시지역 주택에는 도코노마가 없는 곳이 많을 정도로 점차 쇠퇴하고 있다.

고다쓰 · 이로리

현대에는 유카단보床暖房라고 하여 방이나 거실 바닥에 설치하는 난방 시설을 갖추고 있는 가옥도 있으나 대부분의 전통 가옥에는 바닥에 난방 장치가 없다. 일본 가옥에서 현대에 들어와 보급된 에어콘 이외에 난방기능을 담당하던 것이 고다쓰炬燵[56]와 이로리다. 고다쓰는 다타미방과 어울리며 나무 테이블 위에 이불을 덮고 테이블 밑에 과거에는 숯을, 현재는 전기스토브 장치를 단 것을 말한다. 이로리는 간이 난로의 역할을 하는 곳으로 방 안에 다타미 1장 정도의 사각 공간에 불을 지피는 곳이다. 천장에 갈고리를 달아 그 불 위에 냄비나 주전자를 걸어 놓고 간단한 조리를 하기도 한다. 방 안에서 불을 지피는 것은 화재 위험성이 높고 연기도 나기 때문에 최근에는 시골의 고택 이외에는 잘 설치하지는 않는다. 고다쓰와 이로리는 추운 겨울에 가족이 둘러 앉아 간소한 시간을 보낼 수 있는 역할도 했다.

memo

56) 고다쓰의 한자 표기는 炬燵이지만, 무로마치시대에는 火闥, 에도시대에는 火燵로 표기하였다. 현대에서는 히라가나로 많이 표기한다.

▼ 일본 가옥 내부

다타미

쇼지

후스마

도코노마

이로리

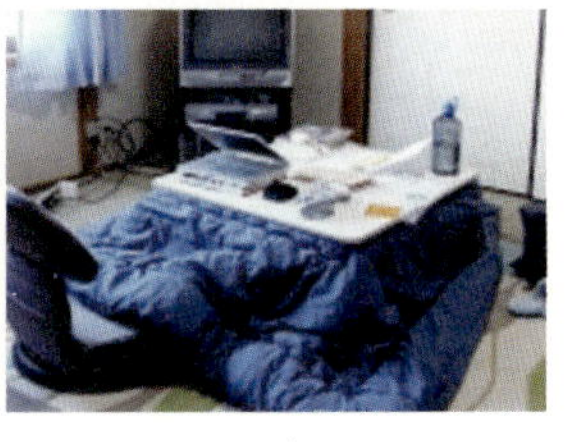
고다쓰

(3) 주거 문화의 특징

여름형 구조

일본은 섬나라이며 한국과 비교해 볼 때 고온다습한 기후라고 할 수 있다. 이러한 자연환경은 여름형 가옥 구조라는 특징을 낳았다. 즉 습도가 높은 기후의 특성상 통풍성이 뛰어나고 여름에 시원한 가옥을 선호한다. 그 결과 나타난 것이 통풍성이 좋은 다타미를 가옥 내부, 특히 방바닥에 깔고 주택자체를 목조로 짓는 건축 양식이다.

축소 지향형 구조

도시부를 중심으로 한 일본 가옥의 넓이는 한국에 비해 평균적으로 작다. 국토교통성 건축통계연보에 의하면 2006년 신축 기준으로 1호당 평균 바닥 면적은 84.4㎡로 주요 선진국 중에서 상당히 작은 편에 속한다. 도쿄와 같은 대도시의 가옥 넓이는 더욱 작으며, 핵가족화가 진전되면서 1호당 평균 면적도 서서히 감소하고 있다. 그래서 일본 가옥의 특징 중 하나로 생겨난 것이 토끼집을 의미하는 우사기고야ウサギ小屋라는 용어다. 작은 가옥을 효율적으로 사용하기 위해 공간을 여러 곳으로 구분하는 시키리仕切り가 발달한 이유이기도 하다.

단독주택 · 공동주택 · 문화주택

일본 가옥은 잇코다테一戸建て라고 불리는 목조의 단독주택이 주류였다. 일본인의 선호도에서 작은 정원과 주차장이 딸린 단독주택에 대한 갈망이 아직도 강하게 나타난다. 1950년대부터의 고도경제성장기에 인구가 증가하면서 목조 공동주택共同住宅[57]인 아파트アパート나 콘크리트 구조의 맨션マンション[58]이 증가하기 시작하였다. 특히 대도시 지역에서는 외곽에 베드타운을 조성하면서 공동주택이 곳곳에 들어섰다. 공동주택은 1950년대에 간사이지역을 중심으로 보급되기 시작하여 문화주택文化住宅으로도 불렸다. 그때까지 전형적인 일본식 공동주택이었던 나가야長屋구조에서는 부엌과 화장실이 공동인 경우가 많았는데, 공동주택에서는 세대마다 부엌과 화장실을 따로 설치하는 것이 보다 문화적이라는 의미에서 나온 용어다.

memo

57) 일본의 공동주택 혹은 집합주택의 베란다는 옆집과 간이 칸막이만 해 놓은 경우가 많은데, 이는 지진이나 화재와 같은 유사시에 옆집으로 쉽게 대피하도록 하기 위한 것이다.

58) 현대 일본의 주택은 전용면적과 함께 '(숫자)LDK'로 표기하는 경우가 대부분이다. LDK 앞에 오는 숫자는 방의 개수를, L은 living room, D는 dining room, K는 kitchen을 의미한다. 최근에는 LDK 앞에 S를 붙여 3SLDK로 표기하는 곳도 있는데, S는 서비스 면적을 말하며 실내에 소형 창고 역할을 하는 공간이 따로 있음을 의미한다.

▲ 쇼와식 잇코다테

▲ 현대식 잇코다테

심화학습

1. 생활시간에 있어서 세대 간에 차이가 나는 행동 유형의 특징은 무엇인가에 대해 생각해 보고 토론하자.
2. 일본인이 즐기는 다양한 여가문화를 특정한 범주로 분류하고, 그 특징을 한국인의 여가 문화와의 비교라는 관점에서 조사해 보자.
3. 의복, 음식, 주거문화에서 한국과 어떠한 차이가 있는지와 그 이유에 대해 토론해 보자.

참고자료

김영『일본 문화의 이해』제이앤씨 2006

우메사오 다다오편, 김양선 역『일본인의 생활』혜안 2001

정형『일본, 일본인, 일본문화』다락원 2004

NHK放送文化研究所『日本人の好きなもの：データで読む嗜好と価値観』NHK出版 2008

塩月弥栄子『(保存版)塩月弥栄子の冠婚喪祭事典』講談社 2001

社会実情データ図鑑 http://www2.ttcn.ne.jp/~honkawa/index.html

総務省『社会生活基本調査』http://www.stat.go.jp/data/shakai 2006/index.htm

사진 · 그림

① 총무성 http://www.stat.go.jp/data/shakai2006/index.htm에서 가공작성

② 祥伝社 http://www.shodensha.co.jp/

③-⑨ 塩月弥栄子『(保存版)塩月弥栄子の冠婚喪祭事典』講談社 2001

⑩ 일본국제관광진흥기구(JNTO) Japan Photo Library

⑪ Gourmet Navigator http://www.gnavi.co.jp/kr/m_theme/index_080328.htm

⑫ NHK방송문화연구소「일본인 선호도 조사」

⑬ SUUMO http://suumo.jp/

⑭ 空間社 http://www.kukansha.com

4장 마쓰리

일본에서 마쓰리祭り를 구경하는 것은 어렵지 않은 일이다. 전국 곳곳에서 연중 마쓰리가 행해지고 있기 때문이다. 전통적으로 행해지는 마쓰리, 현대적 요소를 가미한 마쓰리, 현대에 새롭게 생긴 마쓰리 등 그 수를 헤아릴 수 없을 정도다. 실례로 사이타마현의 지치부秩父에서만해도 300-400개의 마쓰리가 행해진다고 한다. 하나의 시에서 벌어지는 마쓰리가 이 정도라면 일본 전국의 마쓰리의 수는 실로 엄청난 숫자에 이를 것이다.

그렇다면 일본에서 마쓰리란 무엇을 의미하는가? 예전에는 신과의 교류, 일상적인 사회에서의 일탈 등이 마쓰리의 주요한 존재 이유였다고 하는데, 일상생활에서 일탈이나 신과의 교류를 흔히 겪을 수 있는 현대사회에서도 마쓰리가 일본인에게서 떼어놓을 수 없는 축제로 자리잡게 된 배경은 무엇일까? 전근대의 집단공동체적 성격이 많이 사라진 현대에도 무수한 공동체적 마을축제가 유지되고 있는 일본 마쓰리만의 특징은 무엇일까?

이 장에서는 이런 물음에 답하기 위해 일본의 마쓰리를 기원, 준비과정, 의식儀式으로 나누어 살펴보고, 전국적으로 유명한 3대 전통마쓰리와 현대마쓰리를 소개하고자 한다.

1. 기원

일본의 전국 각지에서 행해지고 있는 마쓰리의 의미를 간단히 살펴보면 다음과 같다.

일본 최고의 국학자인 모토오리 노리나가本居宣長는 마쓰리의 본래의 의미는 '마쓰리고토奉仕事', 즉 '신에게 봉사하는 것'이라 하였다.

어학적으로 보면 이 의미는 명확해진다. '드리다さしあげる' '신전에 올리다お供える' '헌상하다献上する'라는 의미의 '마츠루まつる'의 명사형인 '마쓰리祭り'는 결국 '신에게 술, 음식 등을 올리는 것'을 의미하는 것이다. 어근을 함께 살펴보면 마쓰리의 의미를 한층 더 잘 알 수 있다. 마쓰리의 어근인 'まつ'는 동사 '待つ'와 관계가 있다. 일본의 접대에는 손님이 자리에 앉은 뒤에 음식을 내오는 방법과 손님이 앉기 전에 미리 음식을 내놓는 방법이 있는데, 신을 맞이하는 장소에서는 후자가 정통적인 방법이어서 술과 음식을 먼저 올리고 신을 맞이할 준비를 한다. 따라서 마쓰리는 어근에 의하면 '신을 맞이하기 위해 술, 음식 등을 준비하고 기다리는 것'이라 할 수 있다.

또한 일본의 고대법령인 요로율령에는 농경과 관련된 마쓰리와 궁정제사로서의 마쓰리가 기술되어 있다. 궁정제사로서의 마쓰리에는 아인베노마쓰리相嘗祭, 진콘마쓰리鎮魂祭, 다이조사이大嘗祭[59]가 있는데, 2월에서 12월에 걸쳐 행해지는 농경과 관련된 마쓰리에 비해 음력 12월에 행해지는 궁정제사로서의 마쓰리는 날짜가 정해져 있다. 이 외에도 불교행사인 법회 연중행사, 민속예능 등이 마쓰리화 하여 전래되어 오는 것들도 있다. 이러한 다양한 형태를 지닌 마쓰리가 모여 현대 일본의 마쓰리 문화를 형성하고 있는 것이다.

이상에서 볼 수 있듯이 전통적인 마쓰리는 대부분이 농경, 종교, 예능 등이 어울려 행해진 의식ritual이라 할 수 있는데, 현재에 이르러서는 단순히 많은 사람들이 모여 집단적으로 즐기고 축하하는 행사festival까지 포함하여 일반적으로 마쓰리라 부르고 있다.

memo

59) 천황의 즉위식에 열리는 센소다이조사이践祚大嘗祭와 매년 열리는 신조사이新嘗祭의 두 종류가 있다.

2. 준비

마쓰리가 행해지는 당일의 행사만이 아니라 그 준비과정까지 모두를 포함하여 마쓰리라 부른다. 따라서 마쓰리란 마을사람들이 마쓰리를 주관하는 대표자를 뽑거나 관계자들의 심신을 깨끗이 하는 행위까지도 포함한다.

(1)도야

마쓰리를 주재하거나 준비하는 사람을 도야頭屋라 한다. 세습되던 도야는 현재 마을 사람들이 1년마다 윤번제로 돌아가며 맡는 것이 보통이다. 도야의 대문에는 시메나와注連縄[60]을 걸어놓고 모노이미를 위해 가

60) 지역을 구분하기 위한 표식 또는 출입금지의 표식. 특히 신전神前이나 신지神事의 장소에 있어 신성한 장소와 부정한 외계인 현실세계를 구별할 때 사용된다. 도야의 집 앞에 걸어 놓는 시메나와는 신사의 본전에 걸어 놓는 시메나와의 축소형이라고도 볼 수 있다.

족들과 음식을 따로 만들어 먹기도 한다. 도야가 모노이미를 행하는 동안 성역임을 상징하여 문 앞에는 고헤이御幣를 세워 놓는데 이를 오하케ォハヶ라고 한다. 오하케의 정해진 형식은 없지만, 일반적으로 큰 대나무나 나무의 끝에 시데紙垂[61]라는 종이나 면을 달아놓는다.

① 이즈모다이샤出雲大社의 가구라덴의 시메나와

② 고헤이

memo

61) 시메나와 등을 붙여 매달아 놓는 종이 또는 면.

(2)모노이미

신쇼쿠神職[62]나 도야를 비롯한 마쓰리 관계자가 일정기간 음식이나 세속적 행위를 삼가고 부정을 피해 심신의 청정을 유지하는 것을 모노이미物忌み라 한다. 모노이미는 마쓰리전에 신을 불러오기 위해 준비하는 중요한 행사다. 천황가에서는 제사 1개월 전부터 행하는 '아라이미散斉'와 3일 전부터 행하는 '마이미致斉'[63]라는 모노이미가 행해져 왔다. 민간에서는 다양한 형태로 이어지고 있는데 일정기간 신사나 집에서 외출을 삼가거나, 신은 밤에 방문한다고 믿어 낮에는 자고 밤에는 일어나 밤을 새는 생활을 계속하기도 한다.

62) 신사에서 제례祭礼를 담당하는 사람.

63) 아라이미에서는 조상弔喪, 형벌을 결정하는 것, 음악 등을 삼가고 마이미에서는 제사 이외의 행사가 모두 금지된다.

(3)미소기

마쓰리의 제례를 담당하기 위해 강물이나 바닷물에 몸을 씻어 죄나 부정함 씻어내는 것을 미소기禊라 한다. 일본신화에는 물에는 불과 같이 부정을 떨쳐버리고 정화하는 힘이 있다는 이야기가 등장한다. 지금도 신사참배 때 물로 입을 행구고 손을 씻

③ 지바현의 구쥬구리九十九里해안에서 행해지는 미소기

는 모습을 볼 수 있는데 이것도 미소기의 일종이라 할 수 있다. 미소기 행사에서는 해수를 끼얹거나 폭포수를 맞기도 하는데 특히 해수는 정화력이 크다고 하여 산촌 사람들이 바다에 가 해수를 끼얹는 풍습도 전해지고 있다. 도쿄의 5대 신사 중 하나인 후추府中시의 오쿠니타마신사大国魂神社의 구라야미마쓰리くらやみ祭り는 마쓰리에 앞선 4월 30일 새벽에 신쇼쿠 모두가 시나가와品川에서 해수로 몸을 깨끗이 하는 해상 미소기로 마쓰리를 시작한다.

(4)하라이

모노이미와 같이 마쓰리전에 죄나 부정함을 씻어내는 것을 하라이祓라고 한다. 모노이미가 행동을 삼가는 것을 중시한다면 하라이는 적극적으로 행동하는 것을 의미한다. 대표적인 하라이는 결혼식 등에서 간누시神主가 행하는 '오하라이お祓い'로서 머리위에서 고헤이를 흔들어 죄나 부정을 씻어내는 의식을 들 수 있다. 마쓰리전에 관계자들이 신사를 방문하여 신쇼쿠의 노리토祝詞를 듣고 하라이를 행하며, 미코시御輿가 출발하기 전이나 오타비쇼御旅所[64]에 도착했을 때 하라이가 행해지기도 한다. 이러한 하라이가 국가의 행사가 된 것이 '오하라이大祓'로서 6

memo

64) 임시로 미코시를 안치해 두는 곳.

④ 신관에 의한 하라이 행사

월말과 12월말에 행해진다. 이는 1년을 두 계절로 여기는 풍습에서 나온 것으로 새로운 계절에 들어가기 전에 앞 계절의 죄나 부정을 씻어내려고 한 것이었다.
오하라이는 701년 다이호大宝율령에 의해 정식 궁중의 연중행사로 행해졌지만 오닌의 난 무렵부터 사라지기 시작하여 에도시대에 재개되었다. 1871년부터는 전국의 신사에서 행해지기 시작하여 현재에 이르고 있다.

3. 신지와 마지나이

전통적인 마쓰리는 해마다 신을 이 세상에 맞이하고 음식을 봉양하여 인간의 행복과 풍년을 기원하고 이것이 끝나면 다시 신을 원래의 장소로 보내는 일련의 의례이다. 즉 마쓰리의 처음과 끝은 신을 맞이하는 것과 신을 보내는 것이며 마쓰리에 있어 신을 맞이하고 보내는 행위는 결국 인간의 탄생과 죽음과도 연결시킬 수 있을 것이다.

마쓰리를 행하는 의식에서는 이러한 본질을 엿볼 수 있는 것이 있다. 마쓰리에는 미코시나 다시山車를 비롯한 평상시에는 볼 수 없었던 볼거리가 등장하기도 하고 규모가 크고 화려한 무용 등 여러 가지 공연물이 등장하기도 한다. 이러한 공연물들을 크게 두 가지로 나누어 보면 다음과 같다. 먼저 미코시와 다시 등의 행렬인 신코神幸와 같이 거리를 행진하는 것과 가구라神楽와 같이 신사의 가구라덴神楽殿에서 행해지는 것이 있다. 즉 '이동하는 마쓰리'와 '이동하지 않는 마쓰리'가 존재하는 것이

⑤미코시

▼다시

다. 우리들은 주로 '이동하는 마쓰리'를 보며 즐기지만 '이동하지 않는 마쓰리' 즉 신사의 경내나 본전本殿에서 행해지는 흥미로운 볼거리도 많이 있다. 이렇듯 마쓰리는 크게 분류하여 두 가지로 구분하여 볼 수 있지만 어떠한 마쓰리에서도 행해지는 공연에는 '미코시토교神輿渡御' '호노가구라奉納神楽' '○○神事'라고 하는 의식의 명칭이 붙여져 있고 이를 '신지神事' 또는 '교지行事'라고 부르고 있다. 신지는 신령을 모시기 위한 의식으로 정확하게 이야기 하자면 신지 그 자체가 마쓰리라고 볼 수도 있다. 따라서 신지의 의미를 이해하게 된다면 마쓰리를 보다 즐겁게 즐길 수 있을 것이다.

이러한 신지에는 마지나이呪い라고 하는 것이 포함되어 있다. 마지나이는 쉽게 표현하여 주술呪術의 일종인데 주술이란 신령이나 초자연적인 존재에 의존하여 여러가지 현상을 일어나게 하는 것이라고 할 수 있다. 이러한 주술에는 인간이나 인간세상을 위하여 행하는 주술이 있는가 하면 인간의 불행을 바라는 주술도 있다. 물론 마쓰리에서 행해지는 마지나이는 인간의 행복을 위한 주술이다. 다음에 신지를 통한 마지나이를 몇 가지 소개하고자 한다.

신코

사람들이 신사에서 오타비쇼까지 이동하는 것을 신코라고 한다. 마쓰리에 따라서는 미유키御行, 도교渡御 등으로 불리기도 한다.

▼신코

신코 행렬은 보통 때와는 다르게 화려한 의상을 입은 수십, 수백의 참가자가 행렬을 지어 거리를 행진하는데 이는 평상시에는 보기 힘든 광경이었고 누가 보더라도 마쓰리라는 불가사이한 세계로 사람들을 인도하는 역할을 하게 하는 것이었다. 또한 이러한 행동은 하늘에 있는 신을 땅으로 불러오는 역할을 하게 되었고 이러한 행렬은 마쓰리가 시작하기 위해 행하는 중요한 행사가 되었다.

노리토

마쓰리가 시작될 때에도 미코시가 출발을 할 때에도 신쇼쿠는 노리토를 올린다. 노리토는 신지에 있어서 신령에게 올리는 말로 마쓰리가 시작되는 신호와 같은 것이다. 즉 노리토의 내용은 어떤 목적으로 마쓰리를 행하는가를 신에게 알리는 것으로 시작하여 마지막에는 신령의 덕을 찬양하고 신령에게 공물을 바치며 신에 대한 감사와 기원의 말로서 끝을 맺게 된다. 하지만 노리토의 본래의 의미는 인간이 신령에게 올리는 말이 아니라 신령이 인간의 입을 빌리어 신의 뜻을 내리는 것이었다. 노리토의 어원이 신령이나 천황이 그 의지를 표명하는 것인 '노루宣る'에서 생겨난 '노리고토宣言' '노리토키고토宣説言'에 기인한 것을 볼 때 이것이 후대에 신령의 덕을 기리고 나아가 소원을 비는 것으로 발전하였다고 볼 수 있다.

⑥신관이 노리토를 올리는 모습

예전에 노리토의 내용은 평화로운 세상이 계속되고 오곡이 풍성하기를 바라는 내용이 많았지만 현대에 와서는 오미야마이리お宮参り, 시치고산, 성인식, 결혼식 등 개인의 출산에서 성장에 이르기까지의 경사전반에 걸친 소망이 노리토로 행해지게 되었다. 이 노리토 의식은 말은 함으로써 그대로 이루어진다는 고토타마言魂신앙에서 비롯된 것이라고 볼 수 있다.

고헤이

신지를 행할 때 사용하는 신쇼쿠나 미코가 드는 고헤이라는 것이 있다. 고헤이는 대나무나 나무에 백색 혹은 금, 은, 오색종이를 끼운 것으로 부정을 씻는 힘이 있어 오하라이의 도구로 사용되어 왔다. 즉 이러한 도구를 사용하여 부정을 씻어내는 것도 하나의 신지라고 할 수 있다.

지식칼럼

미코

고대에 있어서의 미코는 신내림등의 의식을 관장하던 여성을 가리키는 것이었지만 율령체제가 정착하고 신사에서의 제사를 주도하는 것이 남성으로 변함에 따라 보조자로서의 역할을 담당하게 되었다. 중·근세 이후에는 신사에서 행하는 행사에서 가구라神樂를 봉납奉納하는 역할을 하며 신쇼쿠를 보조하였다. 현대에는 이와 같은 신쇼쿠를 보좌하며 본직으로 삼는 미코가 있는가 하면 신사가 바쁜 정월이나 오봉때에 임시로 고용하는 아르바이트의 미코도 존재한다.

⑦미코

나오라이

마쓰리가 끝나고 나면 신에게 올렸던 음식이나 술神酒을 마쓰리 참가자가 모두 함께 나누어 먹는 것을 볼 수 있는데 이를 나오라이直会라고 한다. 즉 신과 인간이 함께 먹는 '신인공식神人共食'의 신지가 행해지는 것이다. 이는 마쓰리를 통해 부정한 기운을 없애고 다시 평상시의 생활로 돌아가는 것을 의미하는 것이다.

⑧나오라이

이상과 같이 마쓰리는 신과의 만남이고 신을 통해 일상생활에 있어서의 부정함을 씻어내고 다시 삶을 영위해 나가기 위한 의식이라고 할 수 있다.

4. 대표적 마쓰리

(1) 전통마쓰리

전통적인 마쓰리는 일본사회의 근대화와 함께 쇠퇴되어 가는 모습을 보여 왔다. 근대화 진행에 따른 지방의 과소화過疎化 그리고 산업화는 마쓰리의 주최자인 젊은이들을 점차 도시로 모여들게 하였다. 이에 따라 지역사회의 공동체적 성격과 농경 사회에 있어서의 절기 행사적인 성격을 강하게 띄고 있었던 전통적인 마쓰리는 주최자이자 담당자인 젊은이들의 감소로 명맥을 유지하기도 힘들어졌다. 그러나 1970년대 들어 어느 정도 경제적인 안정을 이루게 된 후에는 전통문화에 대한 관심의 고양과 함께 전통적인 마쓰리에 대한 관심도 커져 가는 모습을 보여 왔다. 하지만 마쓰리가 갖고 있었던 경건하고 의례적인 측면들은 오락적이며 상업적, 유희적으로 변형되어 가는 모습도 함께 나타나고 있다.

현재에는 수많은 전통적인 마쓰리가 부활되어 각 지역마다 행해지고 있는데 그 가운데 일본의 3대 마쓰리라고 할 수 있는 교토의 기온마쓰리祇園祭り, 도쿄의 간다마쓰리神田祭り, 오사카의 덴진마쓰리天神祭り를 간단히 소개해 보고자 한다.

교토의 기온마쓰리

기온마쓰리는 869년 역병이 창궐했을 때 당시 구니国의 수인 66개의 창을 만들어 고즈텐노牛頭天王를 제사지내 신센엔神泉苑에 모셨다는 제례를 유래로 하고 있다. 기온마쓰리는 기온고료에祇園御霊会라고도한다. 고료御霊는 사와라친왕早良親王[65]을 비롯한 6인의 원령을 말하는데, 각지에 역병이 나도는 것은 그 원령들의 저주때문이라 생각하여 원령들을 달래는 제사를 지내게 되었는데 이를 고료에라고 하였다.

고료에는 원래 역신을 제사지내 지역 밖으로 보내는 형태의 마쓰리였으나 기온마쓰리는 제신이 제사를 받고 혼샤本社에 돌아가는 제례로 화려한 신코가 볼거리였는데, 점차 쇠퇴하였고 새로운 볼거리로 야마보코山鉾[66]가 등장하였다. 야마보코는 카마쿠라 후기에 등장하여 무로마치시대를 거쳐 발달하였고 에도시대에 그 형태가 정해져 야마보코의 수도 33기로 정해졌다.

memo

65) 사와라 친왕은 간무천황의 동생으로 젊어서 출가를 하지만 781년 간무천황이 즉위하자 태자로서 세워지게 된다. 하지만 785년 후지와라 다네쓰구藤原种继 사살사건으로 잡힌 오토모 쓰구히토大伴继人 등의 자백으로 사와라를 군주로 세우려고 했던 오토모 야카모치大伴家持의 계획이 드러나 유폐 당해 이송 도중 사망하게 된다.

66) 산모양의 장식대 위에 창을 꽂은 다시.

기온마쓰리는 7월1일부터 31일까지 한 달에 걸쳐 행해지는데 7월1일 마쓰리 관계자들의 사전 협의인 깃푸이리吉符入り로 시작되어 2일에는 교토시청에서 야마보코 순행巡行의 순서가 결정된다. 10-14일 사이에 야마보코의 조립이 행해지는데 이때 못을 사용하지 않고 줄로 묶어 완성한다. 16일에는 주최가 되는 교토의 야사카八坂신사에서 요이야마宵山전야제가 행해지는데 17일 맑은 날씨가 되기를 바라는 히요리카구라日和神楽가 행해진다. 마쓰리의 하이라이트는 17일에 벌어지는 33기의 야마보코 순행이다. 장식을 마친 야마보코 행렬이 시조카라스야마四条烏山에 결집하여 9시를 기점으로 나기나타보코長刀鉾를 선두로 순행이 시작되는데 이 순행은 오전 중에 끝나게 된다. 이 순행은 도중에 각종 이벤트를 펼치는 것으로 유명하다.

⑨ 야사카신사 미코시도쿄 출발식

또한 3기의 미코시가 시조에 있는 오타비쇼에 옮겨져 24일까지 머물게 되는 신코사이神幸祭도 같이 행해진다. 24일에는 오타비쇼에 머물고 있던 신이 다시 자기가 있던 혼샤로 돌아가는 간코사이還幸祭가 벌어진다. 이것이 고대 기온에祇園会의 원형인데 17일의 신코사이를 사키노마쓰리前祭, 24일의 간코사이를 아토노마쓰리後祭라고 한다. 에도시대까지 있었던 간코사이에서의 야마보코순행은 없어졌으나 이때는 하나카사순행花傘巡行이라는 장관의 퍼레이드가 행해진다. 마지막 날인 31일에는 야사카신사 내에 있는 에키疫신사에서 도리이에 걸려 있는 2미터의 줄밑을 통과하여 역병을 물리치며 마쓰리를 마무리 한다.

⑩ 나기나타보코

도쿄의 간다마쓰리

헤이안시대에 창건된 간다신사(간다묘진神田明神)는 미하시라三柱[67]의 제신祭神을 모시는 신사다. 1309년에 미바시라 제신 중 하나인 다이라노마사카도平將門가 합사되었는데, 다이라노마사카도는 에도시대에 들어와서는 막부에 의해 숭배되어 신사는 오테마치大手町부근에서 에도성의 귀문鬼門에 해당되는 소토칸다外神田로 옮겨져 크게 건축되었다.

⑪ 간다마쓰리 신코사이의 선두행렬인 간코다시

간다신사에서 행해지는 제례는 덴카마쓰리天下祭라고 하여 36기의 다시[68]가 에도성까지 들어와 쇼군이나 오오쿠大奥의 여성들에게도 보여졌다. 메이지시대에 들어와서는 거리의 전선으로 인해 다시의 통행이 불가능해져 대신 각각의 초나이町內에서 출발하는 미코시神輿가 유명하게 되었다.

간다마쓰리는 동경의 치요다쿠千代田区 나가타초永田町의 히에日枝신사의 산노마쓰리山王祭와 격년으로 행해진다. 혼마쓰리가 행해질 때 산노마쓰리는 가게陰마쓰리가 된다. 두 개의 마쓰리가 서로 엇갈리며 행해지게 된 것은 1681년 이후이며 혼마쓰리가 행해지는 해는 십이간지로 소해丑年, 토끼해卯年, 양해未年, 닭해酉年, 돼지해亥年이다. 산노마쓰리가 무가의 마쓰리인데 반해 혼마쓰리는 서민들의 마쓰리로서 인기를 모았다.

memo

67) 간다신사에 모시는 신을 미하시라三柱라고 하는데 이치노미야一之宮는 다이코쿠大黒사마로 연분을 맺어주는 신, 니노미야二之宮는 에비스恵比寿사마로 상업번창의 신 · 건강의 신 · 운을 좋게 하고 복을 가져오는 신, 산노미야三之宮는 마사카도将門사마로 액운을 물리치는 신이다. 특히 에도시대에 들어와 숭배되는 마사카도사마 즉 다이라노마사카도 는 10세기 중반 일본 최초의 무사반란을 일으킨 인물로 여겨지기도 한다.

68) 축제 때 끌고 다니는 장식을 한 수레

마쓰리가 벌어지는 날은 예전에는 9월1일 이었지만 메이지말기에 5월15일로 정해졌다. 현재에는 5월 상순의 토,일요일에 신코사이神幸祭가 행해져 미코시가 출발하게 되도록 일정을 정하고 있다. 미코시의 출발은 신코사이 다음날 행해지는데 이를 미코시미야이리御輿宮入り라고 한다. 미코시미야이리에는 쵸나이町内에서 출발하는 미코시 200여기가 참가하여 대규모로 진행된다.

또한 신코사이와 미코시미야이리 당일에는 신사의 옆에 있는 미야모토공원宮本公園의 특별무대에서 다이코太鼓 페스티벌이 행해지는데 이 페스티벌은 9시부터 19시까지 관동지방을 비롯하여 각지의 와다이코和太鼓 집단이 출현하는 대규모 공연이다. 이렇듯 간다마쓰리는 참가하는 인원 및 미코시 등의 수를 볼 때 상당히 대규모의 마쓰리라고 볼 수 있다.

오사카의 덴진마쓰리

오사카 덴만구天満宮를 중심으로 행해지는 덴진마쓰리는 1000년 이상의 역사를 자랑하며 참가인원 1만2천 명, 관광객이 100만 명에 이를 정도로 전국 최대 규모의 마쓰리로 스가와라 미치자네菅原道真(845-903)[69]의 진혼제가 그 기원이다.

덴진마쓰리는 호코나가시신지鉾流神事, 리쿠토교陸渡御, 후나토교船渡御의 3개의 행사로 이루어진다.

949년 덴만구 신사가 건립되고 2년 후 경내의 해변에서 가미보코神鉾를 띄워 그것이 도착한 해변에 제사장소를 설치하여 미소기를 행하였던 것이 호코나가시였고 이것이 후나토교의 기원이 되었다.

이후 배의 수도 증가하고 도요토미 히데요시가 오사카성을 축성한 이후에는 후나토교의 형태가 정비되었다. 덴진마쓰리는 에도시대 오사카 번영의 상징으로 발전하였다.

덴진마쓰리의 진행을 보면 7월24일은 요미야宵宮[70]로 오전 9시에 초등학교 6학년생이 배위에서 호코를 흘려보내는 호코나가시가 행해지고, 오후 4시에는 모요오시타이코催太鼓를 선두로 마쓰리가 준비되었음을 알리며 사자춤, 단지리地車, 가사오도리傘踊り, 류오도리龍踊り[71] 등의 행렬이 시내를 순행하고 미코시가 신사에 들어가게 된다. 혼미야가 행해지는 7월25일 오후 4시에는 덴진마쓰리의 메인 이벤트 중에 하나인 리쿠토교가 행해진다. 리쿠토교는 궁중의상을 입은 3천 명이 덴만구에

memo

69) 헤이안시대 전기의 정치가이자 학자, 문인. 우다宇多천황의 신임이 두터워 894년 견당사로 임명되나 당시의 당의 국정불안과 문화의 쇠퇴 등을 이유로 견당사 제도의 폐지를 건의하였다. 57세에 좌천되어 유배지에서 생을 마감하게 되는데 학문과 한시문등에 뛰어나 후대에 학문의 신으로 널리 민중에게 추앙받기에 이른다.

70) 요미야란 夜宮라고도 쓰며, 혼미쓰리本祭의 전날에 열리는 작은 마쓰리다. 이에 대해 혼마쓰리를 혼미야本宮라고 한다.

71) 덴진사이의 류오도리는 다른 곳의 류오도리와 같은 용의 인형을 사용하는 것이 아니라 춤추는 사람이 손이나 몸을 사용하여 승천하는 용의 모습을 나타내는 것에 특징이 있다.

⑫ 단지리

⑬ 가사오도리

⑭ 류오도리

서 후나토교船渡御 승선장까지 4㎞를 이동하는 행렬이다.

또 하나의 메인 이벤트로 오후 6시에는 고호렌御鳳輦을 실은 봉안선奉安船을 중심으로 하는 수백 척의 배가 참가하는 후나토교가 시작된다. 고호렌에서는 장엄한 스이조사이水上祭가 시작된다. 고호렌과 미코시를 실은 봉안선은 히쇼바시飛翔橋에서 신령을 맞이하여 덴신바시天神橋에서 되돌아 9시 50분에는 덴만구로 돌아오게 되고, 10시에 간교사이還御祭가 행해지면서 끝을 맺게 된다.

⑮ 고호렌을 실은 봉안선

⑯ 리쿠토교

⑰ 후나토교

(2) 현대 마쓰리

종교의 의례적인 측면과 농경사회의 절구節句행사 등이 전통적인 마쓰리의 주요한 특징이었다고 한다면 현대적인 마쓰리는 지역사회 활성화를 꾀하기 위한 이벤트성 마쓰리들이 많이 고안되었다. 1970년대 후반에 접어들면서 각 지역 사회에서 현대적인 마쓰리들이 폭발적으로 등장하였다. 이런 마쓰리의 공통적인 특징은 '지역사회의 발전과 주민의 통합'에 있다. 대표적인 현대 마쓰리인 삿포로의 유키마쓰리雪祭り, 센다이의 히카리노 페이전트光のページェント, 고치의 요사코이 마쓰리よさこい祭り에 대해 살펴보기로 한다.

삿포로의 유키마쓰리

매년 2월초에 홋카이도 삿포로시의 오도리大通공원, 스스키노すすきの, 삿포로코뮤니티돔 등 세 곳에서 개최되는 유키마쓰리는 눈으로 제작된 크고 작은 설상雪像을 중심으로 하고 있지만, 스스키노 회장에는 얼음조각도 전시되어 있다.

삿포로 유키마쓰리는 1950년 이곳의 중·고생들이 6개의 눈사람을 오도리공원에 설치한 것을 시작으로 설상과 얼음조각을 세우는 행사로 진행되었는데, 5만 명을 넘는 관람객이 찾아와 이후 삿포로의 겨울 행사로서 자리잡게 되었다.

1953년에는 높이 15m의 큰 설상 '쇼텐昇天'이 처음으로 제작되었다. 1959년에는 설상제작에 2500명이 동원되어 TV, 신문에서도 소개되어 다음해부터는 전국각지에서 관광객들이 모여들어 대성황을 이루고 일본을 대표하는 마쓰리로 발전했다.

삿포로 동계올림픽 개최(1972)로 삿포로 유키마쓰리는 세계에 알려지게 되었고, 1974년 이후부터는 삿포로와 관련을 맺고 있는 세계 각국의 설상이 제작되어 국제색을 띠게 되었다. 1983년 제34회 축제에서는 세 번째 대회장인 스스키노 회장이 포함되어 얼음조각이 등장하였다.

⑱ 2009년 유키마쓰리의 남대문

1990년에는 나카지마中島공원이 4번째 회장으로 포함되었지만 이 대회장은 시민들만이 주최가 되어 설상을 제작하였기 때문에 대규모 설상이 만들어지지 않아 관람객들이 모이지 않자 1992년에 폐지되었다. 현재는 3곳에서 개최되는데 오도오리공원 대회장이 가장 큰 규모로 발전하였다.

축제는 삿포로시, 삿포로상공회의소, 시내의 기업·단체로 구성된 '삿포로 유키마쓰리 실행위원회'에 의해 기획, 운영되고 있는데 이는 현대 마쓰리가 상업적 기능이 포함되어 있다는 일단면을 나타내는 좋은 예라고 볼 수 있다.

삿포로 유키마쓰리는 지역의 특색을 살린 대규모 축제로 성장하면서 일본 국내뿐만 아니라 국제적으로 그 이름을 알릴 수 있는 이벤트 등이 기획되어 삿포로의 관광명물로 떠오르게 되었다. 1984년부터는 기간을 2일에서 7일로 연장하여 일본의 국제적인 관광상품으로 자리 잡았다.

센다이의 히카리노페이전트

일본에서는 12월에 접어들면 전국 각지의 큰 건물들 주위에 작은 전구를 장식한 일루미네이션이 장관을 이룬다. 이 가운데에서도 1986년부터 시작된 센다이仙台의 일루미네이션은 매년 200만 명이 넘는 관광객이 찾아오는 마쓰리로 히카리노페이전트로 불리며 센다이를 더욱 유

⑲ 조젠지거리의 일루미네이션

명하게 만들고 있다.

히카리노페이전트는 1986년 시민 자원봉사자들이 조젠지거리定禅寺通り와 아오바거리青葉通り에 전구를 장식하기 시작한 것이 발단이었다. 지금은 시내 각지로 퍼져 일루미네이션뿐만 아니라 다양한 이벤트가 행해지는 도시의 축제로 자리 잡았다.

축제의 운영자금으로 자치단체 등으로부터 보조금이 나오고는 있지만 대부분이 시민들의 모금과 기업의 기부로 충당하고 있다.

최근 들어 환경운동이나 에너지 절약 운동의 일환으로 사용전구를 LED로 전환하는 방안도 추진되고 있다. 또한 대부분의 운용자금이 기업이나 시민들의 모금으로 이루어지는 만큼 이벤트 비용의 중심이 되는 총 전구의 사용개수의 증감이 센다이시의 경제상황을 나타내주는 지표로 인식되기도 한다. 2003년에는 경기침체에 따라 총 전구개수가 최저에 달하기도 하였고, 2004년부터는 히카리노페이전트의 공식팜프렛에 기업의 광고를 게재하기 시작하였다.

1986년 30만개의 전구 점등으로 시작한 후 매년 60－70만개의 전구를 점등시키고 있는데, 2007년에는 100만개의 전구가 사용되기도 하였다. 기간은 12월 12일 시작하여 12월 31일에 막을 내린다.

2008년에는 조젠지거리에서 시민, 어린이들이 산타크로스 복장을 하고 퍼레이드를 하는 등 각종 이벤트가 개최되어 센다이시의 히카리노페이전트는 '시민이 만드는 마쓰리', '모두가 느낄 수 있는 마쓰리'를 목표로 축제를 진행시키고 있다. 이렇듯 시민이 주체가 되어 축제를 준비하고 함께 참여하여 시민들 사이에 공동운명체라는 인식을 갖게 하는 마쓰리의 사회적 기능이 유감없이 발휘될 수 있는 축제로서 발전해 가고 있다.

고치의 요사코이 마쓰리

이 마쓰리는 고치현의 요사코이 마쓰리가 발단이 된 춤을 주축으로 하는 마쓰리의 한 형태이다. 1990년대에는 홋카이도 삿포로시의 요사코이 소란YOSAKOIソーラン 마쓰리가 성공함에 따라 2000년대에 들어와 전국적으로 확산되어 나갔다.

발단이 된 고치의 요사코이 마쓰리는 매년 8월 9일의 전야제를 시작으로 10, 11일에는 나루코오도리鳴子踊り[72]의 본마쓰리, 12일에는 요사코이 전국대회가 열린다.

memo

72) 나루코란 논이나 밭에 새 · 짐승들의 피해를 막기 위해 설치한 장치로 멀리서 끈 등을 조정하여 소리를 나게 하는 장치다.

⑳ 나루코오도리

㉑ 요사코이소란 참가팀

1954년 당시의 불경기 속에서 시민에게 힘을 불어넣기 위해 행해졌던 것이 유래라고 할 수 있는데, 전야제가 벌어지는 9일에는 약 4000발의 하나비花火를 쏘아 올리는 고치시 하나비대회도 개최되어 현재에는 시코쿠 3대마쓰리의 하나로 자리 잡았다.

요사코이란 요사코이부시夜来節라는 고치지방에 예전부터 전해내려 오는 대표적인 민요에서 나온 말이다. 춤은 나루코를 사용하고, 요사코이부시가 후렴구로서 들어간다.

마쓰리의 본연은 시내 아홉 곳의 경연競演장과 여섯 곳의 연무演舞장에서 150개 이상의 팀, 약 1만 5000 명이 춤을 선보이는 것으로 펼쳐진다.

특히 간사이와 간토 지방의 초등학교에서는 운동회 때에 요사코이 나루코오도리가 등장하기도 한다.

5. 일본인과 마쓰리

일본의 마쓰리는 신과의 교류, 농경사회에 있어 풍작 기원을 목적으로 고대부터 행해지기 시작하였다. 현대에는 본래의 목적이 많이 약화되었음에도 불구하고 여전히 일본인에게는 빼놓을 수 없는 중요한 생활의 일부로서 자리 잡고 있다.

그러나 현대의 마쓰리를 모두 예전의 마쓰리와 동일시 할 수는 없다. 일부의 예외를 제외하고 일본의 마쓰리는 전후부흥기에서 고도성장기에 걸쳐 현저히 쇠퇴하는 양상을 보였으나 1973년 제1차 오일파동을 기점으로 도시에서의 대규모 마쓰리를 중심으로 부흥이 시작되었다. 이러한 마쓰리 부흥의 배경에는 후루사토故郷로 상징되는 지역사회에 대한 관심과 재인식의 욕구가 큰 요인으로 작용하였다. 도시생활 속에서 자신의 정신적인 안정감을 얻지 못하고 있는 현대인들이 기존의 정신적 문화에 대한 향수와 그 문화를 통해 불안함을 달래보고자 하는 방향으로 힘을 기울이기 시작한 것이다. 전통적인 것에의 흥미, 전통예능과 마쓰리 등에 대한 관심이 높아지면서 '옛 것'을 찾거나 그에 가까운 것을 강조하는 현상이 나타나게 된 것이다.

그러나 이 같은 상황과는 반대로 즉 전통적 마쓰리가 전통문화의 면에서는 중요한 영역을 차지해 왔음에도 불구하고 이미 시대에 맞지 않는 것으로 되어버렸고 예능화가 진행된 각종 의례나 전통적 마쓰리도 활력이 소실되면서 이미 지역사회의 통합기능을 잃어버리고 단지 관습적으로 행해지고 있을 뿐이었다. 따라서 현대인의 요구를 충족시킬 수 있는 현대적인 마쓰리의 출현이 요구되었다. 즉 마쓰리가 종교생활의 중핵을 이루어 왔던 예전의 마쓰리와는 다르게 현대의 마쓰리는 특수 종교적 집단에 한정되지 않고 지역, 직장, 가족 등 다양한 사회집단에 널리 퍼져있는 것을 볼 수 있다.

프랑스의 사회학자 뒤르켐Emile Durkheim은 '일상'에서 '비일상'으로의 전환, '비일상'에서 '일상'으로의 전환을 '신성한 시간과 세속적인 시간의 교대'로 정의하고 있다. 이것은 경제활동을 중심으로 하는 사적으로 분산되어 있는 일상적이고 세속적인 생활이 오래 지속되면 사회적 통합의식은 약해지고 사람들은 고립화 내지는 방자화 되어 사회생활은 위기에 직면하게 된다. 따라서 사람들은 주기적으로 모여 예외적인 흥분상태 가운데서 융합·일체화하여 사회생활의 도덕적 원천인 집합의식을 재활성화 하여 다시 건전한 일상생활로 돌아간다고 하는 것이다. 즉 뒤르켐은 사회활동을 가능하게 하는「종교력」,「집합력」,「도덕력」등의 정신적 에너지를 상정하여 고갈된 정신적 에너지의 충전기회로서 마쓰리를 규정하고 있는 것이다. 물론 한편에서는 일상생활에 있어서 과잉된 정신적 에너지의 방출기회로 마쓰리를 규정하는 이들도 없는 것은 아니다.

이를 일본에 대응시켜 본다면 전후 부흥과 고도성장기에 접어들면서 지역사회의 해체와 마쓰리를 통해 얻을 수 있었던 '비일상화'를 평상시의 생활속에서 경험할 수 있게 됨에 따라 마쓰리의 기능이 점차 소멸되어가는 경향을 보였었다. 그러나 고도성장기가 끝나고 과거 마쓰리의 기능 중 하나인 비일상화의 경험은 현대사회에서도 얼마든지 채울 수 있었지만 또 다른 기능 중에 하나인 자신에 대한 정체성 및 정신적인 공허함은 오히려 더해감에 따라 이러한 정신적인 공허함을 채우기 위한 것이 필요하였고 이것이 마쓰리를 통해 해결될 수 있다고 생각되어지기 시작하였다.

마쓰리의 부흥과정을 간단히 보면 1차적으로는 지방정부나 상업단체들의 이벤트성 마쓰리가 전면에 나오기 시작하였다. 또한 경제적인 면에 중점을 둔 마쓰리의 상업성이 부각되기도 하였지만 경제적인 효과를 위해 시도된 계획된 마쓰리들은 오래 지속되지 못하고 사라지는 양상을 보였다. 이에 따라 2차적인 마쓰리 부흥이 시작되는데 이는 일본인들이 돈으로 채울 수 없는 마음의 한구석을 마쓰리의 종교성에서 찾으려 하는 경향과 함께 부흥이 성공적으로 이루어지기 시작하였다. 이것이 현대 일본에 있어서의 마쓰리라고 볼 수 있는 것이다.

하지만 현대에 있어서 마쓰리의 개최는 자그마한 조나이町内에서도 소비를 촉진시키는 결과를 가져오게 되고 거대한 조직을 바탕으로 하는 마쓰리의 경우는 지역경제의 활성화와 함께 지역을 전국에 알리는 중요한 역할을 하고 있다. 즉 '가미노마쓰리カミの祭り'와 '가네노마쓰리カネの祭り'[73]가 동일화되어 새롭게 등장한 것이라고 볼 수 있다.

이를 마쓰리의 상업적 기능이라고 할 수 있다. 전국적으로 유명한 마쓰리에는 평상시에 상상할 수 없을 정도의 관광객이 모이게 된다. 일본국내에서 뿐만 아니라 외국에서의 관광객이 수없이 찾아오게 되는데 이렇게 지역사회에 대한 향수와 전통에 대한 그리움에 의해 다시 태어난 일본의 마쓰리는 외국인들에게 일본만의 특색을 느끼게 해주는 새로운 관광 상품으로서 다시 태어나게 된 것이다.

또한 마쓰리의 본원적인 기능이었던 사회적 기능은 대규모의 마쓰리에서 뿐만 아니라 지역적인 소규모 마쓰리에서도 잘 나타나고 있다. 소규모로 이루어지는 마쓰리도 행사 당일에 한정되는 것이 아니라 행사를 위한 준비과정에서 행사가 끝난 후까지 여러 달에 걸쳐 마을 사람들 간의 교류가 진행된다. 이는 현대 사회에 있어서 자신의 일에 충실함에 따라 소홀해 지기 쉬웠던 지역사회 안에서 구성원들 간의 의사소통이 일 년에 한두 번 있는 마쓰리를 통해서 원활하게 이루어지게 되는 것이다.

마을에서 뽑은 마쓰리의 주재자를 중심으로 각종 모임을 행하게 된

memo

73) 가미노마쓰리, 가네노마쓰리 가미는 신이란 뜻이며 가네는 돈을 나타낸다. 즉, 신을 중심으로 하는 전통 마쓰리의 기능과 상업적 기능을 중요시하는 현대 마쓰리가 동일화 됨을 뜻한다.

다. 즉 각종 이해관계가 얽혀 있는 단체의 조직과는 다르게 마쓰리 즉 마을의 축제를 통해 주민간의 협동의식을 고양시키려고 하는 마쓰리의 사회적 기능이 충분히 발휘되는 있는 것이다.

심화학습

1. 일본의 마쓰리를 원형에 따라 분류해 보자.
2. 일본 전국의 마쓰리 달력과 지도를 만들어 보자.
3. 한국의 '00제'라고 불리는 전통 축제와 일본의 마쓰리를 비교해 보자.

참고자료

김용안『키워드로 여는 일본의 響』제이엔씨 2004
이상훈 외『강릉단오제의 전승과 비전』고요아침 2008
김양주『축제의 역동성과 현대일본사회』서울대학교출판부 2004
星野紘 · 芳賀日出男 監修『日本の祭り文化事典』東京書籍 2006年
芦田徹郎『祭りと宗教の現代社会学』世界思想社 2001

사진 · 그림

① http://www.izumooyashiro.or.jp/keidai/other/index.html
② http://chikugoja.blog.bbiq.jp/21/cat5106377/
③ http://iiiro.jp/blog/ttoshio/161835.html
④ http://www6.airnet.ne.jp/kys354/08shinchan_ohirome.htm
⑤ http://rekishi-roman.jp/miyamikosi/page-12-03.html\
⑥ http://blog.goo.ne.jp/bias_1974/c/996dc6febe269c1511353d635e42ee8d
⑦ http://www.flickr.com/photos/40247505@N00/114571708/
⑧ http://blog.goo.ne.jp/ekoda_mikoshikai/
⑨-⑩ http://web.kyoto-inet.or.jp/org/yasaka/schedule/index.html
⑪ http://www.kandamyoujin.or.jp/kandasai/kix13/parade/parade.html
⑫ http://k-conny.blog.so-net.ne.jp/archive/20100724
⑬ http://www.asahi-net.or.jp/~mf4n-nmr/tenjin_min.html
⑭-⑮ http://www.tenjinmatsuri.com/other/index2.html

⑯ http://www.rikiya.com/blog/archives/003154.html

⑰ http://4travel.jp/traveler/megurokeibu/album/10080815/

⑱ http://www.tanukiya.co.jp/news/snow60/index.html9.html

⑲ http://4travel.jp/domestic/area/tohoku/miyagi/sendai/sendai/travelogue/10528073/

⑳ http://tamarany2.exblog.jp/11809910/

㉑ http://www.webzakki.com/f06_03_1.shtml

5장 종교

일본의 종교인구를 통계상의 수치로 보면 전체 인구를 훨씬 넘는다. 2008년도 문부과학성 종교통계조사의 종교인구를 만 명 단위로 끊어서 표시하면 신도神道계가 1억595만 명, 불교계가 8954만 명, 기독교계가 214만 명, 기타 신종교계가 900만 명이다. 종교인구의 합계가 2억663만 명으로 총인구 1억2769만 명의 1.6배에 이르는 것이다. 또 종교단체는 22만3428개가 있으며 그중에서 18만2310개가 종교법인으로서 정부로부터 인정받고 있다.

수치상으로 본다면 일본인은 다른 어느 나라 국민보다도 종교적인 국민이라 할 수 있다. 일본의 종교 인구는 각 종교단체로 하여금 소속 신자수를 보고하게 하고 이를 단순 집계한 숫자이기 때문에 실제 신자수보다 통계상의 신자수가 많아질 가능성이 크다. 그러나 그것만으로는 총인구의 1. 6 배나 되는 종교 인구에 대해서는 설명이 되지 않는다. 그 원인은 불교신자 수와 신도신자 수가 상당부분 중복되고 있기 때문이다. 즉 한 사람이 불교신자인 동시에 신도신자라는 이야기인데, 이 같은 현상을 일본에서는 신부쓰슈고神仏習合[74]라고 한다. 이 같은 일본인의 신앙태도에서 우리는 일본인의 종교의식, 더 나아가서는 국민성의 일면을 볼 수 있다.

이번 장에서는 일본의 민족종교인 신도와 일본 불교의 특징이 무엇이며, 왜 절대유일신교인 기독교가 일본에서는 정착하지 못하고 민중종교·민속종교로서 신종교가 유행하고 있는지를 살펴보기로 한다. 이를 통해 일본인의 종교의식과 종교행동은 물론 일본인과 일본사회에 대한 이해가 한껏 깊어질 것이다.

memo

74) 일본의 토착종교인 신도와 외래종교인 불교가 절충하여 융합하는 것으로 나라시대부터 시작되었다. 신사에 부속으로 세워진 진구지神宮寺, '본래 몸체(本地)'인 부처나 보살이 중생 구제를 위해 '임시 몸체(垂迹)'인 일본의 신의 모습을 빌려 나타났다는 혼지스이자쿠本地垂迹 등이 있다. 예를 들어 대일여래大日如來-아마테라스오미카미天照大神(태양신으로 황실의 조상신)나 아미타여래阿彌陀如來-하치만진八幡神(황실의 조상신, 겐지의 조상신, 무사의 수호신) 관계를 꼽을 수 있다.

1. 일본인의 일생과 종교

일본인들은 한평생을 사는 동안 여러 가지 형태로 종교와 관련을 갖는다. 특정 종교에 속해 있지 않는 사람이라도 태어났을 때는 신도의 신에게서 축복을 받고 죽었을 때는 불교에 의해서 구제를 약속받는다. 태어나면 우선 신사神社에 참배를 해야 하는데 이는 우지가미氏神[75]에 대한 출생 신고로서 씨족집단의 일원이 되었음을 인정받기 위함이다. 이 첫 신사 참배는 시대와 지방에 따라 다소 다르기는 하지만 대개 남자아이는 생후 31일째, 여자아이는 생후 33일째에 행한다. 또 '7·5·3'이라 하여 남자아이는 세는 나이로 세 살과 다섯 살, 여자아이는 세 살과 일곱 살이 되는 해의 11월 15일에 신사 참배를 한다. 부모에게는 신에게 아이의 성장을 보고하고 신의 가호를 기원하는 의미가 있으며 지역공동체로서는 공동체의 일원을 맞아들이는 의미가 있다.

일본인들은 어릴 때부터 공동체 단위로 행해지는 '마쓰리祭り'를 통해서 신도의 신과 가까이 하면서 생활한다. 결혼식도 대부분의 일본인들은 '신전神前 결혼식'이라 하여 신도식으로 행한다. 신전 결혼식은 메이지시대 중반 이후부터 시작된 것이므로 그다지 오래된 것은 아니다. 최근에는 결혼식을 위해 지어진 교회풍 건물인 결혼식교회에서 식을 올리는 것이 유행하고 있다.

memo

75) 씨족의 선조를 신으로서 모시는 것, 또는 그 고장의 수호신.

▼ 신도식 결혼 예복

▼ 신전 결혼식[76]

▼ 결혼식교회에서의 예식

그러나 이처럼 신도와 관련을 가지고 살던 일본인들도 장례식만은 불교식으로 행하는 것이 일반적이다. 불교가 장의葬儀를 떠맡게 된 것은 에도시대부터였다고 볼 수 있다. 불교식 장례에서 승려가 하는 역할의 중심은 독경이다. 살아 있는 동안에는 신도를 가까이 하고 죽은 후에 뒤늦게 불도에 인도되어 계명을 받는 것이다.

에도시대의 일본인들은 이 세상에 태어나면 신사에 가서 신에게 그 출생을 알리고, 일상생활은 유교(주자학)를 따르고 죽었을 때는 불교식으로 장례를 치렀다. 이 같은 삶의 패턴은 지금도 크게 달라진 데가 없

76) 간누시-미코-신랑·신부-중매인-양가 부모 및 친지의 순으로 경내를 걷는다.

① 불교식 장례 장면

다. 일상생활이 유교적인 사고에서 근대서구적인 것으로 바뀐 정도일 것이다. 일본인에게는 이처럼 신도와 불교가 다 필요한 것이다.

그러나 대부분의 일본인들이 거의 모순을 느끼지 아니하고 일상생활에서 신도와 불교를 접하면서 살아가고 있다 해서 신도와 불교가 원리적으로 일치하는 것은 아니다. 오히려 두 종교의 현세관과 내세관은 정반대이다. 신도는 인간이 살고 있는 이 세상은 밝고 아름답지만 죽은 후에 가는 저 세상은 깜깜하고 더럽다고 보고 있다. 이에 반해 불교는 이 세상은 노老, 병病, 사死와 같은 피할 수 없는 괴로움으로 가득 찬 더러운 세계이며 죽은 후에 가는 서방정토는 깨끗하고 아름다운 극락세계라고 보고 있다. 신도가 현세 긍정적이라고 한다면 불교는 현세 부정적이고 내세 긍정적이다.

일본인들이 신도와 불교 모두를 필요로 하는 이유는 바로 여기에 있다. 현세를 살아가는데 있어서 필요한 것은 현세 부정적인 불교가 아니라 현세 긍정적인 신도다. 출생과 관련되는 통과의례나 결혼식에서 축복을 줄 수 있는 종교는 신도다. 그러나 장례나 조상에 대한 제사는 불교가 담당하고 있다. 사후를 보장할 수 있는 종교는 극락정토를 상정하고 있는 불교이기 때문이다.

1948년 전범戰犯재판에 의해서 처형된 전前 군인 군속 701명의 마지막 유언을 모은 서간집 "세기의 유서『世紀の遺書』"를 보면, 그들 대부분이 불교에 대해서는 서술하고 있으나 신도에 대해서는 한마디도 언급하고 있지 않다. 죽음을 앞두고 있는 사형수에겐 불교는 구원의 불빛이 될 수 있으나 신도는 아무런 도움이 되지 못하기 때문이다.

지식칼럼

세기의 유서

제2차 세계대전 패전 후 전범 용의자로서 판결받은 전범 중 사형 및 옥사한 사람들의 유서를 편찬한 유고집. 제목은 '21세기가 후세에 남기는 유서'라는 뜻이다. 글을 남긴 전범들의 출신성분은 대장에서 민간인에 이르기까지 다양하고, 군무원軍務員이나 통역이었던 우리나라 사람과 대만 출신도 포함되어 있다. 1953년 초판이 출판된 이후 4판까지 1만3000부가 발행되고, 1984년에는 고단샤講談社에서 복간본復刻本을 냈다.

2. 민족종교로서의 신도

(1) 제사 중심의 종교

▼ 문의 양쪽에 놓인 가도마쓰

▼ 히나인형 장식

신도는 일본의 민족종교다. 세계종교인 기독교나 불교, 이슬람교와는 달리 교조가 따로 없이 자연발생적으로 성립했다. 교리보다는 제사나 의례를 중시하고 개인의 구원보다는 공동체의 이익을 우선한다. 신도에 있어서 가장 중요한 것은 신을 모시는 제사이다. 그런 의미에서 보면 '제사를 중심으로 한 종교'라고 말할 수 있다. 일반적으로 제사가 행해지는 곳은 전국 각지에 있는 신사지만 그 밖에도 일반 가정이나 궁정에서도 행해진다.

일반 가정의 경우, 정월에 '가도마쓰門松'라 하여 문 앞에 청솔가지를 세우는 일이나 삼월 삼짓날의 인형 축제인 히나마쓰리

雛祭, 음력 7월의 칠석 축제인 다나바타마쓰리七夕祭, 또는 집을 지을 때 행하는 지진제地鎮祭 등과 같은 습속도 모두 신도 의례라 할 수 있다. 궁정에서의 제사는 천황이 궁중에서 행하는 것으로 설날에 동서남북 사방에 절을 하는 사방배四方拝를 시작으로 계절마다 많은 제사가 있다. 신도의 제사 내용을 보면 결국 자연신에 대한 제사와 조상신에 대한 제사라 할 수 있다. 다시 말하면 자연숭배와 조상숭배가 신도의 핵심인 것이다.

예로부터 일본인들은 자연을 신으로 받들어 제사를 지내고 이를 경외해 왔다. 삼림이 우거진 산 자체를 제사의 대상으로 삼아 신타이산神体山으로 우러러보거나, 수림을 신이 강림하여 깃드는 신성한 물체로 여겨왔다. 일본인의 자연관이나 종교관의 근저에는 신과 산, 신과 삼림, 신과 나무가 불가분의 관계에 있다.

(2) 신사와 자연숭배

현재 신이 늘 존재하고 있는 곳으로 관념화되어 있는 '신사'라는 말도 원래는 '가미노모리神の杜' 즉, '신의 숲'이라는 뜻인데, 일본의 옛 가요인『만요슈万葉集』[77]에서는 두杜, 삼森, 사社, 신사神社를 모두 '모리もり'라고 읽었다. 고대 일본인에게 있어서 삼림이란 신들의 영霊이 깃든 신성한 영역으로 사람이 함부로 들어가서는 안 되는 곳이었다. 지금도 이세伊勢신궁에는 가미지야마神路山, 나라奈良의 오미와大神신사에는 미와야마三輪山, 나라의 가스가타이샤春日大社에는 미카사야마三笠山 등 유명한 신사 가까이에는 헤아릴 수 없을 만큼 신성시되는 신타이산이 반드시 있을 정도이다.

일본에는 지역사회마다 신앙의 대상이 되는 신산神山·영산霊山이 있어 이곳에 신사를 짓고 신을 모시고 있다. 산악신앙은 크게 나누면 세 가지로 볼 수 있다. 산은 작지만 산 모양이 아름다운 경우, 높이 솟아 있는 고령高嶺의 경우, 화산의 영위霊威가 두려움의 대상이 되어 있는 경우, 이 모두가 신타이산이 될 수 있다.

자연신에는 물론 수목신앙이나 산악신앙만 있는 것은 아니다. 신도는 애니미즘에 바탕을 두고 있기 때문에 자연신이 무수히 많다. 애니미즘 사상에서는 모든 만물에 정령이 깃들어 있다고 보고 있는데, 이 같은 정령은 모두 사람들의 숭배나 두려움의 대상이 되면 가미カミ[78]로 승격될

memo

77) 일본에서 현존하는 최고最古의 노래집. 전 20권으로 약 4500 수의 작품이 수록되어 있고 나라시대 말에 완성되었다.

78) 유일하고 전지전능한 신인 기독교의 God과는 다른 일본의 신의 특징을 강조할 때는 일반적으로 한자의 神 대신 가타카나 カミ로 표기한다.

수 있는 것이다.

(3) 조상숭배

일본 신도에서는 자연숭배와 더불어 조상숭배가 중요한 위치를 차지한다. 조상숭배는 물론 일본만의 독자적인 신앙은 아니다. 중국, 한국 등 동북아시아에서 동남아시아에 이르는 몬순지대의 도작稲作문화권에서 일반적으로 볼 수 있는 현상이다. 일본 신도의 신전神典이라 할 수 있는 『고지키』[79]나 『니혼쇼키』[80]는 황실의 조상숭배에 근거하여 황조皇祖인 아마테라스오미카미를 중심으로 일본 신들의 신통보神統譜를 만들었다. 또 민간에서는 각 집안을 단위로 하는 조상숭배가 전국의 무수한 신기神祇[81]신앙이 되어 계승되고 있다. 조상숭배야말로 일본인의 모든 신앙의 바탕을 이루고 있다고 해도 과언이 아닐 것이다. 신사는 물론 불교의 사원과 민간신앙이 거의 모두 이 조상숭배에 의해서 유지되고 있다고 말할 수 있을 정도이다. 불교가 일본적으로 토착화하여 발전할 수 있었던 것은 신도의 조상숭배를 대폭 흡수했기 때문이다.

일본인들의 영혼관념에 의하면 사람이 살아 있을 때는 '생혼生魂'으로 있다가 죽으면 이것이 '사령死霊'이 되고, 그것이 오랫동안 정화 과정을 거쳐 '조령祖霊'이 된다. 사령이 조령이 되는 데는 33년이 걸린다. 즉 33년 동안 불교에 의한 제사를 지내야 하는 것이다. 죽은 지 33년이 되어야 생전의 개성을 모두 버리고 조령이 된다. 이 조령은 다시 조상신인 우지가미가 되어 신도의 제사를 받게 된다. 사령에서 조령이 되는 것을 일본에서는 불교식으로 성불한다고 한다. 따라서 일본에서는 자손들이 조상숭배를 잘 해주면 누구나 성불할 수 있는 것이다. 또 신도식으로 보면 언젠가는 모두 조령단계를 거쳐 신이 되는 것이다.

(4) 신의 기능

앞에서 본 바와 같이 일본에서는 신도와 불교의 사회적인 기능이 분화되어 있다. 현재 종교법인으로 되어 있는 일본의 신사 총수는 약 8만 1천개 정도다. 그중 신사 본청本庁이 통할하는 신사가 7만9천개, 그렇지 않은 단립単立 신사가 2천개 정도다. 종교법인으로 등록되어 있지 않은 작은 사당祠堂까지 포함하면 13만개 정도는 될 것이다.

memo

79) 현존하는 일본 최고最古의 역사서로 상 · 중 · 하 3권으로 이루어져 있다. 천황가의 연대기와 계보, 신화 · 전설 등이 중심 내용을 이룬다.

80) 720년에 완성된 일본 최고의 정사正史로 편년체로 기록되었고, 30권이다.

81) 천신지기天神地祇의 준말. 천신은 천상에서 태어나거나 천상에서 내려온 신, 지기는 하늘에서 지상에 내려온 신의 자손 또는 지상에서 태어난 신을 말한다.

각 신사에는 제신祭神이 모셔져 있는데, 제신을 분류해 보면 기기신화記紀神話에 등장하는 신, 민간신앙의 신, 해외에서 도래한 신으로 나누어 볼 수 있다. 일본인들의 다신교적인 신 관념을 잘 나타내주는 말로 '야오요로즈노카미八百万神'라는 말이 있는데, 이는 신이 무수히 많다는 의미이고 실제로는 1천명을 좀 넘는 정도의 신이 있다. 8세기에 편찬된 『고지키』의 신화에는 260명 정도의 신이 등장한다. 바다의 신, 우물의 신, 바람의 신, 나무의 신, 산의 신, 들의 신, 새의 신, 불의 신, 농산물의 신처럼 자연현상을 인격화한 신들이 대부분이다.

일본의 신들은 각각 역할이 분담되어 있다. 본래는 전지전능했을 신의 공덕神徳이 오랫동안 사람들이 그 신사에 대해 어떤 기원을 주로 했느냐에 따라 그 신의 개성과 활동 영역으로 자리 잡았을 것으로 생각된다. 가내평안을 맡아 보는 신, 출세개운을 담당하는 신, 학업성취, 교통안전, 상업번창, 풍어豊漁 기원, 병의 치유 등 그 담당하는 영역은 이루 말할 수 없을 만큼 많다.

신들도 시류에 따라 인기 있는 신과 인기 없는 신이 있다. 전국의 8만개 정도의 신사 중 대부분은 이나리稲荷신사와 하치만八幡신사, 신메이神明신사 계통이다. 이나리신사가 3만개, 하치만신사가 2만5000개, 신메이신사가 1만5000개 정도로, 이 세 신이 베스트 3에 해당한다.

▼ 후시미 이나리타이샤의 배전

이나리신사는 교토에 총본사總本社인 후시미 이나리타이샤伏見稲荷大社가 있다. 전국에 분포되어 있는 이나리 신사는 이 총본사로부터 신을 모셔다가 신사를 지은 것이다. 이나리신사는 원래는 오곡 풍요를 담당했던 농업신이었는데 지금은 상업 번창의 신덕을 가진 상업의 신으로서 인기가 있다. 전후 고도경제성장 정책에 성공하여 경제대국이 되는 과정에서 많은 기업인과 상인들이 찾았던 신사다.

▼ 우사신궁의 정문 참배길

하치만 신사는 오이타현에 우사宇佐신궁이라는 총본사를 두고 있는데, 이 신사의 제신은 오진応神천황과 진구神功황후다. 『고지키』와 『니혼쇼키』에 의하면 진구황후란 신라 정벌에 성공하고 개선했다고 기록되어 있는 여인으로 14대 오진천황의 어머니다. 그래서 하치만 신은 활과 화살의 신, 말하자면 전쟁의 신이 되었다. 메이지 이후 전쟁 때마다 출정하는 병사의 무운장구武運長久를 빌고 국가의 안녕을 빌었던 곳이 하치만 신사이다. 고대 우사지방은 동銅의 생산지로도 유명하여 한때 하치만 신은 광산과 철공업의 수호신이 되기도 했다. 그러나 현재는 전쟁신의 이미지는 약해지고, 순산順産·육아·액땜의 신으로서 신앙시되고 있다. 평화시대에 맞추어 활동영역이 축소되기는 했지만, 언제 다시 전쟁의 신으로 복귀될지 모른다.

▼ 이세신궁의 나이쿠

신메이신사는 이세伊勢신궁[82]의 나이쿠内宮를 총본사로 하여 아마테라스오미카미를 주신으로 모시는 신사로 통칭 '오이세상お伊勢さん'으로 불린다. 아마테라스오미카미는 태양을 신격화 한 신으로서 황실의 조상신이다. 따라서 초기에는 황족들이 모시는 신이었으나 시간이 흐르

memo

82) 미에현 이세시에 있으며, 아마테라스오미카미를 모시는 나이쿠와 오곡五谷을 모시는 여신인 도요우케오미카미豊受大神를 모시는 게쿠外宮가 있다.

▲신규

면서 일반신자들이 늘어나 황실의 우지가미에서 전국민적 신으로 범위를 넓혀갔다. 농경이나 상업번성의 신으로 유명하다.

또 하나 세태를 잘 반영하고 있는 유행신으로서 천신신앙天神信仰을 들 수 있다. 천신으로 스가와라 미치자네를 모시는 덴만구天满宮는 전국에 약 1만개가 있다. 실존인물로서 헤이안시대의 학자, 한시인, 정치가였던 스가와라 미치자네는 당시 모략에 의해서 후쿠오카의 다자이후大宰府로 좌천되어 그곳에서 죽었는데, 그의 원혼을 달래주기 위해 지은 신사가 덴만구다. 스가와라 미치자네는 학문·문화의 수호신인데 대학입시가 어려워지면서 수험생들에게 인기를 모았으나 시험지옥이 사라지면 어찌될지 궁금증을 자아내기도 한다. 다자이후 덴만구에는 좌천당하는 을축乙丑년생 스가와라 미치자네의 수레를 끌었다는 소의 동상이 놓여있는데, 이 소의 머리를 쓰다듬으면 지혜를 얻고, 환자의 아픈 곳과 같은 소의 부위를 쓰다듬으면 병이 완쾌된다하여 신규神牛라 불린다.

신도에서는 역사적인 인물도 신이 될 수 있기 때문에 앞으로도 일본의 신은 늘어날 것이다. 매년 정초에 행하는 첫 참배지로서 유명한 메이지진구는 메이지천황을 모시는 신사로 정월의 참배객이 300만을 넘는다. 러·일전쟁 때 일본해전에서 러시아의 발틱 함대를 침몰시킴으로써 전쟁을 승리로 이끈 해군 대장 도고 헤이하치로東郷平八郎(1848-1934)와 또 같은 시기에 제3군 사령관으로서 중국의 여순旅順을 공략했던 육군대장 노기 마레스케乃木希典(1849-1912)는 죽은 후에 모두 신이 되었다. 멀리는 임진왜란으로 우리나라를 침략했던 도요토미 히데요시도 신이 되어 도요쿠니豊国신사에 모셔져 있다.

3. 조상숭배 중심의 불교

(1) 장례 중심의 불교

일본불교를 장례식葬式 불교라고 부르는 경우가 종종 있다. 개인의 종교와는 관계없이 일반적으로 장례는 불교가 떠맡고 있기 때문에 이렇게 부르는 것이지만 이는 결코 좋은 의미는 아니다. 일종의 비판 또는 자조가 섞인 표현이다.

일본에서 장례를 불교가 떠맡게 된 것은 에도시대부터라고 앞에서 언급했지만, 사실 그 역사는 좀 더 거슬러 올라간다. 일본불교사를 불교와 장례와의 관계에 초점을 맞추어 파악한다면 고대불교와 중세 이후의 불교 사이에는 커다란 차이가 있다. 장례와의 관계가 깊어지기 시작하는 것은 중세 가마쿠라시대부터다. 고대 말기인 헤이안시대까지의 불교는 '국가진호国家鎮護'라 하여 국가의 안녕을 비는 호국불교적인 성격과 귀족들의 현세이익을 달성해주는 주술적인 성격이 강했다. 이처럼 국가불교나 귀족불교적인 성격이 강했던 고대불교가 중세에 들어와서는 개인의 영혼 구제를 목적으로 하는 불교로 바뀌면서 서민층에 깊이 파고들게 되었다.

불교가 서민층에 침투하여 토착하게 되는 계기는 장제葬祭를 통해서였다. 서민의 장제는 에신恵心(942-1017) 스님이 그의 저서인 『오조요슈往生要集』를 종교의례화한 25삼매강三昧講에서 비롯되었는데, 이는 그 후 정토종浄土宗[83]의 호넨法然(1133-1212) 스님과 그의 제자들에 의해서 계승되고 전국에 보급되었다. 중세불교는 정토교계가 장제를 떠맡음으로써 서민들 속에 뿌리를 내릴 수 있었던 것이다. 중세 봉건시대에 들어오면서 이미 국가나 귀족의 보호를 받을 수 없게 된 불교로서는 서민의 신앙에서 돌파구를 찾아야만 했다. 즉, 장례식불교의 형태로 민중화를 꾀할 수 있었던 것이다.

이처럼 일본의 불교식 장제는 정토종을 주축으로 하여 보급되었지만 선종도 역시 의례를 그에 맞게 정비해 갔다. 선종의 많은 '어록語録' 내용 중 좌선 관계의 분량과 장제 관계의 분량을 비교해 보면 임제종臨済宗[84]과 조동종曹洞宗[85] 모두 13세기 전반에는 거의 100%가 좌선에 관한 것이었으나, 14세기에는 반 이상의 분량이 장제에 관한 것이며, 특히 조동종의 경우, 15세기에는 거의 모두가 장제에 관한 내용뿐이었다.

memo

83) 아미타불 및 그가 출현할 정토의 존재를 믿고, 죽은 후 그 정토에 태어나기를 바라는 대승불교의 일파.

84) 선종의 일파로 임제를 종조로 한다. 일본에는 가마쿠라시대 에이사이栄西(1141-1215)가 들여왔다.

85) 선종의 일파로 도겐道元(1200-53)에 의해 일본에 들어왔고 좌선에 의한 수양을 강조하는 것이 특징이다.

일본의 불교 종파 중에서 정토교와 선종의 교세가 특히 강한 것은 바로 이 두 종파가 다른 종파에 비해 일반 서민의 요구에 맞추어 장제에 비중을 두었기 때문이며, 그 역사는 적어도 15세기까지 거슬러 올라간다. 14세기 초까지만 해도 일반 서민의 경우 유해를 들에 버릴 정도로 사체유기가 흔히 있었다. 15세기 이후에 불교식 장례가 서민층에 보급됨으로써 불교가 일본에 토착할 수 있었던 것이다.

(2) 사원의 종류

일반적으로 사원과 단가檀家[86]와의 결합인 사단관계寺檀関係가 에도막부의 정책에 의해서 처음으로 만들어진 것처럼 생각하기 쉬우나, 실제로는 에도시대보다 훨씬 이전에 사단관계는 이미 성립되어 있었다. 다만 막부가 이를 공식적으로 법제화한 것은 에도막부라고 보면 될 것이다.

memo

86) 일정한 절에 소속하면서 그 절에 장례식 등 불사 일체를 맡기고 시주에 의하여 그 절의 재정을 돕는 집이나 신도.

일본의 사원을 그 성격상의 차이로 구분해 보면 일본불교의 실상을 보다 명확하게 이해할 수가 있다. 일본의 사원은 크게 학문사学問寺, 기원사祈願寺, 멸죄사滅罪寺로 구분할 수 있다.

학문사는 고대 나라시대나 헤이안시대에 건립된 대사원으로 역사가 오래되고 문화재가 풍부한 사원들을 말한다. 이 사원들은 고대에는 국가나 귀족들의 보호를 받으면서 일종의 대학처럼 불교의 교의를 학문적으로 연구하는 역할을 했다.

기원사는 그 본존本尊의 영험이 널리 알려져 근세인 에도시대에 도시가 발전함에 따라 서민들의 폭발적인 신앙을 모았던 절을 말한다. 기원사는 오로지 서민의 현세이익만을 기원하는 사명을 띠고 있었기 때문에 불교 교의와는 거의 아무런 관련이 없다.

한편 멸죄사란 조상의 위패를 모시고 명복을 비는 보리사나 촌락사원 등을 일컫는데 이 역시 불교 교리와는 거리가 멀다. 특히 보리사가 일본불교 사원의 90% 이상을 점하고 있다는 사실이 중요하다. 그렇기 때문에 일본불교를 장례식불교라고 부르는 것이다.

4. 정착하지 못하는 기독교

(1) 초기 기독교

일본에 기독교가 처음 들어온 것은 문헌상으로는 8세기인 나라시대다. 『속일본기續日本紀』에 의하면 경인景人이 쇼무聖武천황(701-756)을 알현했다고 되어 있다. 경인이라 함은 경교景教의 교도를 말하는 것으로, 당시 중국 당나라에서는 네스토리우스파 기독교가 포교하고 있었는데, 이를 경교라 했다. 그러나 일본에서 실제로 포교가 이루어졌는지에 대해서는 명확하지 않다.

▼ 야마구치의 사비에르 기념 성당

이것을 제외하면 일본에 기독교(가톨릭)가 전래된 것은 전국시대인 1549년이다. 스페인의 예수회 소속 선교사인 프란시스코 사비에르 Francisco Xavier(1506-1552)는 가고시마에 상륙하여 히라도平戶, 야마구치, 교토, 오이타 등에 체재하면서 약 700명에게 세례를 주는 등 적극적인 포교활동을 했다. 포교활동 지역은 대개 규슈와 교토에 한정되었고, 그 후의 선교사도 여기에다 오사카 부근을 추가하는 정도였으나, 신자는 사비에르가 전도한 지 30년 만에 10만 명에 이르렀다. 이렇게 급격히 신자가 늘 수 있었던 것은 당시의 권력자 오다 노부나가의 보호가 있었기 때문이다. 오다 노부나가가 기독교를 보호한 것은 신앙 때문은 아니었다. 개인적인 호기심도 있었겠지만 무엇보다도 정치적인 이유에서였다. 오다 노부나가로서는 신구新旧 불교의 반대세력을 타도하고, 천하통일의 꿈을 실현하기 위해서 외래 종교인 기독교를 적극 활용할 필요가 있었다.

사비에르가 가고시마에 상륙했을 때 영주는 그를 환영하고 전도를 허용했으며 주택까지 제공했다. 히라도에서도 야마구치에서도 영주의 환영을 받았다. 영국領国지배를 둘러싸고 사투를 벌이고 있었던 규슈의 다이묘들로서는 포르투갈 상인을 상대로 하는 남만南蛮무역[87]에서 얻는 막대한 이익은 커다란 매력이었다. 그래서 그들 중에는 스스로 기독교에 귀의하고 선교사의 포교활동을 적극 지원하는 사람도 있었다. 1579년에는 기독교에 귀의한 다이묘가 나가사키항을 예수회에 기증하기도 했다.

그들은 처음에 신앙대상을 '대일大日'이라고 했기 때문에 많은 불교도들은 인도에서 새로운 불교가 들어왔다고 생각하고 이를 환영했다. 대일은 물론 밀교인 진언종真言宗[88]에서 말하는 대일여래大日如来의 약자로 일본인들에게는 이해하기 쉬운 불교용어였다. 그러나 대일여래는 우주 자체는 될지언정 그 우주를 창조한 것은 아니기 때문에 기독교의 데우스Deus[89]와 똑같은 개념일 수는 없었다. 그래서 사비에르는 포교 2년여 만에 대일이라는 용어를 버리고 라틴어 그대로 데우스를 사용하기로 했다.

그는 처음부터 불교와 타협할 생각은 없었다. 불교 쪽에서는 기독교의 가르침도 결국은 자기들의 생각과 같을 것이라고 생각하고 그에게 접근하여 기독교의 종교철학에 대해서 알려고 했다. 그러나 사비에르는 불교를 악마의 가르침으로 보고 그 교리 내용을 알려고도 하지 않았다. 신도에 대해서도 1552년에 일본에 온 포르투갈 선교사 발타자르 가고Balthasar Gago(1515－83) 는 "일본에서는 악마를 숭배하고 있다. 일본인은 그 악마가 나쁜 줄을 알면서도 두려움 때문에 이를 모시고 있다." 고 보고서에 쓰고 있다. 일신교인 기독교의 입장에서는 불교도 신도도 악마의 종교였던 것이다.

그러나 무학문맹인 서민 중에는 밀교에서 가지키토加持祈祷[90]로 병을 고칠 수 있다고 믿는 것처럼 십자가로 병의 부위를 쓰다듬는다든가 성상聖像을 물에 담갔다가 그 물을 마시면 낫는다고 생각하는 사람도 많았다고 한다. 그 밖에 기존 세력에 불만을 가진 자 중에 기독교에 귀의하는 사람도 나중에는 점차 늘어났다. 도요토미 히데요시에 이르러서도 교세는 점점 확장되어 다이묘, 무사에서 상공인, 농민에 이르기까지 각지에 신자 조직이 생기고 도요토미 히데요시의 측근 다이묘인 고니시 유키나가마저도 기독교에 귀의하게 되었다.

memo

87) 무로마치시대에서 에도 초기에 걸쳐 남만선이라고 불리는 포르투갈과 스페인 선박과 이루어졌던 교역. 일본은 주로 금, 은, 동을 수출하고, 철포, 화약, 생사 등을 수입했으나 17세기 들어 쇄국정책에 의해 단절되었다.

88) 9세기 승려 구카이空海가 중국에서 들여왔다. 중국의 밀교에 기반을 두고 있는 이 종파는 현재의 몸이 그대로 부처가 된다는 즉신성불 即身成仏을 주장함과 동시에, 한편으로는 현세이익을 추구하는 데에 그 특색이 있다.

89) 천제, 천주, 신이라는 뜻의 라틴어

90) 주문을 외면서 부처에게 가호加護를 비는 행위.

(2) 기독교 금지

▼ 예수회 기독교의 후미에

민중 사이에 기독교가 번져나가자 도요토미 히데요시는 장차 기독교가 자신의 통치에 방해가 되리라고 판단했는지 1587년 규슈 정벌을 마치고 돌아오는 길에 하카타에서 갑자기 기독교 금지령을 내렸다. 우주의 창조주인 데우스를 전지전능한 유일 최고의 신으로 받드는 기독교 신앙이 현세의 모든 권력을 부정하기 때문에 그 같은 우려는 충분히 생각할 수 있었었다.

그러나 기독교 금교령을 내렸을 당시에는 선교사들에게 겁을 주는 정도로 포교는 묵인되었다. 기독교도 26명이 나가사키에서 처형되는 극단의 사태는 금교령이 내려진 지 9년 후인 1596년 11월에 일어났다. 그 배경으로는 그해 9월에 도사土佐에 도착한 스페인선 훼리페 호 함장의 실언을 생각해 볼 수 있다. 그는 자기 나라의 강대함을 뽐내며 군대를 파견하여 침략할 것이라고 말했다.

도요토미 히데요시를 이은 최고 권력자 도쿠가와 이에야스도 처음에는 무역을 중시하여 기독교를 묵인하다시피 했다. 그래서 도쿠가와 막부가 개설된 1603년 무렵은 기독교의 최전성기로서 선교사가 로마 교황청에 보고한 바에 따르면 그 당시 신자는 70만 명을 넘고 북쪽으로는 홋카이도에 이르기까지 전국의 요지에 교회가 세워졌다. 교회의 활동도 학교, 병원, 고아원의 경영과 농번기 농촌에서의 탁아소 운영, 빈곤층을 위한 순회 의료활동 등이었다.

그러나 도쿠가와 이에야스의 측근들은 일본이 신국神国으로 불법을 존중해야 함과 기독교가 무서운 마법임을 강조하면서 기독교에 대해 금교 조치를 취할 것을 권했다. 1613년 말에 전국에 걸친 금교령이 내려지고 다음 해 9월 148명의 신자를 마닐라, 마카오 등지로 추방했다. 도쿠가와 이에야스가 죽고 난 이후 막부는 봉건지배 강화를 위해 금교령을 더욱 강화하여 17세기 중반에 이르기까지 유혈로 물든 처참한 박해와 순교의 역사가 전개되었다.

1619년에는 교토에서 60명의 신자가 화형에 처해졌고, 1628년부터

는 신자가 많은 나가사키에서 신자가 아님을 증명하게 하기 위해 예수나 마리아상의 판화를 밟고 넘어가게 하는 '후미에踏み絵'도 매년 행해졌다. 1637년 기독교의 거점이었던 규슈의 시마바라島原반도와 아마쿠사天草에서 기독교 농민을 중심으로 무거운 세금과 폭정에 항거해서 일어났던 '시마바라의 난島原の乱' 때에는 붙잡힌 신자를 불태워 죽이거나 유황이 끓는 운젠雲仙의 화산 계곡에 던져 넣거나 바다에 수장시켰다. 시마바라의 난이 진정된 후에도 신자의 검거와 처형은 계속되었으며 상금을 걸어 밀고하게 하는 등 신자의 색출을 철저히 했다. 이렇게 해서 17세기 말에는 적어도 표면상으로는 신자가 모두 모습을 감추어 버렸다.

▼ 관음보살로 위장한 성모마리아상

(3) 일본식 기독교의 정착

아무리 철저한 탄압이라도 기독교 신자들을 근절하지는 못했다. 그들은 홋카이도를 포함한 전국에 잠복했으며 신자가 가장 많았던 규슈 북서부의 농어촌에는 기독교 신자의 촌락 공동체 조직이 살아남아 그들의 신앙을 몰래 지켰다. 잠복한 신자들은 성모마리아를 관음보살로 위장시키기도 했는데, 숨은 기독교 신자라는 뜻으로 '가쿠레 기리시탄隠れ切支丹'이라 불렸다.

가쿠레 기리시탄은 그 후 200여 년이 지난 메이지 원년(1868)에 나가사키의 우라카미우라浦上村에서 153명이 붙잡혔고, 1873년에 겨우 42명만이 살아남아 자기 고향으로 돌아갈 수 있었다. 그들은 변경지대나 섬에 몇 세대 동안 고립되어 기독교의 교의와 의례를 지키려 했으나 본래의 가톨릭에서는 아주 멀어졌다. 그 사이에 구전된 라틴어의 기도문이나 교회 용어는 거의 의미를 알 수 없는 주문처럼 되어버렸고, 내세의 구원, 조상숭배, 현세이익 신앙이 함께 섞인 독자적인 종교가 되었으며, 신도인 우지가미신앙과 결합된 예도 있었다. 메이지 정부도 처음에는 가쿠레 기리시탄 금령禁令방침을 고수하려 했으나 결국은 1873년에 이를 해제할 수 밖 에 없었다. 문명개화운동을 추진하고 국제사회에 진출하기 위해서는 기독교를 계속 거부할 수 없었던 것이다. 기독교 금령이 해제된 이후 가톨릭 교회계, 프로테스탄트 교회계, 러시아의 동방정교회東方正教会[91]계는 각기 적극적인 일본 진출을 꾀했다. 그중에도 특히 프로테스탄트계의 활약이 두드러졌다.

1880년대에는 최초로 프로테스탄트의 전국적인 발전기를 맞이했다. 이때는 자유민권운동이 활발하게 전개되었던 시기로 신자 중에는 자유민권운동의 지도자로서 사회개혁 운동에 참여한 자도 있었다. 이 같은 움직임은 자유민권운동이 쇠퇴한 이후에도 계속되었다. 사회주의 운동, 노동운동에도 깊이 간여했기 때문이다. 아베 이소오安部磯雄(1865-1949)·기노시타 나오에木下尙江(1869-1937)와 같은 기독교 사회주의자는 기독교의 이상을 사회주의를 통해 실현하고자 했다. 기독교 단체들은 고아원·의료기관 경영, 심신장애자 교육과 같은 사회사업에 힘을 쏟았다. 기독교 신자수도 급격히 증가했다. 1900년에 3만7000명이었던 신자가 이듬해에는 5만 명, 1904년에는 6만6000명이 되었다.

이처럼 기독교 신자가 증가하고 지방도시, 농촌까지 진출하게 된 데에는 메이지유신 이후의 근대 교육의 영향도 있다. 특히 도시의 샐러리맨을 중심으로 한 중산 지식계급의 형성이 중요한 의미를 갖는다. 그러나 이와 같은 기독교의 발전도 일본의 급속한 군국주의화와 더불어 벽에 부딪히게 되었다. 전후 일본 기독교는 점령당국의 지원에 의해 갑자기 신자 수가 증가하는 등 한때 번창하는 듯했으나 점령종식과 더불어 또 다시 하향의 길을 걸어 현재에 이르고 있다.

memo

91) Eastern Orthodox Church. 비잔틴제국의 교회를 기원으로 한다. 1054년 로마가톨릭 교회와 분리하여 성립한 동방 교회의 총칭이다. 콘스탄티노플(현재의 이스탄불)의 총교주를 명목적인 수장으로 하며, 그리스 정교회, 러시아 정교회 등 각 교회는 완전히 독립해 있다.

5. 민속종교로서의 신종교

(1) 발생과 전개

신종교란 가장 간단하게 말하면 근대 이후에 출현한 새로운 타입의 종교라고 말할 수 있다. 새로운 타입이란 의미는 전통적인 신도나 불교, 기독교 등에 사로잡혀 있지 않다는 뜻이다. 신종교라는 말 이외에 '신흥종교'라는 말도 있는데, 이는 교조가 살아있는 경우로 만사가 교조 중심으로 처리되는 것이 특징이다. 종교학의 입장에서 보면 불교건 기독교건 처음에는 신흥종교로 출발했다. 그런 의미에서는 막부 말기 3대 신종교로 불린 구로즈미黒住교[92], 곤코金光교[93], 덴리天理교는 이미 신흥종교는 아니다. 또한 신흥종교란 용어는 매스컴이나 저널리즘 등에서 '기성종교보다는 약간 가치가 떨어지는 종교'라는 뉘앙스로 많이 쓰이어져 왔기 때문에 연구자들 사이에서는 잘 사용하지 않는다. '신 · 신종교'라는 용어도 쓰이고 있는데, 이는 주로 1970년대 이후에 출현한 신종교를 그 이전의 신종교와 구분하기 위한 것이다.

신종교는 성립시기로 말하면 19세기 전반부터 시작되는데, 발생 · 전개와 관계있는 사회적 배경은 여섯 단계로 나눌 수 있다.

제1기	막부 말기-제국헌법 발포(1889)
제2기	제국헌법 발포-러 · 일 전쟁(1905)
제3기	러 · 일 전쟁-쇼와 공황(1930)
제4기	쇼와공황-패전(1945)
제5기	패전-제1차 석유 위기(1973)
제6기	제1차 석유위기-

각 시기마다 특징적인 현상이 있다. 제1기에는 신도계 신종교의 활동이 두드러지고, 제2기에는 덴리교 등이 급성장했으며, 제3기에 오모토大本[94], 혼미치ほんみち[95] 등이 세상 바로잡기 운동을 전개했다. 제4기에는 엄격한 종교 통제 하에 많은 종교운동이 발생했고, 제5기에는 수많은 교단이 독립하고 그중 일부는 단기간에 대교단으로 발전했다. 제6기에는 주술적인 신종교의 활동이 두드러졌는데 이 시기의 신종교를 그 이전의 신종교와 구분해서 신 · 신종교라 부르기도 한다.

또 교의, 의례 등의 특질에 주목해서 신도계 신종교와 불교계 신종교로 나누어 볼 수도 있다. 신종교에 따라서는 신불습합적인 것도 있고, 극히 소수이긴 하지만 기독교계 신종교도 있다. 조직규모도 다양해서 공명당公明党의 모체인 창가학회創価学会처럼 전국에 걸쳐 5백만 정도의 신자수를 확보하고 있는 거대한 교단도 있고, '예수의 방주方舟'처럼 20-30명의 소집단도 있다.

전후의 신종교계에서는 전전의 국가신도 체제하에서 신종교의 주류

memo

92) 아마테라스오미카미를 신앙의 중심에 두고 신인神人합일을 지향한다.

93) 신에게 무례하게 굴지 말고 신의 뜻에 따라 행동하면 자연히 신은 인간을 돕는다. 또 인간을 구원하는 것이 신의 존재의의이기도 하다.

94) 병의 치유, 예언, 집단적 신내림 등을 통해 교세를 확장해갔다.

95) 국가신도에 종속해 있던 당시의 덴리교를 비판하며 분파 독립한 것으로 천황제를 부정하여 전전에 두 번의 탄압을 받았다.

를 이루었던 신도계에 대신해서 레이유카이靈友会나 창가학회 등 법화·일련日蓮계의 재가在家종교[96)]가 가장 유력해졌다.

(2) 오늘날의 양상

▼도쿄 신주쿠의 창가학회 본부

신종교는 각각 독자적인 운동으로 시작되었지만, 특정 교단에서 분파되거나 강한 영향을 받아 성립하는 경우도 많다. 이런 경우엔 조직 형태나 교의, 포교 방법에 있어서 상당한 유사성이 있다.

오늘날 포교 활동이 활발한 신도계 신종교 중 상당수는 넓은 의미에서 오모토계에 속한다. 오모토계의 영향으로 세이초노이에生長の家[97)], 세계구세교世界救世教[98)] 등이 생겨났는데, 세계구세교에서 다시 많은 교단이 분파했다. 오모토는 메이지 말기에서 쇼와 전기에 걸쳐 교세를 넓혔는데, 1935년 두 번째 탄압 때를 전후해서 분파가 생겼다.

텐리계도 분파에서 다시 분파되는 구조로 되어있다. 텐리로부터의 직접적인 분파교단도 있지만, 혼미치와 같은 분파교단에서 다시 분파교단이 생기기도 한다. 텐리교의 분파는 교주인 나카야마 미키中山みき(1798-1887)가 사망한 1887년 이후 산발적으로 일어나고 있다.

불교계 신종교로 커다란 그룹을 형성하고 있는 것은 레이유카이계다. 레이유카이계의 교단은 직접적인 분파가 많다. 전전의 제1차 분파 때 릿쇼고세이카이立正佼成会가 결성되었고, 전후에는 1950년을 전후해서 집중적으로 분파가 생겼다. 레이유카이의 교의와 의례에서는 조상에 대한 공양供養이 가장 중시된다. 기성불교 종파 중에서는 일련종과 깊은 관련이 있으며, 법화경에 대한 신앙이 중시되고 있다.

이 밖에 비교적 소규모의 교단에 속하는 신종교로 GLA(God Light Association)계를 들 수 있다. 교조인 다카하시 신지高橋信次(1927-1976)가 죽고 난 후 그의 영향으로 몇 사람이 각자 독자적인 활동을 개시했다. '행복의 과학'도 그의 영향을 받은 분파교단의 하나다.

교단이 성립되어 시간이 흐르고 규모가 커지다 보면 분파가 생기거나

memo

96) 출가하여 승려가 되지 않고 속인의 입장에서 신앙하는 불교.

97) 우주를 영원히 흐르는 생명이 현재화 한 것으로 보고, 모든 종교는 같은 교의를 설파하고 있다는 입장에서 각종 종교나 사상을 받아들여 교의를 체계화 했다.

98) 신앙 치료를 통해 병, 가난, 싸움이 없는 지상천국 건설을 지향한다.

영향관계에 있는 교단이 생기기 쉽다. 그러나 창설된 지 1세기 이상 지나고 조직도 상당히 큰 교단이면서 분파나 영향관계가 거의 없는 것도 있다. 이를 단독형 교단이라고 부를 수 있는데, 창가학회, 구로즈미교, 곤코교 등이 그것이다. 이 신종교들도 부분적으로는 신도나 불교, 또는 선행 신종교의 영향이라고 지적할 수 있는 점이 전혀 없는 것은 아니나 명확한 분파 · 영향 관계를 형성하고 있지는 않다.

신종교의 교단 수는 700개에 가까운데, 그 대부분은 신자가 수백에서 수천 정도 밖에 되지 않는 지방적 교단이다. 전국적인 규모를 지니고 있는 30여개의 교단 중에서, 덴리교, 레이유카이, 세이초노이에, PL(Perfect Liberty)[99], 릿쇼고세이카이, 창가학회 등은 백만을 넘는 신자수를 공칭하면서 활발한 행동조직을 가지고 커다란 사회적 영향력을 가지고 있다. 신종교는 전체로서는 9백만 명 정도의 국민을 확실하게 조직하고 있는 것으로 추정된다.

memo

99) '인생은 예술'이라는 모토 아래, 사람들이 자신의 진정한 개성을 세상 사람들을 위해 발휘하여 세계 인류의 영원한 평화와 복지를 위해 공헌할 것을 주장한다.

(3) 성격

신종교는 전체적으로 보아 대중종교 · 민중종교의 성격을 띠고 있다. 우선 교의 면에서 생활과 밀착되어 있고 현실 생활을 중시하는 내용으로 되어있기 때문에 기성종교와는 달리 어렵지 않다. 또한 시대의 영향을 많이 받는 특징을 가지고 있어 문제를 현실적으로 해결하는 측면도 있지만, 현실과 쉽게 타협하는 측면도 있다. 신종교는 보통 사람이 어느 날 갑자기 신이 들리거나 영감을 받아 신이 되거나 교조가 되는 경우가 대부분이다. 일본의 신종교에서는 추상적이고 초월적인 신보다는 민중에게 알기 쉬운 구체적인 신이 환영을 받는다. 즉 전전에 천황을 현인신現人神으로 받들었던 것처럼 구체적인 인물(교조)을 살아있는 신生き神様으로 숭배하는 것이다. 이는 샤머니즘의 영향이라 생각한다.

신종교에서는 사업의 실패, 병고病苦 등 갖은 고난과 좌절을 체험한 사람만이 교조가 될 수 있다. 따라서 상류 지배층이나 엘리트층에서 교조가 나오는 경우는 거의 없고, 민중 속에서 민중의 기대에 부응하여 출현하는 것이 보통이다. 신종교에서는 초능력이나 기적의 힘을 주장하는 경우가 많은데, 특히 70년대에 출현한 신 · 신종교에서는 더욱 그렇다. GLA 교단을 위시하여 신 · 신종교의 대표적인 교단으로는 아곤슈阿含宗, 마히카리케真光系교단, GLA교단을 들 수 있는데, 이들은 모두 영술靈術을 중시한다.

아곤슈는 인간의 불행은 전생에서의 나쁜 인연과 성불하지 못한 조상의 영靈때문이라고 보고, 아곤경阿含経에 의해 이 인연을 끊어야 한다고 말한다. 마히카리케교단도 병의 원인의 80%가 영에 있다고 보고 이를 제거하기 위한 영술을 강조하고 있다. GLA교단도 '영도靈道를 여는 실험'을 한다면서 영술을 강조하고 있다. 이처럼 신·신종교는 영술을 중시하는 것이 특징이기 때문에 영술계 신종교라고 부르는 학자도 있다.

심화학습

1. 현대 일본인은 일상생활에서 어떠한 형태로 신도를 믿고 있는지 알아보자.
2. 일본에서 신종교가 성행하는 이유에 대해 생각해 보자.
3. 한국에서는 기독교가 융성하고 있는데 일본사회에 기독교가 뿌리내리지 못 하는 이유를 살펴보자.

참고자료

김태정 외『종교로 본 동양문화』역민사 2002

――――『일본인의 삶과 종교』제이엔씨 2007

岩井宏実 監修『日本の神々と仏』青春出版社 2002

島田裕巳『よくわかる！日本の新宗教』笠倉出版社 2009

村上重良『日本の宗教』岩波書店 2009

사진 · 그림

① http://isiguro.net/?p=5923

3부
사회

1장 가족

일본의 가족이나 가족제도의 현재의 모습은 한국과 크게 다르지 않다. 이것은 일본의 가족이나 가족제도를 이해할 필요가 없다는 의미가 아니라, 일본의 가족이나 가족제도에 관한 과거와 현재의 모습을 이해하면 한국의 가족이나 가족제도에 관한 현재와 미래를 이해할 수 있다는 의미이다. 즉 일본을 보면 한국의 미래가 보인다.

고도경제성장기를 지나 남녀 모두 고학력화한 일본에서 종래의 부부의 모습은 크게 변용하고 있다. 예를 들면 남편은 밖에서 일하고, 아내는 집에서 가사와 육아를 한다는 고정적 성별분업현상은 약화되고 여성은 취업이나 캐리어를 추구하여 사회에 적극적으로 참가하고 있다. 과거와 같은 남성 중심의 가부장제 모습은 상당부분 자취를 감추고, 부부 대등형 가족 지향이 큰 폭으로 증가하고 있다. 이러한 동향에 대응하지 못하는 장년 부부 사이에는 높은 이혼율이 보이기 시작했다. 또한 새로운 형태의 가족도 등장하고 있다.

왜 이러한 현상이 일어나고 있는가? 그 대답을 얻기 위해서는 일본의 가족제도의 역사를 살펴보고 가족 형태의 변화도 이해할 필요가 있다. 또한 저출산과 고령화에 관한 검토와 이에 대한 정부의 대책도 알아야만 한다. 왜냐하면 현대 일본의 가족의 모습이나 가족이 직면하고 있는 문제는 개인, 가족 차원의 문제가 아니라 사회나 국가차원의 문제이기 때문이다.

1. 가족제도의 과거와 현재

(1) 가족제도의 역사

가족이란 거주를 함께 하는 하나로 통합된 친족집단을 의미한다. 또한 출산에 의해 생겨난 부모와 자식이라는 유대관계, 그것에 의해 연결되어 있는 혈연집단을 기초로 한 소규모 공동체가 가족이다. 가족제도란 가족의 구성이나 기능에 관한 법률, 관습, 도덕 등 규범의 총체를 말한다. 가족제도는 농경생활과 함께 정착생활이 시작되고 사유재산의 축적과 지배 · 피지배층의 계층 분화가 발생하면서 등장했다. 즉 가족제도는 사유재산 또는 신분이 세습화되고 계승되는 시기에 형성되었다고 볼 수 있다.

일본 가족제도의 시작은 지배계층을 중심으로 일정한 형태의 가족제도가 등장한 헤이안시대부터라고 할 수 있다. 이때는 일족一族 중에서 가장 유능한 자손을 본가本家의 양자養子로 삼아 호주의 권리와 의무인 가독家督을 계승하게 했다. 무사계층이 지배계급으로 등장하는 가마쿠라시대에는 무가의 경우 헤이안시대와 같이 장자 또는 적자嫡子의 구별 없이 가장 유능한 자손을 가독으로 임명했고, 분할 상속제가 이루어져 여성에게도 재산권과 상속권이 인정되었다. 에도시대에는 엄격한 신분제도와 가부장적 가족제도가 도입되었다.

메이지유신 이후 1870년에 평민들에게 성씨가 허용되고 1872년에 근대적 호적제가 시행되면서 모든 일본인은 하나의 '이에家'에 속하게 되었다. 메이지유신에 의해 근대적 국민국가 시스템을 구축한 메이지 정부가 일본은 절대 권력의 천황가를 종가宗家로 하는 만세일계万世一系의 가족국가라는 이데올로기를 정착시키기 위해, 신분제를 폐지하고 모든 국민들에게 호적제를 시행해 호주의 권위와 권한을 강화하는 가부장제적인 이에제도를 도입했던 것이다. 이러한 호주권한의 강화는 일본 국민에 대한 천황가의 절대 권력이 인정되는 것과 유사한 원리였다. 천황가의 권위가 국민들에게 인정되고 천황을 중심으로 국민을 통합시켜 가는 과정에서 부계가장父系家長 즉, 호주를 중심으로 한 엄격한 위계질서의 가족제도가 필요했던 것이다.

(2) 전후의 가족제도 개혁

1945년 패전 후, 천황주권의 메이지헌법이 폐지되고 민주주의적, 평등주의적인 주권재민의 일본국헌법이 도입되었다. 1947년 5월 3일 새로운 일본국헌법이 시행되자, 이 헌법의 기본 정신에 어긋나는 실정법들은 개정 또는 폐지되었다. 그에 따라 메이지헌법체제 하에서 제정되었던 민법도 신헌법의 정신에 합치되는 방향으로 개정되어 1948년 1월 1일부터 시행되기에 이르렀다. 특히 가족제도와 직접적으로 관련된 친족편과 상속편은 전면 개정되어 일본의 가족제도는 새로운 이념을 기초로 출발하게 되었다.

개정된 민법의 골자는 호주에 의해 통솔되어 온 대가족제도로서의 이에제도를 폐지하고 부부중심의 근대적인 혼인가족제를 채용하여 가족관계에서 개인의 존엄과 남녀평등을 관철시키는 것이었다. 민법개정에 의해 이에 및 호주에 관한 규정이 폐지됨에 따라 결혼과 가족에 대해 전전戦前과는 다른 의미가 부여되었다. 우선 과거에는 결혼에 의해 아내가 남편의 이에에 들어가 남편 호적에 등록되었는데, 개정 민법에서는 결혼을 하면 부부가 새로운 호적을 만들 수 있게 되었다. 이는 부자관계중심의 수직적인 직계 가족에서 부부중심의 근대적 핵가족으로 가족의 기본 관념이 변화된 것을 의미했다. 단, 가족공동체의 관념은 유지되어 부부는 동일 호적에 기재되며 부부와 그 자녀 등 동일 호적에 기재되는 구성원은 동일한 '씨氏'를 칭하도록 하였다.

새로운 헌법과 민법에 제시된 가족규범과 가족상은 서구적 근대 핵가족으로, 전후 일본의 가족은 제도적인 차원에서 중대한 변화를 겪게 되었다. 즉 개인보다는 가족집단을 우선시하고 강력한 가장의 권력과 권위적인 질서에 의해 유지되어온 이에에서, 구성원들 개개인의 존엄성과 평등, 서로간의 애정과 협력을 중시하는 근대적인 가족으로 변화되었던 것이다. 이에제도의 폐지는 일본사회의 근대화, 민주화의 원점으로 여겨졌다.

그러나 경제적인 기반 등 현실의 삶의 조건에 근본적인 변화가 없는 상황에서 가족제도의 개혁과 새로운 이념의 계몽이 곧 가족생활과 의식의 변화로 이어지는 것은 아니었다. 현대 일본의 가족생활은 전쟁으로 인한 생활기반의 파괴와 수많은 인명피해에 따른 가족의 이별 등 혼란상황 속에서 생존의 위협과 정신적인 고통 속에서 출발했다. 가족 구성원들에게는 파괴된 가족의 일상을 회복하고 생존을 확보하는 것이 무엇보다도 시급한 과제였다. 전통적인 가족이 변화되어 현대 일본의 전형적인 가족의 모습이 형성되는 것은 고도경제성장기에 이르러서이다.

2. 가족형태의 변화

(1) 핵가족의 증가

고도경제성장기에 접어들어 현대 일본의 전형적인 가족의 모습이라 할 수 있는 부부본위의 핵가족이 증가했다. 그러나 구미의 가족처럼 완전한 형태의 부부본위가 아니라, 근본적으로는 전통적인 일본가족의 특질을 갖추고 있다는 점에 주목할 필요가 있다. 예를 들면 일본 가족의 중핵을 이루는 것은 부부보다도 오히려 친자親子다. 부부간의 호칭도 자식중심으로 이루어져 있고, 교육을 비롯하여 가족 안에서 차지하는 자식의 의미는 크다. 변화의 모습이 보이긴 하지만, '남자는 바깥일 여자는 집안일'이라는 전통적인 성별역할분업도 아직은 지배적이다. 그 결과, 가사 · 육아는 여성의 책임으로 보는 경향이 강하고 이 점에서 구미의 가족과 크게 다르다.

대가족과 핵가족의 구성

일본의 가족제도가 핵가족 중심으로 변화하고, 핵가족화가 가족 근대화로 이해되고 있는 이유는 다음과 같이 정리할 수 있다.

첫째, 도시화의 진척을 꼽을 수 있다. 1950년대 후반에서 1960년대에 걸쳐 급속한 경제성장으로 도시부에 많은 일자리가 만들어짐에 따라, 젊은이들은 일자리를 찾아 농촌에서 도시로 이동했다. 당시 기업들은 많은 단순 노동력을 필요로 했기 때문에 중졸 혹은 고졸자들이 대거 취업을 하게 되었다. 이들은 대개 도시에서 결혼하여 가정을 꾸렸다. 1960년대까지만 하더라도 형제자매의 수가 많아 적어도 그중 한 명은 고향에서 부모를 모시고 집안을 이어갈 수가 있었기 때문에 젊은이들은 도시에서 가정을 이루고 정착하였다.

둘째, 전통적 이에제도가 기능적으로 적합했던 자영업 가족의 범위가 급속한 산업화로 인해 축소되었기 때문이다. 즉 도시 노동자 가족과 신중간층[1] 가족은 가산家産을 소유하지 않았고 구성원 자체가 노동력이 될 필요가 없었다. 이와 같은 가족은 구성원의 애정을 통한 감정적 융합이 필요한 핵가족에 기능적으로 적합했던 것이다.

둘째, 근대화의 진행과 함께 민주화를 요구하는 국민 의식이 점차 강해져 가부장제에서의 가장家長의 전제적 지배는 더 이상 수용되기 어려워졌기 때문이다. 이에제도는 결혼한 젊은 부부의 자유를 속박한다. 따라서 젊은 부부는 가장의 권력이라는 속박에서 벗어나 독립세대가 되길 바랐던 것이다.

셋째, 근대화가 여성해방을 가져왔기 때문이다. 젊은 여성의 발언권이 강해지면서 전통적 이에제도에서와 같은 며느리의 시부모에 대한 종속은 받아들여지지 않았다. 특히 한 집안에 둘 이상의 주부가 존재하는 것이 가계家計의 자유로운 운영을 방해한다고 생각하는 젊은 부부들이 독립세대를 원하게 되었다.

넷째, 전통적 이에제도가 집단중심이고 개인중심은 아니었기 때문이다. 이에제도 하에서는 이에의 존속을 위해 개인의 요구 충족은 희생될 수밖에 없었다. 가장조차도 가산이 자기 것이라기보다 자손을 위해 일시적으로 맡아 둔 것이라고 생각했다. 이와 같이 이에제도에서 모든 성원은 이에의 존속과 발전을 위해 봉사할 수밖에 없었기 때문에 이에제도로부터의 해방 요구가 핵가족으로 이어졌다고 볼 수 있다.

다섯째, 근무지의 잦은 이동을 가져온 근대 산업사회의 기능적 요구 때문이다. 부모와 자식이 함께 살기 어려운 경우가 점점 늘어나 이러한 현상이 핵가족의 증대를 가져왔다고 볼 수 있다.

memo

1) 자영농가나 중소상공업자 등의 구중산계층에 대해 자본주의의 발달에 따라 증가한 전문 · 관리 · 판매 등의 업무에 종사하는 화이트칼라층. 농촌부에 집중되어 있는 구중간층은 많지 않지만 생산수단을 소유하고 있는데 반해 도시부에 집중되어 있는 신중간층은 생산수단을 사유하고 있는 자본에 고용되어 있다.

(2) 새로운 가족형태의 등장

20세기 후반이 되면서 기존의 가족개념을 크게 동요시키는 변화가 세계적으로 주목을 받았다.

첫째는 싱글로 불리는 독신주의자의 증가다. 독신주의자란 단순히 결혼부정론자가 아닌, 말하자면 결혼 적령기나 제도적인 결혼을 인정하지 않는 사람들을 말한다.

둘째는 그 연장선상에서 대두한 사실혼 부부가족도 증가하고 있다. 스웨덴에서는 1970년대부터 혼인신고를 하지 않고 동거하는 남녀가 증가하여 스웨덴 전체 부부에 대한 비율이 약 10%를 차지하기에 이르렀다고 한다. 덴마크에서도 같은 경향을 볼 수 있는데 1970년대 후반에는 이러한 부부가 차지하는 비율이 25%를 넘어섰다 한다. 그 결과는 '비적출자非嫡出子'[2]의 출산 급증으로 이어졌다. 1975년 시점의 스웨덴에서는 총 출생아수의 32%, 70년대 전반의 미국, 캐나다에서는 12%, 영국, 프랑스, 서독에서는 각각 7% 전후가 비적출자였다고 한다.

가족개념의 동요를 가져온 세 번째 경향은 편부모가족의 증가다. 미혼모의 증가와 함께 이혼의 증가에 의한 부자가족이나 모자가족의 증가가 편부모가족의 증가에 영향을 미치고 있는 것이다. 이전에는 편부모가족이 결손가족이라 불린 적도 있었지만 오늘날의 유럽에서는 다양한 가족의 존재를 인정하는 경향이 확대되면서 편부모가족도 한 가지의 가족형태로 시민권을 획득하고 있다고 볼 수 있다.

위와 같은 세계적인 변화와 거의 동일한 형태로 일본에서도 다양한 가족형태가 등장하고 있다. 예를 들면, 딩크족, 편부모 가족, 재혼가족 등이 그것이다.

딩크족[3]은 각 개인의 취미 활동이나 부부사이의 행복과 만족에 큰 비중을 둔다. 딩크족 증가의 주된 이유는 양육비 및 과도한 교육비, 육아시설의 부족 등이 꼽힌다. 그 외에도 출산과 양육을 중요한 가치로 생각하지 않거나 노후 대책을 위한 준비 등을 이유로 딩크족이 되는 경우가 증가하고 있다.

배우자와의 사별이나 이혼율의 증가로 편부모 가족도 증가하고 있다. 편부모 가족들이 보편적으로 직면하는 문제로는 부모가 모두 있는 가족에 비해 상대적으로 불안정한 부모의 역할과 사회적인 편견 및 선입관, 이로 인해 아이들이 받게 되는 부정적인 심리적 영향 등을 들 수 있다. 또한 모자母子가족인 경우에는 경제적인 면의 부담을, 부자父子가족인 경우에는 가사의 부담을 느끼고 있다고 한다.

이혼 증가와 함께 재혼 비율이 상승하면서 재혼가족도 증가하고 있다. 일본의 경우 특히 남성에 비해 적었던 여성의 재혼 비율이 현저히 증가하고 있다. 이에 따라 이혼 및 재혼에 재혼에 대한 인식도 변화하고 있다.

그런데 이러한 가족의 변화에 대해 가족의 붕괴로 보는 경향과 가족의 다양성을 인정하는 경향이 경합하고 있다. 전자의 논리는 바람직한 가족을 만들기 위해서 특정한 형태가 요구된다는 것이다. 구체적인 예

memo

2) 비적출자란 사실혼 사이에 태어난 자子로, 혼인 외의 출생자를 의미한다.

3) 무자녀가족을 의미하는 딩크족(DINKs/Double Income No Kids)이란 아이를 가지지 않고 살아가는 것을 선택한 맞벌이 부부를 가리킨다.

를 든다면 제1차 사회화 집단이라는 가족의 기능에서 볼 때, 자녀가 적어도 3명은 있어야 한다는 의견이 그것이다. 인간이 사회생활을 함에 있어서 타인과의 커뮤니케이션은 필수적이며, 이를 습득하기 위해서는 가정에서의 사회화 교육이라는 방법이 효과적이기 때문에 새로운 가족의 형태는 가족의 붕괴라는 것이다. 후자의 논리는 특정한 형태의 가족만이 바람직하다고 말할 수 없다는 것이다. 어떤 형태의 가족이든 그 구성원이 만족감과 행복을 느낀다면 바람직한 것이며, 이상적인 가족이라고 할 수 있다는 것이다. 중요한 것은 그 가족의 외형이 어떠한가가 아니라 인격 존중과 사랑을 기반으로 구성원이 자아발전과 자아성취를 이룰 수 있는가 이기 때문이라고 강조한다.

3. 가족이 직면한 문제

고도경제성장기 이후 일본에서는 가족에 대한 우려의 소리가 끊이지 않고 있다. 왜곡된 가족관계, 가족 구성원간의 단절과 소외, 늘어나는 이혼율, 가정 내 별거, 폭력 등은 가족 '붕괴'와 '해체' 담론을 뒷받침하고 있으며, 사회적 안전망으로서의 가족에 대한 기대를 무너뜨리고 있다. 여기에서는 일본의 가족이 직면한 다양한 문제 중 저출산과 고령화 현상에 대해 검토하기로 한다. 왜냐하면 이 문제가 일본의 미래를 좌우하고 있다고 판단하기 때문이다.

(1) 저출산

일본이 직면하고 있는 최대의 가족문제 중 하나는 저출산, 일본에서 말하는 쇼시카少子化현상이라고 말할 수 있다. 저출산이란 출생률의 저하에 의한 자녀수의 감소를 말한다. 저출산은 일본만의 현상이 아니라 선진국에서 일어나고 있는 일반적인 경향으로서, 최근에는 한국에서 가장 심하게 나타나고 있는 사회현상이다.

일본에서 '쇼시少子사회'라는 개념이 등장한 것을 보더라도 일본사회 전체가 저출산 현상을 심각하게 받아들이고 있음을 알 수 있다. 일본에서는 합계출생률[4)]이 인구치환수준[5)]인 2.08을 훨씬 밑돌고, 동시에 어린이의 수가 고령자 인구보다 적은 사회를 쇼시사회라고 부른다. 어린

memo

4) 15-49세 여성의 연령별 출생률을 합계한 것으로, 한 명의 여성이 평생에 평균 몇 명의 아이를 낳는가를 나타내는 수치이다.

5) 인구가 증가도 감소도 하지 않는 상태를 유지하기 위해 필요한 합계출생률의 수준을 말한다.

이의 수가 고령자 인구보다 적어진 1997년을 기점으로 쇼시사회가 되었다고 한다.

일본의 총인구는 1872년 3480만 명이었지만, 그 후 매년 평균 1% 전후의 증가율을 기록하여 1967년에는 1억 명을 초과했다. 그러나 2005년을 기점으로 인구가 감소하고 있다. 즉, 일본의 총인구는 2005년 10월 1일 현재 1억2776만 명으로 2004년에 비해 2.2만 명 감소하여 전후 처음으로 사망자수가 출생자수를 넘어서게 됨으로써 일본은 총인구가 감소하는 '인구감소사회'를 맞이하게 되었다. 2008년 10월 1일 현재 일본의 총인구는 1억2769만 명으로 현 추세가 지속될 경우 2040년에 일본인구가 1억 명으로 감소할 것이라고 한다.

이와 같이 일본에서 총인구가 감소하고 있는 것은 출생자 수의 감소와 출생률의 저하가 상당히 급격하게 진행되고 있기 때문이다. 제1차 베이비 붐 시기인 1947-49년의 출생자는 연간 270만 명, 제2차 베이비 붐 시기인 1971-74년에는 약 200만 명이었지만, 1975년에 200만 명 이하로 떨어져 출생자 수가 계속 감소하고 있다. 합계출생률도 1970년대 중반부터 약 30년 간, 인구치환수준을 밑돌고 있다. 2003년에는 출생자 수가 112만 명, 합계출생률은 1.29로 모두 과거 최저수준이었고, 2005년 1.26으로 최저 수치를 경신했다가 2007년 잠시 회복된 것처럼 보이지만 여전히 인구치환수준을 밑돌고 있으며, 한국과 비교한다면 높은 수준이지만, 구미제국과 비교한다면 극히 낮은 수준이다. (<표1> <표2>참조)

〈표1〉 합계출생률의 추이

년 도	출생률
제1차 베이비 붐 시기	4.32
제2차 베이비 붐 시기	2.14
1989년	1.57
2003년	1.29
2005년	1.26
2007년	1.34

〈표2〉주요국의 합계출생률

국가명	기준년도	합계출생률	기준년도	합계출생률
미국	2003	2.04	2006	2.10
프랑스	2003	1.89	2008	2.02
스웨덴	2003	1.71	2008	1.91
영국	2002	1.64	2007	1.90
독일	2003	1.34	2007	1.37
이탈리아	2003	1.29	2007	1.34
한국	2004	1.19	2008	1.19
일본	2003	1.29	2007	1.34

『高齢社会白書』厚生労働省 2009 등

그렇다면 왜 저출산 경향이 일본에서 진행되고 있는가? 저출산의 배경에는 젊은 세대가 자녀를 양육하는 기쁨이나 즐거움을 경험하기 곤란하게 만드는 사회경제적, 심리적 요인이 있다고 한다. 구체적으로는, ①만혼·미혼화, ②자녀를 갖지 않는 부부의 증가, ③일을 삶의 보람으로 생각하는 여성의 선택, ④'남성은 일, 여성은 가사·육아'라는 고정적 성별 역할의식의 약화, ⑤결혼한 커플 10쌍 중 1쌍의 불임증, ⑥양육에 있어서의 남성의 낮은 참여도, ⑦장시간 노동 및 잦은 잔업으로 인한 육아와 일의 양립 곤란, ⑧유아기의 보육원 부족, ⑨육아를 지원하는 사회생활환경의 미비, ⑩높은 교육비, ⑪출산 후 재취업의 어려움 등이 저출산의 요인이라고 할 수 있다.

기록적인 장수로 화제가 되었던 쌍둥이자매 긴상金さん(1892.08.01-2000.01.23)·긴상銀さん(1892.08.01-2001.02.28). 100세를 넘어서도 건강한 모습은 이상적인 노인상으로 불리어 1990년대 일본에서 국민적 인기를 얻었다.

만혼·미혼화로 상징되는 가족 꾸리기에 대한 주저와 회의 및 출산기피, 이로 인해 심화되는 고령화는 일본가족이 '구조조정'중임과 동시에 가족의 변화가 단순히 개인적 차원의 문제가 아니라 심각한 사회적 함의를 갖고 있음을 보여주고 있다. 일본에서는 30세를 넘어서도 미혼상태를 유지하는 여성이 증가하고 있다. 과거에 비해 초혼 연령이 현격히 늦어진 것을 만혼화라고 하지만, 여기에는 상당 정도 미혼화도 포함되어 있다. 2005년 국세조사国勢調査[6]에 따르면 여성들 중 25-29세의 59.9%, 30-34세의 32.6%, 35-39세의 18.6%가 미혼인 상태다.

분명한 것은 현재 여성의 만혼·미혼화가 여성인구의 공급과잉에서 생긴 것은 아니라는 점이다. 오히려 1990년 이후 44세 이하 전체 연령대에서 남성인구가 여성인구를 초과하면서 결혼시장은 반영구적인 남성 공급과잉상태다. 단순한 통계논리에만 의존한다면 여성은 남성을 선택할 수 있고, 남성에 비해 결혼하기 유리한 조건에 있다. 이런 점에서 현재 일본여성의 만혼·미혼화는 여성의 '적극적' 결혼 연기와 회피로 해석할 수 있다. 주목할 만한 것은 만혼·미혼화가 여성만의 현상은 아니라는 점이다. 2005년 국세조사는 남성들 중 25-29세의 72.6%, 30-34세의 47.7%가 미혼임을 보여준다. 특히 35-39세의 남성 미혼율이 급증하여, 1970년에는 4.7%에 불과하던 것이 1990년에 19%, 2005년에는 30.9%가 되었다. 이 연령대 남성의 대략 3명 중 한 명이 미혼이란 얘기다. 농촌총각의 결혼난으로 외국인 신부가 등장한 것은 이미 오래전 일이지만, 남성의 결혼난이 농촌만의 문제가 아님을 알 수 있다.

memo

6) 일본에 거주하고 있는 모든 사람을 대상으로 인구, 세대, 산업구조 등에 관해 조사하는 가장 기본적인 통계조사이다. 통계법에 기초하여 5년마다 행해진다.

(2) 고령화

'고령화사회(aging society)'란 의학의 발달, 생활수준과 환경의 개선으로 평균수명이 길어져 전체 평균연령이 높아지는 사회로서, 개념적으로는 전체 인구 중 65세 이상의 인구 비율이 7%에 도달한 사회를 지칭하는 말이다. '고령사회(aged society)'는 전체 인구 대비 65세 이상의 비율이 14%를 초과하는 사회를 말하며, 20% 이상은 '초고령사회(super-aged society)'라고 한다. 선진국의 경우를 볼 때, 고령화사회로부터 고령사회로 진입하기까지는 상당한 기간이 필요하였다. <표3>은 주요 선진국의 고령화 추세를 보여주고 있다. 프랑스는 고령사회로 진입하는데 115년, 미국은 71년이 소요되었음에 비해 일본은 24년 걸렸다. 일본의 고령화의 특색 중 하나는 그 진행속도가 유례를 찾아 볼 수 없을 정도로 빠르며, 2006년 세계에서 가장 먼저 초고령사회에 진입하였다는 점이다. 참고로 한국의 경우 고령화 속도 즉 고령화사회에서 고령사회로 진입하는데 19년이 소요됨으로써 일본을 능가할 것으로 전망된다.

〈표3〉 주요 선진국의 고령화 추세

구분	일본	한국	미국	프랑스
고령사회 진입 소요연수	24	19	71	115
고령화사회 진입연도	1970	2000	1942	1864
고령사회 진입연도	1994	2019	2013	1979

『장래인구추계』 통계청 2001

일본의 총인구는 2009년 10월 1일 현재, 1억2769만 명으로 2007년에 비해 약 8만 명이 감소했다. 65세 이상의 고령자 인구는 과거 최고인 2822만 명이었으며 총인구에서 차지하는 비율도 22.1%로 상승했다. 고령자 인구 중 전기고령자(65-74세)인구는 1500만 명으로 총인구에서 차지하는 비율이 11.7%, 후기 고령자(75세 이상)인구는 1322만 명으로 총인구에서 차지하는 비율이 10.4%로 처음으로 10%를 넘어섰다. 100세 이상 고령자수는 2009년 9월 현재, 4만 399명으로 처음으로 4만 명을 돌파했다. 2008년에 비해 11% 증가했으며, 그중 87%에 해당하는 3만 5천 명이 여성이었다. 고령자 인구는 2020년까지 급속하게 증가하고, 그 후에는 비교적 안정적인 추이를 보이겠지만, 총인구가 감소할 것이기 때문에 고령화율[7]은 계속 상승하여 2015년에는 26%, 2050년에는 35.7%에 달할 것으로 예상된다.

고령화에 따른 평균수명의 신장도 두드러진다. 세계 제일의 장수국가인 일본의 평균수명을 살펴보면, 전후戰後큰 폭으로 늘어나 2007년에는 남성이 79.19년, 여성이 85.99년이 되었다. (<표4> 참조) 또 2007년 통계에 따르면, 65세를 기준으로 한 '평균여명平均余命'[8]은 남성이 18.56년, 여성이 23.59년이며 남녀 모두 고령기가 길어지고 있다. 암이나 심장병, 뇌졸중 등에 대한 치료 의약기술이 비약적으로 발전할 경우 평균수명은 보다 빠른 속도로 연장될 것으로 전망되고 있다.

memo

7) 연소인구(0-14세)에 대한 고령인구(65세 이상)의 비율을 나타내는 지표이다.

8) 어떤 시기를 기점으로 그 후 생존할 수 있는 평균 연수를 말한다. 같은 조건의 사람들이 그 뒤로 산 햇수를 모두 합하여 그 사람 수로 나누어서 산출한다.

〈표4〉 일본인의 평균수명 추이

연도	1955	1965	1975	1985	1995	2000	2003	2005	2007
남자	63.60	67.74	71.73	74.78	76.38	77.72	78.36	78.56	79.19
여자	67.75	72.92	76.89	80.48	82.85	84.60	85.33	85.52	85.99

『高齢社会白書』厚生労働省、2009

평균수명이 긴 국가일수록 평화롭고 안전한 사회를 상징한다는 의미에서 장수는 각국의 기본목표였다. 반면에 고령자의 질환, 빈곤, 고립 등에 대한 대응이라는 사회경제적 문제나 고령자가 여생을 어떻게 살아가야 하는가라는 삶의 목표에 대한 대책이 고령사회가 당면하고 있는 과제라는 것은 말할 필요도 없다. 사회가 고령화하면 다양한 문제가 발생한다. 예를 들면, 노인 부양에 대한 국민부담이 증가한다. 고령인구의 급격한 증가는 경제활동인구 한 명당 노인부양 부담과 노인 한 명당 소요되는 의료비를 크게 증가시킨다. 또한 의료비 부담 증가로 정부의 건강보험에 악영향을 미치게 되며, 연금도 위기 상황을 맞이하게 된다. 2007년도 일본의 연금·의료·복지 그 외를 포함한 사회보장비를 보면, 91조 엔를 넘어섰으며, 국민소득에서 차지하는 비율은 1970년도의 5.8%에서 24.4%까지 상승했다.

또한 고령화의 영향으로 생산연령인구(15-64세)의 비율이 감소하고 있으며, 노동력 인구에서 고령자가 차지하는 비율도 증가하고 있다. 앞으로 노동력 인구 총수가 감소할 것이기 때문에 노동력 인구의 고령화는 한층 진전되어 갈 것으로 예상된다. 일반적으로 고령화는 생산성의 감소를 초래하므로 전반적인 생산성 감소를 초래할 수 있고, 이는 경제성장의 둔화로 이어질 것이다.

4. 가족문제에 대한 정부의 대응

일본에서는 고도경제성장기 말기인 1970년대 저출산과 고령사회로의 급격한 진입에 대응하기 위해 가족정책의 전환을 도모했다. 1970년대에 들어서자, 일본의 가족문제가 가족의 '자조협력'만으로는 해결될 수 없고 공적인 지원이나 원조제도가 불가결하다는 것이 명백해졌던 것이다. 특히 급증하는 노인세대의 생활문제에 대한 대처는 긴급을 요하는 과제였다. 공적 복지의 충실을 요구하는 시민운동도 전개되었으며, '혁신자치체革新自治体'[9]도 증가했다. 일본에도 서구제국에 준하는 복지국가 체제를 갖추려는 운동이 전개된 것이다. 그때까지만 해도 일본의 국가정책의 중점은 복지보다 경제성장에 두어져 있었으나, 서구에서 볼 수 있었던 경제성장과 복지국가화의 행복한 연대가 일본에서도 싹트기 시작한 것이다.

그러나 1970년대의 두 번에 걸친 석유위기의 영향으로 일본경제의 고도성장이 멈추자 1970년대 후반에서 80년대 초반에 걸쳐 정부의 가족정책은 또 다시 일변했다. 재정압박을 이유로 복지정책이 재검토되어 '서구형 복지국가'와는 다른 '새로운 일본형 복지사회'가 제창되었던 것이다. 일본 정부는 사회보장의 재정부담을 억제하고 경제성장력의 유지를 지상목표로 내세우면서 개인의 '자립자조'의 필요성과 개인의 자립자조를 가능하게 하는 가족이나 지역사회의 역할을 새롭게 강조하였다. '공적원조의 대상으로서의 가족'에서 '사회보장의 담당자로서의 가족'으로의 전환과 가족기능의 강화를 꾀함과 동시에 지역과 가족에 기반을 둔 복지가 모색되었던 것이다.

하지만 일본의 가족 현실이 이러한 복지정책을 수용하기에는 한계가 있었다. 고령자의 가족상황을 예로 든다면, 1960년대 이후 자녀와 동거하고 있는 노인의 비율이 감소하여 1980년의 69.0%에서 1992년의 57.1%로 크게 저하했다. 고령자 부부가구의 비율도 19.6%에서 27.6%로, 고령자 1인가구의 비율은 8.5%에서 11.7%로 증가했다. 고령자 1인가구 수는 전국적으로 1992년 현재 186만5000명으로 그중 81%가 여성이다. 또한 1980년대 후반에 '고령화율'이 10%선을 넘게 되면서 노부모 부양에 관한 의식도 크게 변화했다. 핵가족이 정착되었고 여성의 사회진출이 진전되는 가운데 가족의 부양 기능은 의식과 실제 양면에서 점차 약화되어 갔던 것이다.

이에 따라 일본 정부의 복지정책도 새로운 방향으로 나아가게 되었다. 먼저 저출산에 대한 대책으로 일본정부는 1994년에 일명 '엔젤플랜'이라는 '육아 지원을 위한 시책의 기본 방향'을 책정하고, 이에 의거한 정책들을 실시하고 있다. 일본정부는 엔젤플랜을 통해 자녀를 원하는 사람이 안심하고 출산·육아를 할 수 있도록, 일과 육아의 양립을 지원하는 제도의 정비, 지역과 가정에서의 육아지원체제 형성, 그리고 어린이가 여유롭게 자랄 수 있는 환경조성 등을 정책의 기본 방향으로 제

memo

9) 일본에서 혁신정당이라 불리던 사회당(현 사민당) 내지는 공산당의 공인·추천·지지 등을 받은 수장首長을 둔 지방자치단체를 말한다. 이들은 1960년대 중반부터 1970년대 중반에 걸쳐 커다란 정치세력을 형성했다. 이러한 혁신자치체의 탄생을 촉진시켰던 것은 도시공해의 심각화 속에서 대두한 주민운동이었다. 혁신자치체는 공해와 복지행정 측면에서 국가의 정책을 선도했다.

시하였다. 그리고 1994년에는 구체적인 보육대책으로서 '긴급보육대책 등 5개년 사업'을 책정하고, 1997년에는 '아동복지법'을 개정하였다. 나아가 저출산 문제의 근본이 성차별에 기초한 성역할분업체제에 있다는 인식하에 일본정부는 1999년 6월 '남녀공동참여 사회 기본법'을 제정하고, 이에 기초해서 총리부에 남녀공동참여심의회를 설치했다.

1990년대부터 심각해진 저출산 현상에 대해 안이하게 대응했다는 비판을 받았던 일본 정부는 엔절플렌의 후속조치로 2000년부터 '신엔젤플렌'을 실시하고 있으며, 2003년부터는 '쇼시카사회 대책 기본법'과 '차세대육성지원 대책 추진법' 등 2개 관련법을 제정해 적극적으로 대응하기 시작했다. 새 법은 그 동안의 대증요법적인 대책과는 달리 저출산이라는 바람직하지 못한 현상을 근원적으로 바로잡기 위한 이념과 방법을 제시하고 있다. 기본법은 저출산 대책의 기본 이념과 국가·국민의 의무 등을 명문화했으며, 추진법은 저출산 대책을 실행하기 위한 구체적인 행동계획을 만들어 이를 지방자치단체와 기업주에게 의무화시켰다. 예를 들어 여성이 직장과 가정에서 양립할 수 있도록 하는 실질적인 지원책 등이 담겨있다. 저출산 대책과 관련, 일본정부의 목표는 모든 기업이 육아휴직제도를 도입하고, 남성의 육아휴직 비율도 2003년 0.4%에서 2014년까지 10%로 늘리는 것이다.

한편 노인복지의 측면에서 살펴보면, 일본정부는 1990년에 일명 '골드플랜'이라는 '고령자 보건복지추진 10개년 전략'을 세웠으나, 고령화가 급속도로 진전됨에 따라 1995년 이를 조정한 '신골드플랜'을 만들었다. 신골드플랜은 1999년까지 홈헬퍼[10] 17만 명을 양성하고 특별양호노인홈[11]의 침대수를 29만개로 늘린다는 목표를 제시했고 이를 실현하기 위한 구체적인 시책들이 실시되었다. 또한 1995년에는 고령사회대책을 종합적으로 추진하기 위한 '고령사회대책기본법'을 제정하여, 고령자의 취업 및 소득, 건강 및 복지, 학습 및 사회참가, 생활환경 등에 관한 구체적인 시책의 지침을 제시했다. 이러한 고령사회대책의 기본 이념으로서 정부는 지방자치체·지역사회·기업·가정·개인 등 사회구성원 상호간의 교류·협력에 의한 연대 형성과 고령자의 자립적인 사회 참가를 강조했다. 1990년대 들어 이런 방향으로 여러 가지 시책들이 추진되어, 지방자치체가 복지행정의 주체가 되는 복지의 분권화가 이루어졌고, 복지이념도 종래의 복지시설 중심의 복지에서 노인이 종래의 일상적인 생활 속에서 복지를 확보할 수 있는 방향으로 전환되었다. 또 지역

memo

10) 고령자나 신체장애자 등 일상생활에 지장이 있는 사람을 도와주기 위해 가정을 방문하여 식사 준비, 집안 청소, 배설이나 목욕 등 생활 전반을 보살피는 일을 하는 사람을 말한다.

11) 신체상 또는 정신상 결함이 있어 상시 가이고介護를 필요로 하지만, 자신의 집에서 이것을 받기가 곤란한 노인을 양호하기 위해 만들어진 시설을 말한다.

사회의 연대와 자조라는 개념에 입각해서 자원봉사 활동을 촉진시키기 위한 사회교육 등이 추진되었으며, 시민들의 자발적인 활동도 증대했다.

또한 2005년 6월 16일 아시안월스트리트저널(AWSJ)에 따르면 고령화 및 저출산으로 인한 노동인력 부족 때문에 심각한 고민에 휩싸인 일본 기업들이 현재 60세인 정년을 65세로 연장하거나, 은퇴한 인력을 재고용하는 새로운 인사정책을 시도하기 시작했다고 한다. 일본 정부는 이에 맞춰 근로자 정년을 오는 2013년까지 현행 60세에서 65세로 상향 조정하고 퇴직자를 재고용하는 내용을 골자로 한 법률을 2004년 제정했다. 일본의 경우 공식 은퇴연령인 60세 이후에도 일하고 싶어 하는 인구가 많아 60-64세의 고령자 취업률이 71%에 달한다. 이는 미국의 57%, 프랑스의 17%보다 훨씬 높은 비율이다. 정년 이후에도 일하는 노인들은 '부부싸움이 적어졌다', '건강해졌다'며 긍정적 반응을 보이고 있고, 이들을 정규직의 50-70% 임금에 고용한 기업들도 '지각을 하지 않는다', '불량률이 떨어졌다'고 흡족해 하고 있다고 한다. 이에 따라 특히 일손부족에 시달리던 지방 중소제조업체들은 공장설비를 노인들에게 적합하도록 리모델링하는 경우도 늘고 있다 .

이상과 같은 일본정부의 복지정책은 고령화와 저출산이라는 현대일본사회의 현상을 해결하기 위해서는 가족에게 모든 것을 맡길 수 없다는 정책적 판단에서 나온 것이라고 할 수 있을 것이다. 출산 및 육아와 노인부양이 더 이상 가정 내에서 해결될 수 있는 가족의 사적 영역이 아니라는 것이 분명히 드러났기 때문이다. 일본정부는 가족복지와 관련된 정책적인 노력을 기울이고 있으며, 더불어 일본의 각 지역사회에서도 이 문제에 대응하기 위한 주민들의 자발적인 활동들이 증대하고 있다.

일본정부가 이처럼 저출산·고령화에 대한 대책을 중시하고 있는 것은 출산율 저하를 방치하면 고령층 인구증가와 생산연령인구의 감소로 이어져 국가경제의 활력이 떨어질 것이 분명하기 때문이다.

심화학습

1. 대가족과 핵가족의 장단점에 대해 조사해 보자.
2. 새로운 가족 형태를 어떻게 평가해야할지 토론해 보자.
3. 일본의 저출산·고령화 정책의 구체적인 내용을 조사해보고 우리나라의 그것과 비교해 보자.

참고자료

이시재 외『사회학으로 풀어본 현대일본』일조각 2005

정형『일본, 일본인, 일본문화』다락원 2004

한영혜『일본사회개설』한울아카데미 2001

中村雄二郎ほか『日本社会』岩波書店 1999

宮本憲一『日本社会の可能性』岩波書店 2000

사진 · 그림

① http://www.aichi-kyosai.or.jp/life/insurance/

② http://www.47news.jp/news/photonews/2009/08/post_20090801080605.php

2장 교육

교육은 한 사회의 과거, 현재, 미래가 어우러지는 활동으로 미래의 삶을 위해 과거에 축적된 문화를 현재 가르치고 배우는 것이다. 사회 구성원들에 의해 습득되고 전달되는 인간의 생활양식을 문화라고 한다면 교육-사회-문화는 따로 떼어 얘기할 수 없는 불가분의 관계다. 또한 가르치고 배우는 상호 작용은 역사적·사회적 맥락 속에서 이루어지므로 교육은 각 시대의 사회적 특성과 밀접하게 관련되어 있다. 따라서 한 사회의 교육을 이해하는 것은 곧 그 사회와 문화를 이해하는 방법이다.

일본의 교육은 현재의 교육제도나 교육풍토 등이 한국과 많이 닮아있다고 하여 한국과 그다지 차이가 없을 것이라고 생각하는 것이 일반적이다. 그러나 각기 다른 사회 구조와 문화적 특성을 가지고 있기 때문에 교육을 둘러싼 양상 또한 서로 다르다. 조금 자세히 들여다보면 한국의 교육과 같은 것 같으면서도 서로 다른 부분이 쉽게 발견된다. 본 장에 한국의 교육에 대한 언급은 없으나 기본적으로 상호간의 유사성과 상이성을 염두에 두고 일본 교육에 관해 접근해 주었으면 한다.

오늘의 교육을 올바르게 이해하기 위해서는 과거의 교육이 어떠했는지 알아보아야 하므로 우선 일본의 교육사를 살펴본다. 이어서 현대 교육의 행정 및 정책에 관한 제도를, 어디에서 무엇을 어떻게 가르치고 있는지 사교육을 포함한 교육과정을, 마지막으로 오늘날 일본 교육이 당면한 제반 문제를 고찰해 보겠다.

1. 교육사

(1) 고대: 대륙문화 의존 교육

일본의 고대 사회는 천황을 중심으로 귀족관료가 지배하는 율령제 사회를 지향했다. 이때의 교육은 주로 대륙문화에 의존했다고 할 수 있는데 견당사 파견 등을 통해 유입된 문화 및 제도·사상이 일본의 풍토와 어우러져 교육 문화의 골격을 형성했다.

『일본서기』에 의하면 552년에 백제에서 불교가 전래된 것으로 나타나는데 불교의 보급은 학술·미술·공예의 발전을 촉진시켰다. 불교뿐만 아니라 유불습합儒仏習合에 기인하여 귀족관료들은 한자와 유교적 교양을 추구했다. 다이카개신大化改新[12] 후에는 많은 인재를 필요로 했기 때문에 인재양성 기관으로 대학료大学寮 및 국학国学을 설치했다. 이미 671년에 천황이 학교의 장관을 의미하는 관직에 칙명을 내렸다는 기록이 있는 것으로 보아 학교의 성격을 띤 교육기관이 있었음을 알 수 있다. 『다이호大宝율령』에는 22개조에 걸쳐 학제를 상세히 규정하고 있는 학령学令이 나와 있다. 수도国都에 대학료 1곳과 각 구니国에 국학 1곳씩을 설치하도록 했는데 이것이 최초의 학제 제정이다. 또한 세력 있는 귀족은 자신들 씨족의 자제를 위해 사학私学을 설치하기도 했다.

이 시기에는 귀족 계급만이 대륙문화와의 교섭을 유지하면서 관설·사설의 교육기관을 독점했다. 그러나 헤이안시대 말기에 귀족정치와 지방정치가 문란해짐에 따라 대학료나 국학도 쇠퇴하여 교육기관으로서의 기능을 잃어갔다.

(2) 중·근세: 일본문화 자각 교육

중세는 무사라는 새로운 계층의 출현에 수반하여 새로운 가치관 및 교육관이 나타났다. 한학에 의존한 교육은 12세기 까지도 그 여세가 남아 있었지만 14세기경부터 중국문화 본위에서 일본문화 본위로 교육의 대전환이 이루어졌다. 귀족으로부터 무가로 주도권이 넘어감에 따라 종래 귀족을 대상으로 했던 교육도 무가를 대상으로 하는 교육이 주가 되었다.

뒤이어 근세부터는 일본인에 의해 편집된 교과서를 사용하기 시작하며 서민을 대상으로 한 교육도 이루어졌다. 즉, 소수의 귀족 계급을 대상으로 했던 교육은 다수의 중류 서민 계급을 대상으로 하는 교육으로 바뀌었다. 또 대학료나 국학 설립지를 거점으로 한 도시중심의 소지역 교육은 사원寺院을 통한 전국적 교육으로 확대되었다.

근세 에도시대는 전국 각지의 번사藩士 자제들을 대상으로 교육하기 위해 번이 직영하는 번학藩学이 설치되었는데[13] 무사교육은 물론 무예 학습에 들어가기 전에 필요한 읽기·쓰기를 가르치기도 했다. 또 번학

memo

12) 다이카란 일본 최초의 연호다. 645년 다이카개신을 통해 호족 중심의 정치에서 천황 중심의 정치로 전환하고, 국가체제의 골격을 갖추기 위한 행정구역, 토지 및 조세제도의 방향이 제시되었다.

13) 번은 에도시대 다이묘가 지배한 영지·인민·통치 기구의 총칭이다. 번사藩士는 번의 무사를 말하며 그 자제들을 가르치는 교육기관이 번학이다.

▲ 데라코야

과 병행하여 향학교·향학소·향교 등으로도 불린 향학郷学[14]이 보급되었다. 교육의 대중화를 상징하는 것 가운데 하나가 데라코야寺子屋[15]다. 데라코야의 기원은 무로마치시대 중기로 거슬러 올라갈 수 있지만 현저하게 보급되고 발달한 것은 에도시대 중기 이후이다. 상업자본주의의 대두와 발전은 상인·직인은 말할 것도 없고 농민 대중의 생산 활동과 일상생활에 까지도 상품경제가 영향을 미쳤다. 이로 인해 서민 대중의 생활에서 문자의 역할은 대단히 중요했다. 때문에 읽기·쓰기·산술을 기본으로 가르치는 데라코야의 발전은 어쩌면 당연했다고도 볼 수 있다.

(3) 근·현대: 서양문화 수용 교육

근대의 출발기라고 할 수 있는 메이지시대 이후의 교육사는 교과서에 잘 집약되어 나타나므로 교과서 내용의 변천을 통해 근·현대 교육사를 살펴보자.

1872년에 새로운 학제가 공포되었는데 이때 사용한 교과서는 대부분 서양의 번역서이다. 이 시기는 미국·영국·프랑스의 영향으로 인해 개화·계몽적 성격이 강했으나 여기에서의 계몽은 곧 구미 선진국 문화의 섭취라고 할 수 있다. 개화·계몽 정책의 부분적 성과로서 민중은 서양문화와 지식에 영향을 받아 점차 자발성과 주체성을 자각하려는 양상을 보였다. 그러나 메이지 정부는 근대로의 민중 자각 경향을 자신들의

memo

14) 두 종류가 있는데 하나는 번학의 연장으로 영내領内의 성城 밖에 산재하는 번사의 자제를 위하여 번 스스로가 설립한 무예연습소와 가신家臣교육소다. 또 하나는 서민 교육기관으로 설치되어 영내 각지의 서민을 교육할 목적으로 상급무사나 민간 유지들이 설립한 학교다. 민간유지들이 설립하여 경영하는 경우에도 막부나 번의 보호·감독을 받았다는 점에서 데라코야와는 다르다.

15) 우리나라의 서당에 비유되는 데라코야에서 사용한 교과서를 보면 教訓科·社会科·語彙科·消息科(消息은 편지라는 의미를 지니며, 당시 상거래에서 흔히 사용하는 용어 및 각종 서류작성법에 관한 수업을 말함)·地理科·歴史科·産業科·理数科가 있다.

지배체제를 동요시키는 위험물로 보았다. 따라서 즉시 개화 · 계몽 정책을 버리고 유교적 복종윤리로 교육정책을 바꾸었다.

1886년에 검정교과서 제도가 채용되었는데 이때부터 교과서 내용은 점차 국가주의적인 경향을 보인다. 천황에 대한 충성이 핵심적 내용으로 되어있는 '교육칙어'가 교과서의 대강大綱으로 자리하며 내셔널리즘을 육성하는 교과서로서의 성격을 갖추었다. 1904년부터는 국정교과서를 사용했는데 결과적으로 보면 메이지초기 번역 교과서로 시작한 근대 교과서 역사는 그 안에 내셔널리즘, 제국주의, 파시즘이라는 중요한 전환기를 반영하고 있다. 전환의 타당성 내지는 합리성 강조를 위해 교과서 내용을 수정할 때는 기존의 내용을 부정하는 형태을 취했다. 이와 같이 근대의 교과서는 근대적 요소와 전근대적 요소가 서로 섞여있는 양상을 나타낸다.

전후는 1947년에 미국의 교육제도를 도입하여 민주시민으로서의 자질을 가르치는 사회 과목을 신설하기도 했으며 국정교과서 제도를 검정교과서 제도로 전환했다. 그러나 교과서 검정의 정부 개입이 심했고 이로 인해 이에나가 사부로家永三郎의 교과서재판 사건[16]이 일어나기도 했다.

memo

16) 역사학자 이에나가 사부로가 자신이 집필한 일본사 교과서의 남경대학살, 731부대, 오키나와전투 등에 관한 기술을 인정하지 않는 문부성을 상대로 검정제도는 위헌이라고 반발하여 3차에 걸쳐 일으킨 재판을 말한다.

2. 교육제도

(1) 교육행정

일본의 교육행정 제도는 중앙 교육행정 기관인 '문부과학성'과 지방 교육행정 기관인 '교육위원회'로 나뉜다.

문부과학성은 2001년 중앙 성청 개편에 따라 과거의 문부성과 과학기술청을 통합하면서 명칭을 바꾸어 새롭게 조직했다. 문부과학성의 임무는 교육의 진흥과 평생교육生涯学習 추진으로, 풍부한 인간성을 갖춘 창조적인 인재의 육성은 물론 학술 · 스포츠 및 문화의 진흥과 더불어 과학기술의 종합적 진흥을 도모함과 동시에 종교에 관한 행정업무를 수행한다. 이러한 임무 규정은 과거에 학교교육 및 사회교육 그리고 학술 및 문화를 핵심으로 했던 것을 평생교육 추진으로 대신하여 학교교육 중심의 행정체제로 부터 평생교육 중심의 행정으로 변화시킨 것이다.

지방 교육행정 기관인 교육위원회는 기본적으로 지방공공단체를 단위로 하여 한국의 광역 자치단체에 해당하는 47도도부현에 각각 하나씩 있고, 한국의 시·읍·면과 유사한 3천여 개의 시·정·촌에 설치되어 있다. 의결기관과 집행기관의 개념이 아니라 지방공공단체의 교육업무를 효율적이고 전문적으로 처리하기 위해 지방공공단체 내에 설치한 독립된 행정 위원회의 성격을 갖는다. 교육위원은 3–6인으로 구성되어 있고 해당 지방공공단체장이 지방의회의 동의를 얻어 임명한다.

교육위원회의 직무 권한은 해당 지방공공단체가 처리하는 교육에 관한 사무로 포괄적이고도 세부적인 사항을 관리·집행하는 것이다. 예를 들면 지방공공단체 소관의 학교 및 그 외 교육기관의 설치·관리 및 폐지, 교육재산 관리, 교육위원회·학교·그 외 교육기관 직원의 임면과 그 인사, 학령아동·학생의 취학이나 유아·아동·학생의 입학·전학·퇴학, 학교조직 편제·교육과정·학습지도·학생지도 및 직업지도, 교과서 및 그 외 교재의 취급, 학교건물·기타시설 및 교구·설비의 정비, 교장·교원·기타직원의 연수, 교장·교원·기타직원·아동·학생의 보건·안전·후생·복지, 환경위생·학교급식·사회교육·스포츠·문화재 보호·법인, 소관 사무에 관한 홍보 및 소관 교육행정의 상담에 관한 사항 등을 담당하고 있다.

교육위원회의 주된 권한 중의 하나는 교직원에 대한 임명권인데 공립 고등학교 교직원은 물론 의무 교육기관으로 되어 있는 초등학교와 중학교 교직원의 임명권 역시 도도부현 교육위원회가 갖고 있어서 그 인사 권한이 막대하다.

(2) 평생교육 및 사회교육

오늘날 사회·경제 환경의 변화와 더불어 평생에 걸친 학습의 필요성이 증대하는 가운데 일본에서도 평생교육 정책 문제를 학교교육 정책과 연계하여 그 중요성을 강조하고 있다. 즉, 여가 시간이 늘어나고 고령화가 진행되어감에 따라 학습에 대한 수요가 증가했을 뿐만 아니라 이른바 형식적인 학력에 의해 평가받는 학력사회 병폐의 해결이 요구되었다. 이러한 변화와 요구에 대한 대응으로 1990년에는 평생교육법이 제정되고 문부과학성 내에도 평생교육 정책국이 설치되었다. 2001년부터는 중등학교 교육을 받지 못한 사람들에게 대학 교육의 기회를

▼ 이와테현의 오슈奧州시에 있는 최초 공민관

확대하는 차원에서 대학 입학자격 검정 제도를 도입하여 연 2회 실시하고 있는데 이러한 것도 평생교육 정책의 일환이라고 할 수 있다.

평생교육시대를 맞이하여 사회교육 또한 학교교육 못지않게 중요하게 다루고 있다. 일본에서 사회교육의 의미는 학교교육 과정의 일환으로 이루어지고 있는 교육활동 이외의 조직적인 각종 교육활동을 말한다. 사회교육 사업은 주로 청소년, 성인, 여성 등 각층에 걸쳐 현대 사회의 과제에 대한 학습 기회를 제공한다. 지역 주민의 연계를 심화시키는 지역 활동이나 자원봉사 활동을 촉진토록 조성하면서 교육 미디어를 활용한 학습 및 인권교육 등을 추진하고 있다. 또 가정교육에 관한 상담 체제를 정비하여 학습 기회나 정보를 제공하고 자녀육성을 지원하는 네트워크를 갖추고 있으며 남녀가 공동으로 참가하는 사회 형성을 위한 교육·학습 활동을 전개하고 있다.

현재 운영하고 있는 사회교육 시설로는 공민관·도서관[17]·박물관·청년의 집·소년 자연의 집·여성교육 시설·사회체육 시설·문화회관·시청각 센터 및 시청각 도서관 등이 있다. 또 대학에서의 공개강좌나 교실 개방사업 등도 사회교육의 한 역할을 담당하고 있다.

일본은 위와 같은 사회교육 시설을 적극 활용할 수 있도록 가정·학교·지역사회의 연계를 통한 교육활동을 중시한다. 예를 들면 각 지역마다 아동관[18]이 있어서 초등학생의 경우 방과 후 아동관에서 자유로운 놀이나 교육 활동에 참가할 수 있다. 학교의 가정통신문을 통해 아동관의 프로그램을 매주 받아볼 수 있으며 자신이 참가하고 싶은 프로그램이 있을 경우 미리 신청하는데, 거의 대부분 무료로 참가할 수 있고 요리 만들기 등의 프로그램은 약간의 재료비만 내면 된다.

memo

17) 일본의 각 지역에 있는 크고 작은 도서관은 아이들에게 마치 놀이터와 같은 역할을 하고 청소년이나 성인들 에게는 쉼터와 같은 역할을 한다. 독서뿐만 아니라 영화나 음악 감상을 할 수도 있기 때문에 책읽기를 싫어하는 아이들도 부담 없이 들러보고 일반인들도 잠깐 들러서 신문이나 잡지를 보기도 하는 곳이 도서관이다.

18) 아동 복지법 제40조에 규정되어 있는 아동 후생시설의 하나다. 0세부터 18세의 아동과 청소년이 이용할 수 있으며 최근에는 각지에 다양한 형태의 아동관이 생기고 있다.

(3) 학교교육

현재의 교육 체제가 정비된 것은 전후 1947년에 교육기본법과 학교교육법이 제정되면서 부터이며 교육의 기회균등 이라는 헌법정신 하에서 6·3·3·4제의 기본 학제가 마련되었다. 학교는 초등 교육을 담당하는 유치원과 초등학교가 있고, 이어 중등 교육기관으로서 중학교, 고등학교, 고등 전문학교의 전반과정이 있다. 그 밖에도 고등학교 수준에 준하는 전수학교가 있으며 전문 기능인을 양성하기 위한 특수교육 및 양호학교가 있다. 고등 교육기관은 대학과 단기대학[19]이 주를 이루고 있으며, 그 외에도 고등 전문학교의 후반 과정과 고등학교 졸업이후 진학하는 전수학교 등이 있다.

의무교육은 초등학교 6년간과 중학교 3년간 이지만 현재 100%에 가까운 학생이 고등학교에 진학하고 있어서 고등학교도 의무교육 범위에 넣어야 한다는 목소리가 높아지고 있다. 한국과 상이한 것은 사립의 초·중학교에 진학하려면 입학시험을 치러야 한다는 점이다. 또 고등학교도 대부분의 중학교 졸업자들이 입학시험을 거쳐서 진학한다.

일본에서 특색 있는 학교의 하나인 중고일관교中高一貫校는 중등 일관교육 추진 정책의 일환으로 중학교 과정과 고등학교 과정을 연속하여 가르치기 위해 1998년 6월의 학교교육법 개정에 의해 설치했다. 즉, 중등 교육의 일관성을 목표로 설립한 학교이다. 전기 과정과 후기 과정으로 나뉘어져 있고 교육목표는 일반 중·고등학교의 교육목표와 동일하다. 학습지도요령 또한 중학교와 고등학교의 것을 적용하고 있다. 일부 중고일관교만에 적용되는 교육과정이 규정되어 있기도 하고 중고일관교에 적용되는 특례도 있다. 중학교와 고등학교의 교육내용을 일부 바꾸어 학습할 수도 있으며 중학교와 고등학교에서 중복되는 내용을 정리하여 학습하기도 한다. 전기 과정에서는 고등학교의 일부 내용을 학습할 수도 있다.

학교 설립 형태는 2009년 현재 전체적으로 국립 0.7%, 공립 71.9%, 사립 27.4% 로 분포되어 있다. 사립학교의 의존율은 대학과 단기대학이 높은 편이고 사립유치원도 61%정도를 차지해 많은 편이다. 교원 수는 1백32만9613명이고 학생 수는 1천960만6060명이며, 저 출산 현상으로 인해 1983년을 기점으로 매년 감소 추세에 있다.

memo

19) 1950년 발족한 2-3년제 대학. 전문 학예를 교수•연구하고, 직업 또는 실생활에 필요한 능력 육성을 주목적으로 한다.

3. 교육과정

일본의 교육기본법에 명시한 교육이념의 주요 내용은 개인의 존엄을 바탕으로 한 개인능력의 신장, 자연과 환경의 보존, 사회 형성에의 주체적 참가를 위한 공공정신 · 도덕심 · 규범의식의 함양, 전통 · 문화의 존중과 향토 · 국가를 사랑하는 마음가짐을 통한 일본인으로서의 아이덴티티 형성, 국제사회 일원으로서의 의식 등으로 나타나있다. 교육이념을 기반으로 하여 교육지침서 역할을 하는 학습지도요령[20]이 구성되며 이를 기준으로 유치원부터 고등학교까지의 교육이 연계성을 갖고 이루어진다. 초 · 중 · 고등학교의 학기는 2학기제를 채용하고 있는 지역 및 학교도 있으나 3학기제를 채용하고 있는 것이 일반적이다. 한편 대학 등의 고등교육에서는 2학기제가 일반적이며 매년 4월에 신학기가 시작된다.

memo

20) 학습지도요령은 교육과정 편성에 관한 국가의 기준으로서 사법부의 견해에 따르면 법적 구속력을 지닌 교육 지침서라고 할 수 있다.

(1) 유치원

유아교육은 대부분 유치원과 보육원에서 이루어지는데 유치원은 문부과학성의 관할이므로 교육기관에 속하지만 보육원은 후생노동성 관할이므로 교육시설에 포함되지 않는다. 그러나 유치원과 보육원의 유아수는 6:4정도의 비율로 보육원에서의 교육도 상당한 비중을 차지한다.

학습지도요령에 명시된 유치원의 교육내용은 '건강 · 인간관계 · 환경 · 언어 · 표현'이라는 5개 영역으로 구분되어 있다. 교육의 기본방침을 보면 '교사는 유아와의 신뢰관계를 충분히 쌓아 유아와 함께 보다 나은 교육환경을 창조해야 하며, 유아의 주체적인 활동이 보장 되도록 개개인의 행동을 하나하나 이해해야 하며, 계획적인 교육환경을 구성해야 한다'고 되어있다.

실제로 일본의 유치원에 가보면 이러한 교육의 기본 방침을 몸소 실천하고 있는 교사들의 모습을 볼 수 있다. 한 예로 교사들의 복장을 보면 안경 · 머리핀은 물론이고 귀걸이나 반지 등의 장신구도 착용이 금지되어 있다. 이는 아이들에게 조금이라도 상처를 남길 수 있는 여지를 방지하기 위한 것이다. 또 간단한 운동복 차림에 커다란 앞치마를 착용하고 있는 것이 일반적인 복장인데 앞치마의 양쪽 주머니에는 유아에게 필요한 비상 약품과 간단한 놀이도구 등이 들어있다. 원내에서는 언제 어디서라도 아이들과 마주할 만반의 준비를 하고 있는 것이다. 아이들과 대화하는 자세도 항상 한쪽 무릎을 꿇고 앉는데 이는 아이들과의 시선을 맞추기 위한 것이다. 한마디로 유치원에서의 교사는 유아를 위한 존재가 되어야 한다.

선생님들의 복장이나 태도뿐만 아니라 한국의 유치원에서 흔히 볼 수 없는 다른 모습을 발견할 수 있는데 바로 남자 선생님이 있다는 점이다. 일반적으로 가정에서는 아버지가 직접적으로 육아나 교육에 참여할 수 없기 때문에 아이들은 아버지 또는 남성에 대한 정서를 배우기 어렵다. 일본의 유치원에서 선생님들의 남·여 성비를 고려하는 것은 아이들이 남자 선생님을 통해 아버지의 정서를 배우게 하기 위한 일환이라고 할 수 있다. 또 유치원에서는 무거운 완구를 옮기는 등 어느 정도의 육체노동을 필요로 하기 때문에 남자 선생님의 역할이 상당히 크다.

▼ 보육원의 남자 선생님

(2) 초등학교

일본에서는 초등학교를 쇼각코小学校라고 하며 한국과 마찬가지로 6년의 교육과정으로 되어있다. 학교교육법 시행규칙에 따라 교육내용은 각 교과, 도덕, 특별활동 및 종합학습 시간으로 편성되어 있다. 각 교과에서 다루는 과목은 국어·산수·음악·미술·체육·생활·사회·과학·가정으로 담임교사와 전공교사가 지도한다. 도덕교육은 한국의 경우 교과목의 하나로 다루고 있으나 일본의 경우는 도덕교육의 비중이 상당히 커서 도덕시간 외에도 학교 교육활동 전체를 통해 실시한다는 방

▼ 가방을 멘 초등학생

침을 세우고 있다. 특별활동 및 종합학습 시간은 2002년부터 적용된 학습지도요령의 핵심 내용인 '여유교육'과 '살아가는 힘'을 기르기 위한 교육의 일환으로 학교 안에서의 교육만이 아니라 가정 및 지역 사회와의 연계를 통해 생활체험·자연체험을 할 수 있도록 한 교육이다. 그러나 학력저하의 문제가 대두되면서 2007년 중앙교육 심의회 초등학교 부회는 국어와 산수 등의 주요 교과와 체육시간을 전체 10% 늘렸다. 또 종합학습 시간을 주1회로 줄이고 대신 5·6 학년 영어수업을 주1회 하기로 했다.

일본에서는 학생들의 개성 존중과 개인차에 따른 능률의 향상에 힘쓰면서도 한편으로는 학생간의 차이가 심하게 드러나지 않도록 세심히 배려하고 있다. 그 가운데 하나가 일괄적인 통일성이다. 초등학생들의 복장을 보면 남자 아이들은 검은색, 여자 아이들은 빨간색 가방을 똑같이 메는 경우가 많다. 또 공립의 경우 사복을 입지만 사립의 경우는 교복을 입는다. 이렇게 가방이나 교복 등 외형적인 것만으로 통일성을 꾀하는 것은 아니다. 예를 들어 야외수업 등의 이유로 급식을 하지 못할 경우 각 가정에서는 도시락을 준비해 주어야 하는데, 가정통신문을 통해 주먹밥 몇 개, 음료는 어떤 종류 등을 규정하여 화려한 도시락으로 다른 학생들과의 차별성이 나타나지 않도록 주의를 기울이는 경우도 있다.

학교에서의 규칙은 자율적으로 스스로 지키는 것을 원칙으로 하고 있지만 세심한 부분에도 꼼꼼히 신경 써야 한다. 예를 들면 돈이나 과자 등을 학교에 가지고 갈 수 없다. 또 한국에서 흔히 볼 수 있는 등교길 학교 앞 문구점에서 아이들이 학용품·장난감·과자 등을 사는 풍경은 거의 찾아볼 수 없다.

(3) 중학교

중학교는 3년간이며 학교교육법 시행 규칙에 따라 필수교과, 선택교과, 도덕, 특별활동, 종합학습 시간으로 교육과정이 편성되어 있다. 단 사립학교는 도덕 대신에 종교 과목을 가르칠 수 있다. 대부분의 학교에서는 기말고사와 평소의 학습태도나 클럽활동을 통해 평가를 하고 이것이 고교 진학의 내신에 반영된다.

2008년 '중학교 학습지도요령 개정 고시'를 보면 한 가지 주목되는 것이 있는데 바로 '중학교 무도武道 필수과목화'이다. 이는 체육시간에 무도를 필수로 가르친다는 방침이다. 시범학교를 시작으로 2012년에는 전국 학교에서 실시할 예정인데 세부 계획으로 지도자양성을 비롯한 예산안이 세워지고 있다.

문부과학성이 무도 필수과목화를 추진하게 된 배경은 1980년대를 정점으로 한 중학생들의 흉악범죄를 사회병리문제로 인식하며 무도교육을 통해 인성교육을 하고자하는데 있다. 일본에서는 중학생들을 가리켜 '기레루切れる' 또는 '아바레루暴れる'[21]와 같은 용어로 표현할 만큼 중학생들의 과격한 행동이 큰 충격을 불러일으키고 있다. 물론 모든 중학생들이 문제가 있다는 것은 아니며 또 반드시 중학생들만이 문제행동을 보인다는 것은 아니다. 다만 무도 교육의 적절한 시기가 중학생 시기라고 판단했고, 교육적 측면에서의 대책 강구의 필요성에 의해 그 방법으로 중학교 무도 필수과목화 방침을 세운 것이다.

그러나 한편으로는 무도교육 정책에 대한 우려와 비판의 목소리도 적지 않다. 내재된 무사도 정신으로 인해 일본인이 아시아·태평양 전쟁을 일으키게 되었다고 생각하는 입장에서 오늘날 무도교육은 곧 국가주의 일변도 교육의 일부라고 해석하는 것이다.

memo

21) 기레루切れる는 '끊어지다'라는 의미로 이성적 사고가 끊김을 가리키는 용어이며, 아바레루暴れる는 '날뛰다'라는 의미로 난폭한 행동을 가리키는 용어이다.

(4) 고등학교

고등학교는 의무교육이 아니기 때문에 진학 선택은 자유이나 대부분의 중학생이 고등학교에 진학하고 있고 교육과정은 교과목, 특별활동, 종합학습 시간으로 편성되어 있다. 교과는 보통교육에 관한 것과 전문교육에 관한 것이 있으며 전문교육에 관한 교과는 학교에 따라 개설하지 않는 경우도 있다. 보통 하루에 5–8시간 정도의 수업을 하며 일반적으로 학년제를 적용하고 있으나 최근에는 학점제를 적용하는 학교도 증가하고 있고 재학 중에 고등학교 졸업과정 인정시험을 볼 수도 있다. 전일제 고등학교 외에도 고등학교 교육과정에는 야간 고등학교의 성격을 띤 정시제 과정과 한국의 방송통신 고등학교의 성격을 띤 통신제 과정의 고등학교가 있으며 대안학교의 성격을 띤 여러 형태의 고등학교도 증가하고 있다.

▼ 고갸루

일본의 고등학생은 대학입시 준비로 방과 후에 요비코予備校나 주쿠塾에 가서 많은 시간을 할애하지만 모두 그런 것은 아니다. 오히려 클럽활동이 활성화되어 있어서 반이 넘는 학생들은 클럽활동에 참가하고 있다. 클럽활동은 음악, 미술, 연극 등 다양하지만 주로 스포츠 클럽활동이 활발하다. 예를 들어 매년 여름 전국 고교야구 선수권대회의 본선 무대인 고시엔甲子園[22] 경기의 선수들 가운데도 학교에서의 방과 후 클럽활동이 기반인 경우가 있을 정도다.

일본 고교생들의 생활은 고등학교에서 일어나는 에피소드를 소재로 다룬 일본 드라마 고쿠센ごくせん을 통해 한국에 잘 알려져 있다. 그러나 학생들의 말투나 행동이 크게 과장되어 있어서 일본 고등학생의 일반적인 생활과 모습이라고 하기는 어렵다. 단 교복을 입고는 있으나 대체로 특이하게까지 보이는 자유로운 복장은 드라마에 비추어진 모습과 실제 모습이 비슷하다. 일본 고교생들의 패션과 헤어스타일에 관한 관심은 좀 크다고 할 수 있는데 교복의 형태를 바꾸어 입거나 대부분의 여학생들이 치마길이를 짧게 줄여 입는 것을 보아도 알 수 있다. 또 어느 여자 연예인의 패션을 따라 하기 시작하며 생긴 고갸루コギャル[23]는 이미 일본의 독특한 문화로까지 소개되기도 한다. 학교에서의 엄한 교칙과 제복 착용에 대한 학생들의 불만이 많아서 최근에는 교칙 및 제복 등을 변경하거나 면제하는 학교가 늘고 있다.

memo

22) 1924년에 완공한 고시엔은 오사카만 연안에 위치하며 5만8000명을 수용하는 야구장이다. 프로야구팀 한신阪神 타이거즈의 홈구장이기도 하지만 매년 여름에 열리는 전국 고교야구 선수권대회의 본선 무대로서 더욱 유명하다. 고교야구에 관한 일본인들의 관심은 프로야구 못지않다. 자신이 졸업한 학교가 아니더라도 자신이 속해있는 지역의 응원을 통해 결과적으로 사회결속 내지는 사회통합 의식이 형성된다고 할 수 있다.

23) 고갸루의 어원은 명확하지 않지만 고등학생을 의미하는 고高와 걸girl의 일본식 발음인 갸루ギャル의 합성어로 보는 설이 있고, 교복, 갈색머리, 기다란 양말이 상징이다.

(5) 대학교

일본의 대학 시스템은 한국과 거의 비슷하며 대학에 입학하기 위해서는 센터시험[24]에 응시하는 것이 일반적이다. 2008년 학교 기본조사에 의하면 일본의 국립대학은 86개교이며 이 중에서 도쿄대학이 1877년에 가장 먼저 설립되었다. 공립대학은 90개교, 사립대학은 589개교가 있는데 사립대학 중에는 황실 가족들이 주로 입학하는 가쿠슈인学習院대학 등도 있다. 그 외 단기대학은 국·공립과 사립을 모두 합해 417개교에 이른다.

대학입학 연령대 인구가 감소하면서 일부 대학은 입학정원 미달이 심각한 상황에 이르렀고 적자재정으로 대학 간 합병을 추진하거나 인기학과를 신설하고 있다. 예를 들면 자격증 취득을 목적으로 하는 전문학교와 연계해 공인회계사, 세무사 자격증 대비 수업을 학점으로 인정하기도 한다.

대학생들의 학교생활을 보면 대부분 학부 1–2학년은 공통의 기초교양을 배우는 교양과목이 많다. 3학년부터는 전공영역을 배우는 전공과목이 많아 학업에 많은 시간이 요구된다. 그러나 대부분의 대학생들은 학업과 아르바이트를 병행하고 있으며 주로 음식점이나 편의점 등에서 일한다. 또 초등학교 때부터 익혀온 클럽활동에도 열성적이다. 3학년 후반에는 진로 결정을 위해 취업활동에 들어가는데 지망하는 기업이나 그 업계에 대한 조사·연구·응모를 본격적으로 시작한다. 4학년부터는 기업 채용이 확정되는 학생도 있고 4학년 중반에는 거의 취업활동을 마치는 경우가 많다.

한편 일부러 졸업을 유보하는 경우도 있는데 그 이유는 국가자격 취득 및 대학원 진학을 위해 학업을 계속한다거나 또는 취업활동을 계속하기 위해서는 유급이 유리할 수도 있기 때문이다. 2008년도의 금융위기로 인한 경제상황의 악화로 채용 내정을 취소당한 학생에게 학비를 면제해주고 1년간 유급을 인정한 대학도 있다. 대학에 졸업유보자가 늘어나면서 정부에서는 각 기업들에게 졸업자들에 대한 취업 문호를 개방하도록 노력하고 있으나 기업들은 여전히 졸업예정자 일괄채용을 선호하는 경향이 있다.

memo

24) 센터시험(National Center Test for University Admissions)은 1990년대부터 대학공통 1차 시험을 대신해서 실시한 대학입학 시험이다. 국어, 사회, 수학, 이과(자연과학), 외국어 능력을 측정한다. 2002년도부터 외국어 선택과목에 한국어가 포함되기도 했다. 지원자의 입학은 센터시험 성적과 대학에서 독자적으로 실시하는 입학시험의 결과로 결정된다.

4. 사교육

(1) 주쿠

주쿠는 요비코, 학습주쿠, 나라이고토習い事 등의 총칭이라고 할 수 있다. 이들을 명확히 구분하고 있지는 않으나 각각의 기능과 성격이 조금씩 다르기 때문에 구분해 둘 필요가 있다. 예를 들어 요비코는 주로 수험생을 위한 입시학원, 학습주쿠는 반드시 입시를 목적으로 하지 않더라도 현재 학교에서 공부하는 과목에 대한 보충수업을 위해 다니는 학원을 말하고, 나라이고토는 단순한 예능과 기술 습득만이 아니라 음악·미술·영어·수영 등의 배움을 통해 예의범절을 몸에 익히는 것을 중요시 한다.

주쿠는 원래 학자와 지식인들이 자신의 집에서 개인적으로 제자들을 가르쳤던 것으로 가주쿠家塾 또는 시주쿠私塾 라고도 했다. 주쿠의 기원에 대해서는 헤이안시대 대학료 등에서 학생들을 가르치는 학자가 자택에서 별도로 제자를 양성한데서 찾을 수 있다고도 한다. 또 에도시대의 공립 학교였던 번교藩校에 대한 대항 의식의 산물이라는 견해도 있다. 즉, 큰 대접을 못 받던 유학자가 신분질서 타파를 겨냥하여 주쿠를 운영했다는 것이다. 에도시대 초기에 일본 양명학의 시조라 불리는 나카에 도주中江藤樹가 한학 주쿠를 차렸다. 그 뒤를 이어 국학 주쿠도 생겼고, 에도 말기에는 독일인에 의한 양학 주쿠가 문을 열기도 했다. 종합하자면 학자가 자택에 생도를 모아 유학에서 부터 의학·병학兵学·난학[25]등을 가르쳤던 것이 주쿠의 유래라고 할 수 있다.

이들 주쿠 가운데 가장 유명한 것을 예로 들면 19세기 말의 사상가 겸 교육자 후쿠자와 유키치가 세운 주쿠를 들 수 있다. 그것이 발전하여 오늘날 일본 양대 사학의 하나로 알려져 있는 게이오慶應대학이 되었다. 정식 명칭이 '게이오기주쿠慶應義塾대학'이라는 점과 학생을 주쿠세이塾生라고 부르는 점 등을 보아도 주쿠로 시작한 교육기관이 오늘의 유명대학으로서의 교육기관으로 발전했음을 알 수 있다.

시대의 변화에 따라 오늘날의 주쿠는 글쓰기와 수학·영어 등 학교수업을 보충하기 위한 학원의 기능을 하고 있다. 유치원생의 경우도 나라이고토를 포함하여 한두 군데 정도의 주쿠에 다니고 있다. 초·중학생의 경우 70–80% 정도가 주쿠에 다니고 있고 두 군데 이상 다니는 학생이

memo

25) 에도시대 네덜란드를 통해서 들어온 유럽의 학문, 기술, 문화 등을 통칭해서 이르는 말

30% 정도이며 많이 다니는 아이들은 열 곳이 넘는다고 한다.

(2) 요비코

일본에서는 한국과 마찬가지로 명문 고등학교나 대학에 들어가기 위한 입시경쟁이 치열하다. 과거에 비해 대학교육 자체에 대한 사회적 인식이나 필요성이 다소 약해졌다고는 하나 유명대학에의 진학 열기는 아직 대단하다.

이로 인해 요비코라 불리는 입시학원이 사교육의 큰 축을 이루며 학교교육을 보완하는 역할을 하면서 하나의 거대한 산업을 형성하고 있다. 요비코는 각종 시험에 응시하기 위해 준비하는 사람들에게 미리 지식이나 정보를 제공하는 상업적 교육기관으로서 시험 합격 후 필요한 지식 등을 동시에 제공하기도 한다. 학교의 입학시험은 물론 자격시험을 위한 요비코도 있어서 일반적으로 대학수험 요비코, 사법시험 요비코, 공무원시험 요비코 등으로 나누어 이름붙이고 있다.

요비코를 대표하는 대학수험 요비코를 살펴보면 대체로 1950년대 중반부터 대규모의 형태로 등장하기 시작했다. 전후 고도 경제 성장기에 대학수험의 대중화가 진행되면서 대규모 요비코가 급성장하는 토대가 형성된 것이다. 1990년대 후반에 들어와서는 버블경제의 붕괴와 저 출산 현상의 진전에 의해 요비코에 다니는 학생 수가 줄어들었다. 또 추천입시 등의 대책을 위한 고교 내신점수 관리나 정기시험에 대한 대책 등의 요구가 높아지면서 요비코는 재수생 중심에서 재학생을 대상으로 하는 코스로 바뀌기도 했다. 대규모 요비코는 차츰 그 규모를 축소하면서 유지하고 있으나 학습주쿠와는 달리 일정한 규모의 재학생 수 및 교원 수를 유지하고 있으며 단순한 교실만이 아니라 교사校舍를 가지고 있는 경우가 많고 일부는 기숙사 제도인 곳도 있다.

요비코는 수험전쟁의 산물이라고 할 수 있는데 수험전쟁은 사실상 유치원 때부터 시작되는 경우도 있다. 일본의 명문 사립유치원은 같은 계열의 대학 진학을 보장하는 에스컬레이터escalator교를 가지고 있는 경우도 있다. 주요 사립대학인 게이오대학과 아오야마가쿠인青山学院대학이 그렇다. 이러한 명문대 부속유치원 입학을 위해 일본 학부모들은 빠르게는 아이가 세 살 때부터 면접시험을 준비한다. 또 초등학교 재학생부터 로닌浪人[26]에 이르기까지 명문학교 진학을 위한 수험전쟁을 겪고

memo

26) 로닌은 재수생을 가리키는 말이다. 한국에서 재수, 삼수, 사수라고 하듯이 일본에서는 이치로一浪, 니로二浪, 산로三浪 라고 한다.

있다. 이러한 수험전쟁의 이면에는 좋은 회사에 들어가기 위해 또는 빨리 승진하기 위해 유명대학을 졸업하지 않으면 안 된다는 '학력사회'라는 현실이 있다. 물론 최근 일본에서는 '학력무용론'을 주장하며 입사시험에서 출신대학을 묻지 않는 회사도 늘어나고 있다. 그러나 명문학교를 선호하는 인식이 사라지지 않는 한 요비코나 유치원 수험생의 모습도 쉽게 사라지지 않을 것으로 보인다.

(3) 나라이고토

나라이고토는 스승으로 부터 예능과 기술을 배우는 것을 말하며 게이코고토けいこ事라고도 한다. 나라이고토가 학습주쿠 등과 다른 점은 단순한 예능과 기술을 배우는 것만을 목적으로 하는 것이 아니라 음악·미술·영어·수영 등의 배움을 통해 예의범절을 몸에 익히도록 하는 것을 중요시 한다는 점이다. 즉, 시쓰케躾를 위한 교육이라고 할 수 있다.

시쓰케라는 일본말의 한자를 보면 몸 '신身'과 아름다울 '미美'를 합쳐 표현한 것이다. 어떤 태도나 행동을 몸에 익혀 습관화 시킨다는 말로 '몸가짐을 바르게 함으로써 남들이 아름답게 보도록 한다'라는 의미로 해석하기도 한다. 쉽게 말하면 가정에서 부모가 자식에게 가르치는 도덕적인 생활, 즉 예의범절 등의 가정교육이 시쓰케다.

시쓰케라는 말 자체가 몸가짐 이라는 형식적인 면을 강조하는 특징을 갖고 있는 것처럼, 부모는 자식의 몸가짐에 나타나는 자세나 태도 및 행동이 다른 아이들의 몸가짐과 다르지 않도록 가르치고 있다. 두드러진 행동과 몸가짐으로 인해 남에게 폐를 끼치는 일이 없도록 해야 한다고 생각하기 때문이다. '남에게 폐를 끼치지 마라'라는 말은 아마도 일본인이라면 태어나면서 부터 귀가 따갑도록 듣는 생활 속의 가르침 이라고 해도 과언이 아닐 것이다. 다시 말해 사회 일반이 갖추고 있는 행동양식이나 몸가짐과는 달리 눈에 띄게 다르게 행동하는 것을 부끄러워하거나 두려워하도록 습관화 시키는 것이다. 가장 널리 알려진 시쓰케 방법 가운데 하나가 '창피함을 알게 하는 것'이라고 할 수 있다. 남에게 창피함을 당하지 않으려면 몸가짐을 조심해야 한다는 것이다. 일본의 문화를 하지恥 즉 수치의 문화라고 하는데 이러한 문화를 만든 것 중의 하나가 바로 시쓰케 라고 할 수 있다.

한편, 시쓰케를 빌미로 아동학대나 폭력으로 이어지는 사례가 발생하면서 가정에서의 빗나간 시쓰케가 문제시되기도 한다. 또 오늘날 일본의 교육 현실은 학교교육의 과열화로 부모는 시쓰케보다는 학교 시험 성적에 관심을 보이며 진학에 더 신경을 쓰게 되었다. 가정은 시쓰케를 가르치는 곳이 아니라 학교의 시스템과 요구에 맞춰가는 곳이 된 것이다. 이런 가운데 기본적 시쓰케를 어디에서 담당할 것인가에 대해 가정과 학교는 서로 떠맡기고 있는 실정이 문제시되고 있다. 시쓰케를 가정이나 학교가 아니라 나라이고토에서 가르치고 있는 양상도 이와 같은 현실이 반영된 것으로 보인다.

5. 교육문제

(1) 육아 스트레스

전후 일본은 핵가족화로 인해 가정에서의 육아를 둘러싼 다양한 문제가 발생하고 있으며 이에 관한 논의도 적지 않다. 과거 2–3세대가 함께 모여 사는 대가족 생활에서는 육아에 관한 노하우를 한 가정 안에서 조부모나 부모를 통해 자연히 습득할 수 있었다. 혹시 문제가 있다고 해도 함께 의논하여 해결할 방법을 찾는 등 그야말로 육아 문제는 가족 모두의 담당이었다. 그러나 핵가족화에 따라 육아는 주로 어머니 혼자서 담당할 수밖에 없는 상황이 되었다. 육아 상식이 부족한 상태에서 홀로 육아를 떠맡고 있는 어머니들은 하루하루를 스트레스와 불안 속에서 살아가는 것이다. 자신의 육아방법이 옳은 것인지 또는 아이가 신체적·정신적으로 정상적인 성장을 하고 있는지에 대한 불안감은 물론, 공원데뷰公園デビュー[27]의 실패로 인한 정신적 고통을 호소하기도 하고, 소위 3세아 신화三歳児神話[28]에 관련하여 불안을 호소하는 예가 적지 않다.

실정이 이렇다 보니 양육·시쓰케·가족과 학교의 관계·수험 등을 주제로 하여 모자관계에 초점을 맞춘 책이나 잡지가 다량 출판되고 있다. 물론 이러한 '어린이 취급 설명서'와 같은 서적이 적지 않은 도움이 되기도 한다. 그러나 아이의 성장은 10인 10색으로 평균적인 상황이 거의 드물기 때문에 어떤 말을 신뢰해야 하는지 기준이 애매하다. 이로 인해 어머니들은 더욱 혼란스러워 한다.

육아 불안으로 인한 스트레스는 어머니 자신의 병적인 노이로제나 부

memo

27) 만1세 정도의 유아가 아장아장 걷기 시작할 무렵 엄마가 집 근처 공원에 아이를 데리고 나가 그곳에 모여 있는 다른 엄마들과 커뮤니티를 형성하게 되는 것.

28) 아이가 세 살 무렵까지 엄마가 직접 양육하지 않으면 이후의 성장과정에 나쁜 영향을 미친다는 생각.

부 갈등을 초래하기도 하고 스트레스로 부터 도피하기 위해 아이를 방치해 두는 사례가 발생하기도 한다. 그러나 이러한 문제보다도 더 심각한 것은 아이를 부정적인 감정으로 대하거나 충동적인 공격, 즉 아동학대나 폭력으로까지 연결되는 것이다.

이와 같은 육아 스트레스로 인한 문제의 대응으로 일본 정부에서는 가정과 지역사회의 연계성을 중심으로 해결 방법을 모색하고 있다. 각 지방자치체에서는 공립 보육원을 통해 전화로 육아 상담이 가능한 시스템을 갖추도록 하고 있으며 상담을 통해 자주 접하는 질문에 대해서는 책자를 만들어 시청의 담당 부서와 공립 보육원 창구에서 배포하고 있다.

뿐만 아니라 도쿄도의 육아지원 사업 중 하나인 어린이가정 지원센터 '스쿠스쿠히로바すくすく広場'에서는 육아고민과 스트레스 해소를 위한 다양한 서비스를 제공하고 있다. 센터에 아이를 맡길 수 있어서 어머니가 시간적으로 여유를 갖게 되고 같은 입장에 처한 어머니들이 전문가의 도움을 받아 아이들의 성장과 발육을 함께 지켜보며 문제를 해결해 가고 있다. 이로서 서서히 육아 스트레스에서 해방되어 아동학대 등을 조기에 예방할 수 있다고 한다.

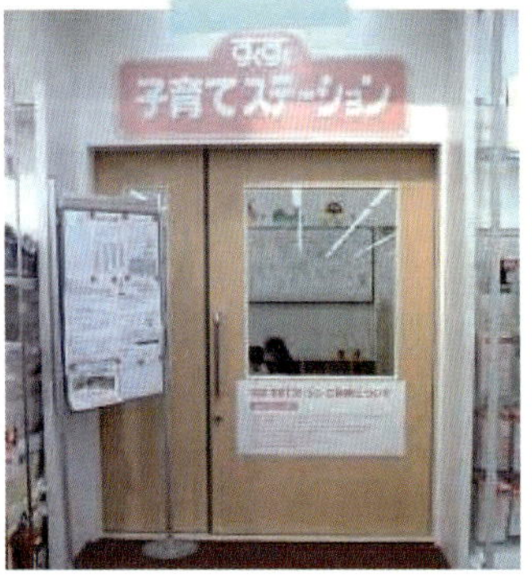

▼ 스쿠스쿠히로바 상담실

▼ 스쿠스쿠히로바 참여 풍경

(2) 유토리 교육

전후의 일본 교육은 학력사회와 입시경쟁으로 과도한 주입식 교육이 주가 되었다. 이에 학생들을 입시지옥에서 해방시킨다는 명분 아래 1990년대 중반부터 이른바 '여유교육'이라는 의미를 지닌 유토리ゆと

り 교육을 시행해 왔다. 학생의 인성이나 창의력을 키우기 위해 수업시간과 교재의 양을 크게 줄이고 주 5일제 수업을 점진적으로 시행하여 학습 부담을 덜어주는 것이 핵심이었다.

그러나 2004년 12월 경제협력개발기구(OECD)가 발표한 '학업성취도 국제비교' 결과에서 일본 학생들의 순위가 과거에 비해 크게 떨어졌다. 또 공립고교 교사의 대부분이 유토리 교육 실시 이후 학생들의 기초학력이 크게 저하했다는 평가를 내렸다. 이로 인해 경쟁만이 교육을 살릴 수 있다는 진단과 반성이 일본의 정계·학계에서 일제히 제기되었고 유토리 교육은 큰 성과를 기대할 수 없게 되었다. 2007년에는 1964년에 폐지했던 전국 일제고사를 부활시키면서 교과 성취도를 중시하는 학력중시 교육으로 되돌아갔다. 일본 재계를 대표하는 게이단렌経団連도 학교교육에 경쟁 원리를 도입하라고 제안했는데, 학생과 학부모가 학교를 선택하도록 하고 선택을 받은 학교에 예산을 집중 지원해야 한다는 것이다.

한편, 2008년 교육과정 개편의 쟁점은 그간 핵심 이념이었던 유토리 교육을 재점검하는 관점에서 출발하고 있다. 미래 생활에 필요한 능력으로서 '살아가기 위한 힘'을 배양하는 것을 개편의 핵심 쟁점으로 부각시킨 것이다. 이에 따라 최근 학생들의 학력평가와 향상을 목적으로 전국 초등학교 6학년과 중학교 3학년 학생들 전원을 대상으로 실시하고 있는 전국 일제고사를 대폭 축소하기로 했다.

위와 같이 일본의 교육계는 유토리 교육이냐 학력향상 교육이냐를 놓고 고심하며 양쪽 모두를 실현할 수 있는 방법으로 교과와 연계한 체험활동 및 비교과 중심의 종합학습 시간을 구상하고 있다. 이는 기초·기본지식과 기능을 확실하게 익히고 이를 활용하여 사고력·판단력·표현력 등을 육성할 수 있기 때문에 유토리 교육과 학력향상을 위한 교육이 상호 조화를 이룰 수 있다는 것이다. 그렇다고는 해도 일본 교육은 한국과 유사한 진학 위주의 학교교육 체제를 유지하고 있다. 이러한 실정으로 볼 때 유토리 교육과 병행한 학력향상 교육 추진의 성공여부는 아직 불투명하다.

(3) 청소년 비행

통상적으로 일본 교육에서의 대표적 문제로 꼽히는 것이 소년범죄 및 이지메いじめ, 등교거부 등의 청소년 비행 문제라고 할 수 있다. 청소년 비행 문제는 일본에만 국한된 것은 아니지만 일본에서는 80년대 이후 10대들의 흉악한 범죄가 연이어 발생하면서 사회 병리적 문제로까지 다루게 되었다. 전후의 소년범죄 양상은 3회에 걸친 증폭현상이 나타나는데, 소년 형법범 검거인원으로 볼 때 제1기는 16만6433명(1951)이고, 제2기는 23만8830명(1964)이며, 제3기는 31만7438명으로 최고점을 보인 1983년이다. 그 후 감소 추이를 보이지만 1996년 이후부터 잠시 증가하는 전환 양상을 보이다가 2008년 현재까지 다시 감소 추이를 나타내고 있다.

2000년대에 들어 경찰청에서는 범죄의 흉악화 및 저연령화의 경향으로 볼 때 심각성이 더해가고 있다며 그 대응책이 시급함을 밝혔다. 범죄의 양적 증가뿐만 아니라 범죄 내용면에 있어서도 범죄 동기가 불분명하다는 점과 범죄 행위의 방법이 상상하기 어려운 잔인성을 띠고 있다는 점 등이 소년범죄의 심각성을 대변한다고 했다. 이에 따라 2003년의 범죄백서에는 대응책으로 소년 전담 경찰을 배치하는 운영방침을 세우고, 수사체제의 강화와 수사기능 향상 등의 소년 사건 수사력을 강화해야 한다고 했다. 또 소년법을 개정[29)]하기도 했는데 결과적으로는 교육계에 책임을 물어 교육에 문제가 있다는 것으로 초점을 모았다.

한편, 청소년 비행에 관한 논의는 다양한 시각에서 다루고 있는 만큼 다양한 견해를 보인다. 즉, 소년범죄가 그리 심각한 것이 아니라는 견해도 적지 않다. 그 근거로서, 전후 형법범 소년 등의 검거인원·인구비의 추이를 보면 시기에 따라 증감이 반복되고 있으므로 범죄의 증가 현상을 걱정할 필요가 없다는 것이다. 또 통계 결과에 나타나는 소년범죄와 소년범죄 외의 범죄인 성인범죄·여성범죄·제 외국 소년범죄와 비교해 볼 때, 심각한 상태가 아니고 오히려 자연스러운 현상이라고 할 수 있으므로 이를 사회문제로 부각시키고 확대시키는 것은 타당하지 않다는 주장이다.

일본의 소년범죄를 포함한 청소년 비행 문제에 관해서는 위와 같이 입장과 해석에 따라 다른 견해를 보인다. 때문에 정말로 심각한 것인지 아니면 자연스러운 사회 현상인지에 대해서는 명확히 구분하기가 쉽지

memo

29) 중학생들에 의한 흉악 범죄의 증가가 사회문제로 대두되면서 2003년부터 형사처벌 가능 연령을 16세에서 14세로 개정했으며, 범죄 소년에 대한 실명보도가 거론되었다.

않다. 그러나 한국과 비교해 볼 때 범죄의 내용면에서 주목되는 것이 있는데 예를 들면 한국에서는 아직은 드물게 나타나는 학생에 의한 교사폭력사건이 그것이다. 2005년도 문부과학성 조사에 의하면 학교에서 연간 약 5000여 건의 학생에 의한 교사폭력이 일어나고 있다. 발생 건수만을 보더라도 상당수의 교사가 학생으로부터 폭력을 당하고 있는 것으로 보인다.

소년범죄에 대한 전망은 법적인 제제가 강화된다고 하여도 현재의 소년범죄가 엄중한 처벌로 제거되거나 예방될 성향의 범죄가 아니므로 사회복지사의 역할 및 개별적인 케이스에 대응하는 임상적인 대책이 요구된다는 견해가 적지 않다. 이러한 견해는 한국의 청소년 비행문제의 대응에 참조할 필요가 있음을 시사한다.

심화학습

1. 일본 교육과정의 장 · 단점을 찾아보자.
2. 사교육 형태의 한 · 일 비교를 통해 유사점과 상이점을 찾아보자.
3. 일본의 교육문제가 한국의 교육문제에 주는 시사점을 찾아보자.

참고자료

고전『日本教育改革黒 · 白書』학지사 2003
尾形裕康편, 辛容局역『日本教育史』教育出版社 1993
杮沼昌芳 · 永野恒雄 編『教育基本法と教育委員会』批評社 2003
寄田啓夫 · 山中芳和 編『日本の教育の歴史と思想』ミネルヴァ書房 2002
文部科学省 http://www.mext.go.jp

3장 젠더

'자기결정권自己決定権'. 젠더gender론에서는 여성의 삶과 성에 대해 자기결정권을 중시한다. 여성에 대한 사회적 억압은 여성의 삶에서 다양한 선택을 제한한다. 여성스러운 성격, 복장, 말투, 직업, 연애, 결혼, 출산 등을 선택하도록 한다는 것이다. 사회가 요구하는 선택으로부터 벗어난 여성은 질시와 차별의 대상이 되는 경우가 많다. 소수자로서 여성의 인권과 다양한 선택을 인정하자는 것이 젠더론이다.

과연 일본사회는 여성의 자기결정권이 인정되는 사회일까? 일본의 가족·성문화·천황제 등에 주목하고자 한다. 각각의 영역에서 일본사회의 남녀차별을 조장하는 역사적 배경과 원인들을 검토하려는 것이다. 일본사회는 남녀의 성 역할분담이 강조되는 사회이다. 여성에게 여성스러움과 여성으로서의 역할이 강조되고 있다는 것이다. 결국 젠더를 통해 일본사회를 고찰해보면, 상당히 여성에 대해 억압적인 사회라는 점이 부각될 것이다. 그러나 젠더의 관점에서 본 일본사회의 현상들은 일본적인 특수성을 갖기도 하지만, 한국을 비롯한 다른 사회에 공통적으로 나타나는 보편성을 갖는 경우도 있다는 점을 인식해야 한다.

일본지역학 학습은 다양한 관점에서 일본사회를 깊이 이해하는 것을 목적으로 한다. 나아가 학습자가 하나의 사회를 보는 시각을 정립시키는 훈련을 통해 다양한 사회의 현상들을 분석하고, 비판할 수 있는 자질을 높여가는 것도 필요하다.

1. 젠더와 일본사회

(1) 젠더의 정의

흔히 남녀의 성별을 나타낼 때 섹스sex라는 용어를 사용한다. 섹스는 인간이 태어날 때부터 갖는 신체적 성별을 의미하여, 생물학적 성별이라고도 표현된다. 따라서 생물학적 성별은 자연적인 것이므로 바꿀 수 없다는 인식으로 이어진다.

그러나 남녀평등과 여성해방을 주장하는 페미니즘은 섹스라는 단일 개념으로 파악하는 성별인식에 대해 문제점을 제기하였다. 여성은, 여성이라는 생물학적 성을 획득하는 것으로 여성스러움이라는 여성성을 요구받게 된다. 적극적이고 공격적인 남성에 비해 여성은 부드럽고 포용적이며, 또한 경제활동을 통해 가족을 부양하는 남성에 대해 여성은 육아와 가사에 충실해야 한다는 사회적 통념이 성립된다. 페미니스트들은 생물학적 성별이 여성의 사회적 성역할을 규정하고 있으며, 여성성의 강조가 여성의 다양한 삶을 제한한다는 것을 인식하게 된 것이다. 남녀의 성역할을 결정하는 것은 생물학적 요인이 아니라, 사회적 학습과정을 통해 얻어졌다는 점에 주목하게 되었다. 젠더는 원래 언어학에서 명사의 성별을 의미하는 용어였다. 1970년대 페미니즘이 성차性差를 생물학적 성별과 분리시켜, 사회 · 문화적으로 만들어진 것이며 변화시킬 수 있다는 입장에서 젠더라는 개념을 사용하기 시작하였다. 젠더는 사회 · 문화적 성별이라고 정의되며, 성별에 따른 성역할을 중시하는 사회 · 문화적 요인을 제거함으로써 양성평등 실현의 가능성이 높아진다고 보는 것이다.

또한 젠더에서는 인간의 모든 활동에서 남녀의 차이화가 만들어진다고 보고 있다. 실생활의 남녀관계 뿐 아니라, 사회제도 · 법 · 교육 · 경제 · 미디어 · 문화 · 역사 등 다양한 인간 활동이 남녀의 차이화를 조장하고 있다는 것이다. 남녀의 차이화는 어떠한 경우에도 지배와 피지배의 권력관계를 포함하고 있으므로 남녀 차별이라고 표현할 수 있을 것이다.

남녀 차별을 해소하여 양성평등을 지향하는 젠더는 모든 인간 활동을 분석대상으로 삼을 수 있게 된 것이다. 젠더론의 영역이 이와 같이 확대될 수 있다면, 일본지역학 연구에서도 젠더는 다양한 관점을 제시해 줄 수 있을 것으로 판단된다.

(2) 일본지역학을 위한 젠더론의 관점

일본사회는 남녀의 성역할 분담에 대한 기대가 큰 사회다. 여성의 경우 임신, 출산, 수유 기능이 강조되고 자녀양육이 어머니의 본분이라는 관념이 강하다. 이를 통해 가정 내 여성과 남성의 역할분담이 명확해지고 남성은 직장인간, 여성은 가사와 육아를 전담하는 전업주부를 이상으로 하는 사회구조가 정착되었다고 할 수 있다. 젠더론의 주요 관심사가 남녀의 성역할 분담에 있다고 한다면, 먼저 가족에 주목할 필요가 있을 것이다.

현대 일본가족 형태에는 근대 가족의 잔재가 농후하다고 지적된다. 메이지정부의 출범과 함께 등장하는 '이에'제도는 남녀 불평등을 규정하고 있으며, 그러한 요소들이 현대 가족에도 영향을 미치고 있기 때문이다. 근대가족의 극복은 현대 가족문제에서 반드시 언급되는 사항이다. 이에제도의 성립배경과 특징을 주목하면서, 현대 일본의 가족이 안고 있는 부부동성제, 전업주부와 결혼기피현상, 저출산 등에 대해 살펴보기로 한다.

두 번째로 주목하고자 하는 것은 성性문화다. 일본사회에는 동성애자와 성동일성 장애자 ≒성전환자 등 성적性的 소수자에 대한 편견과 차별이 존재한다. 그러나 역사적으로 살펴보면 일본인의 성에 대한 인식과 표현이 좀 더 다양했음을 확인할 수 있다. 다양한 삶을 인정하고 소수자에 대한 차별을 철폐하려는 일본사회의 움직임에 주목해 보고자 한다.

나아가 성 상품화의 실태와 인식을 살펴보고자 한다. 우리에게는 일본사회가 성에 대해 상당히 개방되었으며, 그와 더불어 성의 상품화도 한층 진전되어 있다는 인식이 있다. 그러나 일본의 성 산업 발달의 배경에 대해서는 충분한 해답이 제시되고 있지 않다. 역사적으로 성 산업 발달 과정을 살펴보고, 원조교제를 포함하는 성 상품화 실태, 성매매에 의해 발생하는 여성인권 침해 문제, 성매매 여성의 노동권 인정 문제를 포함하여 일본의 성문화에 대해 생각해 보기로 하자.

세 번째로 일본사회를 논하는 주요 테마인 천황제의 차별성이다. 일본사회의 특수성이라는 관점에서 볼 수 있는 문제인데, 여성천황 배제와 천황가의 여성들에게 요구되는 역할규정을 통해 천황제가 일본사회의 남녀차별을 조장하는 기능을 하고 있음을 부각시켜 보고자 한다. 나아가 천황제 폐지 논쟁과 여성차별문제는 어떠한 연관성 속에 이해해야 할지도 언급하고자 한다.

2. 근대적 가족의 극복

(1) 근대가족의 출발: 이에제도

일본의 근대화 과정에서 등장하는 이에제도가 근대가족의 출발점이 되고 있다.

메이지정부는 1898년 민법 제정을 통해 이에제도를 성립시켰다. 모든 국민은 반드시 이에에 속하도록 규정하며, 이에 내부의 강력한 호주권을 인정하였다. 남성 가장인 호주에게 가족구성원에 대한 지배권을 인정하며, 결혼과 함께 여성이 남성의 성을 따르는 동성제同姓制를 채택하고, 남성의 간통은 문제시 되지 않고 여성의 간통만이 이혼사유가 되었다. 재산권 행사에서 처의 무능력을 규정하고, 자녀에 대한 친권이 아버지에게만 인정되는 등, 가족 내 여성의 지위가 저하되는 구조를 만들어 내고 있다. 남성에 의한 여성의 지배가 인정되는 가부장제적 가족의 형태로 일부에서는 이에가 봉건사회의 가족규범을 모델로 제도화되었다는 의견도 존재하지만, 역사적으로 검토해 보면 그렇지 않다는 점을 확인할 수 있다.

에도막부는 강력한 지배체제의 관철을 위해 각 계층의 이에에 적극적으로 개입하여 제도로서의 이에를 확립시켰다. 남성가장이 대표가 되고 가장권을 장남이 상속하는 원칙이 세워졌다. 여성에게는 삼종지도三從之道를 강요하여 가장과 부모에게 복종하도록 제도화하였다. 그러나 서민의 경우 남성중심의 이에원리가 지배적이기는 하였으나 다양성이 존재하였다. 남성가장이 없는 경우 여성이 대신할 수 있었으며, 장녀나 막내를 통해 상속되는 예도 볼 수 있다. 제도적으로 이혼청구권은 남성에게만 인정되었으나, 여성이 적극적으로 주도하여 이혼하는 사례도 있었다. 여성이 재산권을 행사하며, 적극적으로 경제활동을 영위하는 경우도 있어 제도와 현실에는 차이가 있었다고 할 수 있다. 전인구의 10%를 넘지 않는 무사계층과 달리 대부분의 서민 가족에서는 다양성이 존재했던 것이다. 따라서 이에제도는 봉건잔재라기 보다 메이지정부가 전국민을 효율적으로 지배하기 위해 만들어낸 근대적 산물이며, 이러한 근대가족이 여성에 대한 복종과 억압을 심화시키며 정착되었다고 할 수 있다.

이러한 이에제도는 전후 민주화 개혁 속에 폐지되었다. 신헌법이 '개인의 존엄과 양성의 본질적 평등'을 규정하고 새로운 가족규범을 제시하면서, 1947년 호적법과 민법에 규정된 이에제도가 폐지된 것이다. 더불어 호주에 관한 규정과 아내의 무능력 규정이 폐지되고 결혼은 본인의 의사로 결정할 수 있게 되었으며 처와 장남 이외의 자녀에게도 상속권이 주어지게 되었다. 제도적으로는 근대가족이 안고 있는 차별적 요소가 해소되었다고 할 수 있다.

그러나 가족제도가 민주적으로 개정되었음에도 불구하고 실생활에서는 가부장제적 지배를 완전히 극복하지 못하고 있으며, 여전히 남녀불평등적 가족관계 형성에 영향을 주고 있다. 근대가족의 극복을 지향하는 이유가 여기에 있다. 이상의 이해를 바탕으로 현대 가족관계에 내포되어 있는 근대적 요소들을 구체적으로 검토해 보기로 한다.

(2) 부부별성제

'이에'제도 폐지이후 호적법이 개정됨에 따라 호적의 편제방식도 바뀌었다. 전전의 이에와 호주를 중심으로 하는 편제에서 부부, 그리고 그들과 동일한 성을 갖는 미혼의 자녀로 호적이 편성되게 되었다. 이것은 자녀가 결혼하면 부모의 호적에서 나와 새로운 호적을 만든다는 것을 의미한다. 현행의 호적제도는 부부동성에 근거하여 부부와 미혼의 자녀는 동호적동씨同戸籍同氏의 원칙을 취한다. 민법 750조에 남녀가 결혼할 때 부부 중 어느 한 쪽의 성을 선택할 수 있도록 남녀평등의 기회를 부여하고 있다. 그러나 여전히 97.4%의 부부가 남편의 성을 따르고 있는 실정이다.

즉, 가부장제적 가족구조가 유지되고 있다고 말할 수 있는 것이다. 이를 극복하기 위해 부부별성제夫婦別姓制 채택을 요구하는 목소리가 높다. 처가 결혼하기 전의 성을 유지하는 것은 친정과의 관계를 표현하는 것으로, 친정과의 관계를 긴밀하게 유지하는 것은 시집에서의 지위를 높일 수 있다고 볼 수 있다. 그렇다면 부부동성은 처와 친정과의 관계를 단절시키고 남편의 처에 대한 지배를 강화시킨다는 논리가 성립되는 것이다. 또한 대부분의 부부가 남성의 성을 선택하는 것 자체가 남녀평등에 위배된다는 주장이다.

그러나 부부별성제 채택 요구가 시민 · 여성 단체들의 운동적 차원에 머물러 있지 않다는 점을 주목할 필요가 있다. 실생활에서 불합리를 느끼는 약자가 존재하고 있다는 점이다. 먼저 직업여성의 경우로 결혼과 함께 개성改姓함으로써 업무의 연속성 유지에 큰 지장을 받는다. 나아가 이보다 더 현실적인 사회적 약자는 이혼과 재혼을 경험하는 부모의 자녀들이다. 한해 결혼하는 부부 세 쌍에 대해 한 쌍이 이혼하는 일본의 현실에서[30], 이혼 · 재혼으로 한 가정에 다양한 성이 존재하는 상황이 발생하고 있다. 자녀를 둔 이혼 여성이 재혼하여 남편의 성으로 바꾸게 되면, 부부와 아이의 성이 달라진다. 아이의 성을 부부와 동성으로 만들기 위해서는 아이와 새 아버지 사이에 법적인 양자관계를 설정해야 한다. 이러한 복잡한 절차들이 필요한 것은 일본사회가 동호적동씨라는 제도 하에서, 가정 내 다양한 성姓의 존재를 차별시하기 때문일 것이다. 다양한 결혼과 가족의 형태가 증가하는 일본사회에서, 부부동성이라는 획일성의 강조가 사회적 약자를 낳게 되고, 이러한 혼란을 피하기 위해서는 하나의 가정에 하나의 성이 존재해야 한다는 제도와 인식을 타파해야 한다는 것이다.

1997년 민주당을 중심으로 공산당 · 사민당이 공동으로 선택적 부부별성을 위한 민법개정안을 국회에 제출하였지만, 자민당이 '가족의 일체감을 손상시킨다. 가족의 붕괴로 이어질 우려가 있다.'는 이유로 반대하여 좌절되었다. 이후 야당을 중심으로 민법개정안이 지속적으로 제출되었지만 제도화에 이르지 못하고 있는 현실이다. 2009년 출범한 민주당 정권은 부부가 각각의 성을 사용할 수 있는 선택적 별성제 도입 방침을 공언하고 있다. 별성을 선택한 부부의 자녀의 성에 대해 법무성이 '복수의 자녀의 성은 통일한다'는 안을 제시하고 있지만, 민주당은 자녀 출생시마다 정한다는 방침으로 자녀의 성을 반드시 통일하지 않는다는 입장이다.

(3) 성역할 분담과 전업주부

성역할 분담이란 남성은 사회에서의 직업 활동, 여성은 가정에서 가사와 육아라는 형태로 남녀의 분업을 강조하는 것이다. 이러한 가정에서의 가사와 육아를 담당하는 여성이 전업주부다.

인류 역사에 있어서 전업주부가 등장하는 것은 근대 이후다. 전근대 사회에서는 생산 활동과 가사노동이 분리되어 있지 않아, 대부분의 인구가 농업과 가업에 종사하고 여성도 남성과 함께 생산노동을 담당하

memo

30) 2005년의 인구 1000명당 이혼 건수는 2.08로 나타나고 있다.

고 있었다. 그러나 산업화가 진행되고 생산 활동이 가정으로부터 분리되게 되면, 남성은 가정 밖에서 노동력을 제공하고 임금을 받는 구조가 생겨난다. 여성이 가사노동을 전담하게 되면서 전업주부가 탄생한 것이다.

후발 산업혁명 국가인 일본에서는 서구를 모델로 한 근대화과정에서 일부의 계층을 중심으로 전업주부가 등장했다. 본격적으로 전업주부가 증가하는 것은 전후 고도경제성장기 이후로 볼 수 있다. 여성의 노동인구비율 조사에 따르면 1960년 54.5%에서 1975년 45.7%로 저하되는 반면, 전업주부의 수는 1955년 900만 명에서 1980년에는 1600만 명으로 약 1.8배에 이르고 있다. 이는 전업주부의 증가가 자본주의 경제체제의 발달과 깊은 관련이 있다는 것을 말해 준다. 전후 일본경제의 급속한 발전과 경제적 안정은 종신고용과 연공서열의 임금체계를 낳았고, 안정적 수입 보장은 '샐러리맨/전업주부형' 가족 형태를 정착시켰다고 할 수 있다.

전업주부는 가사와 자녀양육을 통해 기업에 양질의 노동자를 제공해주는 재생산기능을 담당하고, 여성들 사이에는 생산노동에 종사하지 않아도 되는 전업주부를 동경하는 사회적 분위기도 형성되었다. 그러나 전업주부가 성립되기 위해서는 중요한 조건이 필요하다. 가사노동은 무임금 노동으로 가정생활을 안정적으로 유지시키기 위해서는 남편의 경제활동이 바탕이 되어야 한다. 평생을 함께 하며, 안정적인 수입을 보장해 줄 남편이 존재하지 않는다면 전업주부도 성립될 수 없다는 점이다.

1973년 오일 쇼크 이후 일본의 고도경제성장기가 막을 내리고, 1990년 후반 경제침체에 따른 고용 불안정의 심화는 커다란 변화를 가져왔다. 연공서열, 종신고용이라는 용어가 의미를 잃게 되면서 남성의 안정적 고용과 수입 증가를 기대할 수 없게 된 것이다. 남성을 통해 안정적 수입을 보장받는 것이 어려워지면서 여성이 전업주부로서의 생활을 영위하는 것도 곤란해지게 되고, 주부 파트타임 노동이 증가하였다. 파트타임 노동인구의 대부분이 주부이며, 이들은 저임금 · 비숙련 노동을 담당하고 있는 현실이다. 이처럼 결혼이 경제적 안정을 보장해 주지 못하게 되면서 여성이 결혼을 기피하는 현상을 낳게 되고 나아가 저출산 문제로까지 이어지고 있다고 보는 견해도 있다.

일본인의 결혼관 조사에 따르면, 미혼남녀의 90% 정도가 결혼을 희망하고 있는 것으로 나타나고 있어 사회참여를 원하는 여성의 의식변화가 결혼기피 현상을 낳고 있다고 할 수는 없다. 일본에서 만혼화·미혼화 현상이 나타나는 가장 큰 원인은 결혼 적령기의 남녀가 원하는 상대를 만나기 어렵기 때문이라는 지적이 지지를 얻고 있다. 성역할 분담의식이 강한 일본사회에서 전업주부를 지향하는 여성의 경우 고수입의 남성을 원하지만, 일본경제 구조의 변화와 함께 남성의 수입은 저하하고 고용마저도 불안정화 되고 있다. 결혼은 하고 싶지만 안정된 생활을 보장해 줄 수 있는 경제력을 갖춘 남성을 만나기가 어려워지는 현실이다. 결국 여성이 고수입의 남성을 선호하면서 남성의 경우에도 낮은 수입에 만족할 수 있는 결혼 상대를 찾기가 힘들어지는 구조가 만들어지는 것이다. 실제로 부모의 수입이 높으면서 전업주부를 선호하는 여성, 높은 수입에 대한 확신이 없으면서 기존의 전업주부형 배우자를 원하는 남성일수록 결혼상대를 찾기 어렵다는 분석이 보고되기도 한다. 이렇게 본다면 결혼 기피 현상을 성역할 분담의식이 큰 일본사회에서 전업주부를 희망하는 여성이 많기 때문으로 해석할 수도 있는 것이다.

저출산의 원인도 이러한 맥락에서 이해할 수 있다. 한 사람의 여성이 평생 아이를 낳는 합계 출산율이 2006년 1.32명에 달하고 있어, 1970년경 2.2명이었던 것에서 급격하게 감소하였다. 저출산의 원인을 여성의 사회진출 등에 따른 출산 기피로 보기 쉽지만, 다른 선진국의 사례와 비교해 보면 여성의 사회진출이 높은 국가일수록 출산율이 높다는 통계가 제시된다. 2000년 여성노동인구비율과 합계 출산율의 상관관계를 검토해 보면, 미국, 노르웨이, 덴마크 등은 여성노동인구비율이 70-80% 정도이고 출산율은 1.8-2.0명에 달하고 있다. 이에 비해 일본, 스페인, 이탈리아 등은 여성노동인구비율이 45-60%에 못 미치는데 출산율은 1.2-1.4명에 머무른다는 것이다. 가계에 대한 책임을 남편이 혼자 부담하지 않고 부부가 동등하게 분담고자 하는 사회적 인식이 높아질수록 출산율이 높아진다는 것이다. 실제로 일본의 부부가 이상으로 하는 자녀수는 2-3명으로 나타나고 있다. 자녀의 출산과 양육에 대한 책임이 전적으로 가정에 있다는 인식이 팽배한 일본에서, 교육비 등 자녀양육을 위한 과도한 비용을 한 사람의 남성가장이 부담하는 것은 곤란하며 결국 출산율 저하로 이어졌다고 볼 수 있는 것이다.

일본사회 저출산의 원인으로 미혼모에 대한 사회적 차별과 경제적 문제도 거론되고 있다. 선진국의 경우, 만혼화가 진행되고 있음에도 불구하고 출산율이 증가하는 이유가 미혼모의 출산이 급증하고 있기 때문이다. 일본은 결혼제도에 근거한 부부 중심의 근대적 가족을 중시하는 사회다. 부모가 혼인신고를 하지 않으면 자녀는 비적출자가 되어 사회적으로 차별을 받는다. 호적과 주민등록의 기재, 상속, 취학, 취업, 결혼에서 차별의 대상이 되는 것이다. 결혼기피가 곧바로 출산율 저하로 이어지는 이유다.

이상의 검토에 따르면 성 역할분담 의식이 일본사회의 결혼기피와 저출산을 낳는 중요한 원인이 되고 있다는 점을 확인할 수 있다. 결혼기피와 저출산 문제를 해결하기 위해서는 성역할 분담에 대한 의식 개혁이 이루어져야 한다.

3. 일본의 성문화

(1) 성의 다양성

젠더는 생물학적 성별에 근거한 남녀의 역할 분담에 이의를 제기하며 출발하고 있다. 그러나 최근에는 남녀라는 이분법적 성별을 부정하며 오히려 생물학적 성별의 다양성을 인정하는 주장도 강해지고 있다. 남녀의 신체적 차이를 결정짓는 중요한 요소인 성염색체의 경우 XX가 여성이고 XY는 남성이라는 인식이 일반적이다. 그러나 그 외에도 XXY, XO, XXY, XXX등 다양한 성염색체가 존재한다는 것이 과학적으로 증명되고 있다. 남녀 생식기의 특징을 반반씩 갖고 있는 경우도 있어, 단순히 남녀로 나누는 생물학적 성별론에 이의를 제기한다. 인간의 신체적 특징이 다양하다는 것은 성동일성 장애자[31)]에 대한 사회적 차별에 대한 인식의 변화를 촉구한다.

또한 성애의 대상에 관한 섹슈얼리티sexuality의 문제도 있다. 일반적으로 남성은 여성에 대해 애정과 성적 욕구를 느끼게 되고, 여성은 남성에게서 느낀다. 이러한 성적 지향성을 이성애異性愛라고 표현한다. 이성애가 일반화되어 있는 사회에 동성애자同性愛者와 양성애자両性愛者도 존재하고 있다. 미국의 철학자 쥬디스 버틀러Judith P. Butler는 인간은 태어나면서 양성애적 경향을 갖고 있으며, 성장과정에서 동성애를 금지하는 사회적 분위기가 대부분의 인간을 이성애로 유도한다고 지적하기

memo

31) 태어나면서 나타나는 신체적 특징에 의한 성별과 자신이 갖는 성에 대한 인식이 일치하지 않는 경우를 가리킨다. 한국에서는 성전환자로 표현되기도 하나 엄격하게는 동일한 의미는 아니다.

도 한다. 일본사회도 이성애를 기본으로 하므로 동성애자에 대한 차별이 존재한다.

2008년 일본 내각부内閣府가 실시한 인권옹호를 위한 여론조사에서 성적 소수자들은 "동성애자 및 성동일성 장애자에 대한 이해가 부족하다"가 49.0%, "힐끗힐끗 보거나 피한다" 가 26.7%, "직장, 학교에서 놀림을 당한다"가 24.1%, "취직이나 직장에서 불리한 대우를 받는다"가 22.1%로, 주위로부터 차별을 받고 있다고 답하고 있다.

그러나 역사적으로 보면 일본사회에 이성애만이 일반화되었던 것은 아니다.

헤이안시대 귀족과 승려, 중세 무사사회의 무장들 사이에 동성애가 상당히 이루어지고 있었던 점은 역사가들에 의해 이미 밝혀졌다. 귀족과 무사들은 동성애 상대를 통해 출세의 기회를 획득하기도 하였다. 이들 대부분이 가족을 이루고 있었던 점을 감안하면, 위에서 언급한 양성애자라고도 할 수 있다. 일본뿐 아니라 고대 그리스 귀족사회에서도, 중세 유럽의 기독교에 의해 통제된 사회에서도 동성애가 존재했었다는 점은 동서고금을 통해 다양한 성애의 표현이 존재했음을 확인할 수 있다.

최근의 동성애자 차별에 대한 일본사회의 대응을 볼 수 있는 사건을 소개해 보자. 도쿄도 청년의 집青年の家사건이다. 동성애자의 권리를 옹호하는 단체가 도쿄도의 공공시설을 이용하려 했으나 "동성애자의 성적 행위" 혹은 "청소년의 건전한 육성에 나쁜 영향을 준다"는 이유로 거부하여 민사소송을 제기한 사건이다. 1994년 1심의 도쿄지방재판소는 "동성애는 이상성욕이 아니고 이성애와 마찬가지로 인간의 성적 지향의 한 형태"라고 도쿄도의 처분이 차별적인 위법행위라고 판결을 내렸다. 1997년 도쿄고등재판소의 판결에서도 "동성애자라는 사회적 지위에 대해 태만적인 몰이해에 의해 불합리한 차별적 대우를 하였으므로 위헌행위"라고 하여 도쿄도의 패소가 확정되었다. 동성애자에 대한 차별과 편견을 갖고 있는 일본사회에 동성애자의 권리와 이익을 옹호하고 인정하려는 움직임이 나타나고 있다는 점을 확인할 수 있다. 유명인의 커밍아웃도 이어지고 있어 성의 다양성 요구가 표출되고 있다고 할 수 있다.

(2) 성매매와 국가의 대응

▼ 메이지시대의 요시하라吉原유곽

메이지유신 이후 일본은 서구를 모델로 근대적 공창제도를 성립시켰다. 이미 에도시대부터 공창제도가 있었지만, 메이지 정부에 의해 확립된 공창제도는 서구를 모델로 전근대적 공창제도를 재편성한 것으로 서구화를 통한 문명개화의 일환이었다고 한다. 근대국가의 공창제도에는 강제적 성병검사를 통한 성매매 여성에 대한 관리의 목적이 있었다. 1872년 창기娼妓해방령을 통해 국가 관리하의 성매매만을 합법화하면서 부금賦金이라는 명목으로 징세를 하였고, 국가가 성매매로부터 수탈하는 구조를 갖게 되었다. 이후 일본이 청일전쟁, 러일전쟁을 수행하며 군대를 중심으로 성매매에 대한 수요가 높아지면서 군대관리 차원에서 성병검사가 더욱 강화되었다. 여성에 대한 강제적 성병검사는 성매매에 대한 책임을 전적으로 여성에게 전가시키는 것이며 가혹한 인권침해의 행위다.

이 시기 자유민권 운동가들과 기독교 사회운동가들을 중심으로 성매매를 폐지하자는 폐창운동廃娼運動도 전개되었으나, 이들의 주장은 창기가 사회의 풍속을 혼란시키며, 남성을 타락시키는 원인이라는 것 때문이었다. 결국 근대 일본에서는 국가 관리 하에 남성이 여성의 성을 사는 것이 허용되었으며, 성매매에 대한 책임이 여성에 있다고 인식하여 성매매 여성에 대한 사회적 천시와 멸시가 심화되었다. 또한 일반 여성들에게는 정조를 중시하는 성의 이중기준이 형성되었다. 이러한 배경은 이후 일본인의 성의식 형성에 영향을 주었다고 지적되고 있다.

고도경제성장과 함께 남성들은 사회생활로부터 오는 스트레스를 배우자가 아닌 성 산업에 종사하는 여성을 통해 해소하는 풍조가 높아졌고, 정계 · 경제계의 성 접대 문화가 정착되었다. 남녀의 동등하고 밀접한 성관계 형성이 어려워져 가정 내 부부의 관계성 형성에도 영향을 주었을 것으로 보여 진다. 나아가 성인의 성의식은 성장과정의 청소년들에게도 큰 영향을 미치게 되었으며, 일본의 과도한 성산업 발전의 배경이 되었다고도 볼 수 있다.

1956년 매춘방지법이 제정되어 성매매 여성과 여성으로부터 성을 산 남성에 대한 처벌이 제도화되었으며, 1980년대 여성운동을 중심으로 여성을 성적대상물로 다루는 성의 상품화에 대한 비판이 이루어지게 되었다. 성매매에서 성을 파는 여성을 비난하고 규제하던 것에서 비로소 성을 사는 남성의 책임론이 제시된 것이다. 1970년대부터 일본인 남성의 해외 섹스관광이 증가하면서 1999년 '아동매춘 · 아동 포르노 처벌법'이 성립되어 국내외 18세미만의 아동 대상의 성매매가 처벌대상이 되었다. 일본에서 성매매는 불법으로 규정된 것이다. 그러나 18세미만의 아동을 대상으로 한 성매매 외에는 사실상 처벌규정이 없고, 다양한 형태의 성매매가 공공연히 이루어지고 있는 실정이다.

(3) 성 상품화와 사회적 인식

성매매를 금지하는 제도적 장치는 강화되었으나 일본사회의 성 상품화는 더욱 진전되었고, 성을 매매하는 여성의 연령층이 급격하게 낮아지는 현상을 낳고 있다. 성의 상품화로는 포르노그래피pornography[32]를 포함하여 성풍속性風俗산업이라고 일컬어지는 소프란도ソープランド[33], 패션헬스ファッションヘルス[34], 호테토르ホテトル[35]등 다양하다. 매춘금지법에 의해 직접적인 성관계는 금지되어 있으나 공공연히 이루어지고 있는 실정이다.

특히 사회적인 문제가 되고 있는 것이 청소년의 원조교제다. 1990년대부터 10대 소녀들의 원조교제가 급증하였다. 1995년 도쿄도의 공립고등학교 여학생을 대상으로 한 조사에서 20명중 8명이 성관계를 경험하고 있으며, 모두 원조교제 경험이 있다는 데이터도 있다. 이 데이터를 모든 고등학생에게 적용시킬 수는 없지만 일본성교육협회가 실시한 조사에서 여고생의 성관계 경험율이 1995년 25%정도에서 2005년 30%로 증가하는 것과 연관시키면, 상당수의 여교생이 원조교제의 경험을 갖고 있을 것으로 파악된다. 여고생의 성관계 경험율이 남학생보다 높은 것도 특징이다.

이와 같이 원조교제가 급증하는 원인을 몇 가지로 나누어 생각해 볼

memo

32) 성욕을 유발하기 위해 제작되어 성욕을 만족시키기 위해 판매되는 성에 관한 사진, 그림, 영상, 글을 가리킨다.

33) 욕실에서 여성이 남성에게 성적 서비스를 제공. 아동복지법에 근거해 18세미만의 여성을 고용할 수 없다.

34) 여성이 남성에게 개인실에서 성적 서비스를 제공.

35) 무점포형 풍속산업으로 호텔에 여성을 파견하는 형태. 패션헬스에 대한 단속을 벗어나기 위한 방법 중 하나.

수 있다. 앞에서 언급하였듯이 근대이후 일본사회가 남녀의 동등하고 자립적인 성관계 형성을 위한 풍토를 마련해 오지 못했다는 점을 들 수 있다. 결국 남성이 여성의 성을 사는 풍조를 통해 형성된 성인의 성문화가 청소년에게도 영향을 주었다는 점이다.

이는 성교육이 충분히 이루어지지 않은 것과도 관계가 있다. 성역할 분담의식이 큰 일본사회에서 여성의 사회진출은 매우 낮다. 정치, 경제, 사회, 교육, 문화 분야에 이르기까지 주요 정책 담당자들은 대부분이 남성들이며, 이들의 성의식이 가정과 학교의 성교육을 결정하고 있다는 점이다. 청소년에 대한 성교육은 여전히 규제와 관리의 측면이 강하다. 과학적인 정보를 전달하는 것이 아니라 순결과 건전한 성을 강조하고 있어, 청소년의 현실을 무시한 성교육이 이루어지고 있다. 청소년들이 대부분 상품화된 매체를 통해 성에 대한 정보를 얻고 있는 실정이다. 성교육과 성산업의 발달 관계는 반비례한다고 한다. WHO의 보고에 의하면 선진국의 경우 성교육이 충분히 이루어질수록 성경험 연령이 높아지고, 과도한 성행동을 선택하는 비율도 낮아진다고 지적되고 있다. 결국 남녀평등과 개인의 존엄, 다양한 성의 가능성을 인정하는 것을 바탕으로 하는 청소년의 성적 학습권이 보장되지 않는 성교육의 실태도 원조교제 증가의 한 원인으로 볼 수 있을 것이다.

마지막으로 원조교제를 하는 여고생을 대상으로 한 조사에 따르면 그 동기가 스트레스, 금전적 욕망, 고독감 등 다양하다. 특히 가정에 대한 불만이 직접적인 동기가 되는 경우가 많은데, 부모의 과도한 기대와 교육열, 부모와의 대화 부족으로 가정 외의 탈출구를 찾는 소녀들이 원조교제를 하게 된다는 점이 흔히 지적된다. 가정의 기능 상실이 큰 원인이 되고 있는 것이다. 그 외에도 친구와의 밀접한 관계를 형성하지 못하거나, 정신적인 소통의 상대가 없거나 원조교제의 배경에는 인간소통의 부재에서 오는 고독감이라는 공통점도 있다.

이렇게 본다면 일본사회의 과도한 성산업 발달과 성매매 연령층이 낮아지는 배경에는 근대 이후 남녀사이의 불평등한 성의식의 형성, 청소년에게 올바른 성적 자기결정을 성숙시키는 성교육 부족, 인간 상호의 정신적 소통이 어려워지는 사회적 고독감을 들 수 있을 것이다.

한편 최근에 성매매를 둘러싼 새로운 입장이 제기되고 있다. 성매매 종사자들을 중심으로 노동권 보장이 요구되고 있는 것이다. 인신매매와 강요, 경제적 이유 등 억압적 환경에서 성을 파는 길을 선택했던 과거와 달리 자유로운 의사에 따라 성 산업에 종사하게 된 여성들이 성의 자기결정권을 내세우며, 성매매를 불법화하므로 오히려 노동환경이 악화되는 현상을 낳게 되고, 열악한 노동환경 개선을 위해서라도 성매매를 합법화해야 한다는 주장을 펼치고 있다. 이에 대해 성은 인격과 동일한 것으로 성매매야 말로 여성의 인권을 침해한다는 논리로 비판하고 있으나 반드시 충분한 해답을 제시하지 못하고 있는 듯하다.

4. 천황제와 여성차별

(1) 황실전범과 여성천황

메이지유신으로 일본은 왕정복고가 실현되었다. 서구화라는 근대적 변혁을 목표로 내세우면서 국민통합을 위해 천황제로의 복귀를 선언한 것이다. 따라서 천황에게 권위를 부여하는 것은 메이지 정부의 중요한 과제가 되었다.

'현인신現人神＝살아있는 신'으로서 천황의 신성성을 강조하며, 권위를 강화시키기 위한 노력은 황위계승에서 여성을 배제시키는 방법을 선택하게 되었다. 1889년 제정된 대일본제국 헌법 제2조에는 "황위는 황실전범에 정하는 바에 따라 황실 남자손이 계승한다."고 규정되어 있다. 동시에 제정된 황실전범 제1조에는 "대일본국 황위는 선조 이래 정통한 황통을 갖는 남계 남자가 계승한다."고 되어 있다. 헌법과 황실전범에 근거하여 여성이 황위계승에서 완전히 배제된 것이다.

그러나 이러한 남자계승의 원칙이 역사적으로 일본 고유의 전통에 따르는 것은 아니었다. 오히려 메이지정부에 의해 창출된 근대국가의 산물이라고 할 수 있을 것이다. 고대부터 근세까지 일본에서는 8명의 여성천황이 10차례 즉위했다. 황실전범 제정 과정에서도 처음부터 여성천황이 배제되었던 것은 아니었다. 1884년 궁내성에서 작성한 황실전범의 초안에 해당되는 황실제규皇室制規 제1조에 의하면 "황위는 남계로 계승하는 것으로 한다. 단 황족중 남계가 단절되었을 때는 황족 중 여계를 통해 계승한다. 남녀계승 모두 적자를 우선으로 하고 서자庶子를 차선으로 하며, 적서 모두 장유長幼의 순에 따르도록 한다"고 되어 있다. 남계 계승 원칙을 내세우면서도 여제가 즉위했던 전통에 따라 여제의 가능성을 남겨두고 있었다.

여성천황이 배제되는 과정에서는 여성천황 논쟁이 있었다고 알려진다. 당시 도쿄요코하마마이니치신문東京横浜毎日新聞 창간자 누마타 슈이치沼田守一를 중심으로 여성천황 배제의 이유를 다음과 같이 주장했다. "일본사회에는 처가 남편에 복종해야 한다는 통념이 존재한다. 따라서 여성천황이 결혼하면 일본최고의 권위자로 인정받기가 어렵다. 자녀의 혈통은 부계에 따르는 것으로 신하를 아버지로 둠으로 만세일계 천황의 권위가 손상된다." 여성천황 불가를 주장하는 입장에서 특히 문제가 되었던 것은 배우자 문제였다. 여성천황이 결혼하면 신하로부터 남편을 맞아들이게 되고, 이는 만세일계 혈통의 신성성을 손상시킨다는 입장이다. 누마타의 의견은 당시 메이지정부의 헌법과 황실전범 제정에 중요한 역할을 하던 이노우에 고와시井上毅를 통해 이토 히로부미伊藤博文에게 전달되어 황실전범의 제정에 이르게 되었다는 경위가 있다.

헌법과 황실전범 제정 과정을 통해 메이지 정부에게 천황의 권위강화가 얼마나 중요한 문제였는지를 새삼 확인할 수 있다. 결국 여성천황 배제는 근대국가 건설을 위한 메이지정부의 정치적 산물이며 전통에 근거한 것은 아니었다는 점을 확인할 수 있다.

한편 전후 연합국최고사령관총사령부(GHQ:general headquarters) 점령 하에서 민주 헌법으로 개정이 이루어졌으며, 황실전범도 개정되었다. 개정과정에서 황실전범의 여성천황 배제에 대한 논쟁이 재차 이루어졌다. 여성천황에 찬성하는 입장은 헌법 14조에 규정하는 양성평등의 원칙을 중시하였다. 그러나 반대의 입장은 남자 계승의 원칙이 일본 고유의 전통이라는 점과 여성천황의 배우자문제를 제시하였다. 메이지 시대 황실전범 제정 과정에서 제기되었던 논리에서 벗어나지 못하고 적서嫡庶의 차별 조항만을 폐지한 채 여성천황을 배제하는 황실전범은 전후에도 그대로 계승되어 현재에 이르고 있다.

(2) 천황제의 차별성

천황제가 갖는 남녀 차별성을 생각할 때 주목해야 할 것이 한 가지 더 있다. 천황의 남자 계승 원칙이 여성의 천황계승권 배제뿐 아니라 황실 여성들의 역할을 크게 규제하고 있다는 점이다. 천황가는 일부일처제의 원칙을 따른다. 이는 메이지유신으로 서구의 근대가족을 모델로 일부일처제의 가족규범이 적용되면서 출발하였다. 메이지천황을 포함하여 그 이전의 많은 천황이 황후가 아닌 후궁에서 태어났던 것을 감안하면, 근대가족의 성립은 황실 내 황후의 지위를 높여주는 결과를 낳았다고도 평가된다. 메이지유신 이후부터 황후가 천황과 함께 공식석상에 등장하게 되었으며 1890년부터 천황과 황후의 사진이 나란히 배포되게 되었다. 근대국가의 가족이 가장인 남성의 절대적 권위를 인정하면서 성립되고, 천황은 국가의 절대적 권위의 상징이 됨과 동시에 황후에게는 가족을 위해 헌신하는 아내로서 근대가족의 여성상이 요구되게 되었다. 메이지 천황 이후 황실 여성은 이러한 역할에 충실해 왔다. 현재 매스컴을 통해 보도되는 황실 여성의 모습이 일률적인 것도 무관하지 않다. 얼굴에 미소를 머금으며, 남편의 뒤로 한 발짝 물러선 순종적인 여성상이 정형화된 것이다.

천황의 지위가 남자로 세습되며, 일부일처제의 부부관계를 원칙으로 하는 이상 황후의 가장 중요한 임무는 남자아이의 출산이 되었다. 2001년 일본국민의 관심이 황태자비의 임신에 쏠렸던 것을 떠올릴 수 있다. 남녀의 결혼과 임신, 출산은 당사자의 애정과 합의 속에서 이루어져야 하며 여성의 자기결정권이 가장 중요시되는 부분이다. 그럼에도 불구하고 1993년 황태자의 결혼에서 시작되어 한 번의 유산, 재차 임신 그리고 출산에 이르는 모든 과정들이 매스컴을 통해 고스란히 일본인의 안방에 전해졌다. 마사코雅子라는 한 여성의 자기결정권은 완전히 무시된 일들이 일어났다. 당시 일본사회가 바라던 것은 남아 출산이었던 것은 두말할 나위가 없다.

황태자의 결혼이 발표되면서 일부에서는 마사코 황태자비가 외교관 출신의 캐리어우먼이었던 것에 기대를 하는 사람들도 있었다. 그녀의 외교적 능력이 황실 외교에서 발휘될 것을 바라며, 폐쇄적인 황실에 민주화의 바람을 불어 넣어 주기를 바란 것이다. 그러나 현실적으로 마사코 황태자비에게 요구되었던 것은 남자아이의 출산이었다는 것이 명백해 진 것이다. 2001년 12월 여아를 출산하면서 일본 내에서 여성천황용인론이 활발하였으나, 2006년 황태자의 남동생 후미히토文仁가 남아를 출산하여 황위계승 서열 3위에 오르면서 여성천황 논의는 약화되었다. 향후 여성천황 실현 가능성은 불투명하다.

이상과 같은 천황제의 남녀 차별적 요인은 일본사회 전반에 영향을 주고 있다고 할 수 있다. 그러나 여성천황 용인문제를 언급한다고 해서 천황제 자체를 찬성하는 것은 아니다. 천황제가 안고 있는 차별성은 남녀의 문제에 머무르지 않고 본질적으로 소수자에 대한 차별의 속성을 갖고 있다는 점이다. 일본의 정치가들은 천황제 존속을 최대의 과제로 삼고 있으며, 천황은 세습에 의한 특권을 부여받고 있다. 태어나면서 고귀한 신분을 인정하는 것이야말로 일본 내 피차별부락민·여성·장해자 등 소수약자에 대한 차별을 조장하는 근본적인 원인이라고 지적되고 있다. 천황제 폐지의 입장에서 보면 여성천황 용인론 자체도 불필요하다고 보기도 한다. 여성천황을 용인하면 천황제의 차별적인 본질이 은폐될 우려가 있기 때문이다. 그러나 여성천황 용인으로 천황제의 차별적 본질이 은폐될 우려는 있으나 천황제가 갖고 있는 남녀 차별성에 대한 인식과 시각이 필요하기 때문에 단계적으로 여성천황을 용인해야 한다는 입장도 있어, 여성천황 용인이 곧 천황제를 옹호하는 것은 아니라는 점이다.

심화학습

1. 한국사회도 성동일성 장애자, 동성애자에 대한 차별이 존재한다. 이러한 성적 소수자의 차별 철폐를 어떻게 생각하는지 토론해 보자.
2. 한국은 부부별성제를 원칙으로 하고 있다. 일본사회가 부부별성제를 도입하게 되면 남녀차별 문제가 상당 부분 해소될 수 있는지 각자의 생각을 토대로 토론해 보자.
3. 남자 계승 원칙을 갖는 천황계승 문제가 일본사회의 남녀 차별에 어떠한 영향을 주고 있을지 다양한 관점에서 토론해 보자.

참고자료

박진우「여성천황론과 상징천황제」『일본학의 지평』형설출판사 2004
上野千鶴子『近代家族の成立と終焉』岩波書店 1995
江原由実子·山田昌弘『ジェンダーの社会学入門』岩波書店 2008
加納實紀代『天皇制とジェンダー』インパクト出版会 2002
宮台真司編『性の自己決定原論 援助交際·売買春·こどもの性』紀伊国屋書店 1998

4장 다민족성과 마이너리티

일본을 단일 민족국가로 말하는 경우가 많으나 이것은 정확하지 않다. 예컨대 고대국가의 수도였던 현재 나라현은 우리말의 '나라'에서 유래했다는 학설이 유력하다. 또한 수도를 헤이안으로 천도하여 헤이안 시대를 열었던 간무천황의 생모는 백제 출신이었음이 널리 알려져 있다. 즉, 일본은 국가형성의 초기부터 한반도를 중심으로 한 다른 지역 출신자와 깊은 관계를 맺으며 발전하였다.

섬나라 일본이 비교적 동질성이 강한 사회임은 틀림없다. 일본에 거주하는 외국인등록자 수는 2008년 현재 2백21만7426명이며, 인구비율로 약 1.76% 정도에 불과하다. 그러나 일본의 다민족성은 외국인 등록을 마친 외국국적 소유자만으로 구성되는 것이 아니다. 일본에는 역사적 배경으로 인해 일본국적 소유자이면서도 다른 민족성을 가진 사람들도 존재한다.

일본에서의 다민족성을 생각할 때 그것은 마이너리티minority 문제와 직결된다는 것에 주의해야 한다. 비교적 동질성이 강한 사회에서 다양성은 소위 평등한 공생 관계보다 마이너리티 문제로 나타나기 쉽다. 마이너리티라고 함은 단순히 소수자를 뜻하는 것이 아니라 동시에 사회적 약자를 의미한다. 이는 다른 속성을 가진 존재에 대한 차별 문제를 내포한다. 일본 사회에서 마이너리티에 대한 차별 문제를 생각할 때는 국적문제와는 별개로 피차별 계급 출신자의 문제가 존재한다는 사실도 잊어서는 안 된다.

본 장에서는 이와 같은 문제의식에 따라 일본에서의 다민족성과 마이너리티 문제를 구성하고 있는 핵심적 존재인 아이누, 오키나와인, 재일코리안, 뉴커머, 부락 문제를 살펴보기로 한다.

1. 민족 및 마이너리티 구성

일본사회의 다민족성과 마이너리티 문제를 이해하려고 할 때는 기본적으로 민족성, 국적, 신분계급이라는 세 가지 측면을 고려할 필요가 있다.

먼저 일본을 단일민족국가라고 일컬을 때 염두에 두고 있는 '단일'이라는 존재는 소위 야마토大和 민족[36]이라고 불리는 사람들이다. 따라서 일본이라는 국가가 단일의 야마토 민족에 의해 구성되었다고 전제한다면, 일본국민이라고 함은 당연히 그 야마토 민족을 뜻하기 쉽다. 국적 결정에 있어서 일본이 속인주의를 취하고 있는 것도 이 때문이다. 그로 인해 미국 같은 이민국가가 국적 보유와 그 민족성을 분리하여 생각하는 것과는 대조적으로 일본에서는 일본국적 보유와 민족성이 같은 동전의 양면을 이루고 있다. 다시 말해 일본에서는 일본 국적이 단일민족성을 상징하는 기호로 오랫동안 작용해 왔다.

그러나 이것은 옳지 않다. 일본에는 홋카이도를 중심으로 선주민인 아이누민족이 존재한다. 또한 남쪽에는 현재 오키나와현을 중심으로 과거 류큐왕국을 이룬 사람들이 있다. 그들은 역사적 경위로 인해 현재 일본 국적을 소유하고 있으나 민족성에 있어서는 마이너리티에 속한다. 즉, 일본에서 다민족성의 기준을 일본국적 소유 여부로 판단하는 것은 결코 정당하지 못함을 의미한다.

한편 외국국적 소유자가 현재 일본의 다민족사회 구성의 주된 일원을 이루고 있다. 특히 일본은 메이지시대 이후 근대국가 건설과정에 있어서 대륙팽창 정책의 결과로서 전후 새로운 다민족 문제를 안게 되었다. 재일코리안[37]을 중심으로 한 구 식민지 국가출신자들의 존재가 바로 그것이다. 1960년대 후반 세계 제2의 경제대국을 이루어낸 일본은 경제적 부가 증대하면서 아시아 지역을 중심으로 각국으로부터 다양한 사람들을 흡수해 왔다. 법무성 출입국관리통계에 의하면 2008년 현재 일본에서 외국인등록을 한 외국국적 수는 190개국에 이르고 있으며 그 가운데 대만, 홍콩을 포함한 중국이 65만5377명으로 전체의 29.6%를 차지하여 1위에 올라 있다. 한국·조선은 58만9239명으로 전체의 26.6%로 2위다. 이하 10위까지의 주된 외국 국적 보유자를 살펴보면, 3위 브라질 31만2582명, 4위 필리핀 21만617명, 5위 페루 5만9723명, 6위 미국 5만1687명, 7위 베트남 4만1136명, 8위 태국 4만2609명, 9위 인도 2만2335명, 10위 인도네시아 1만2288명의 순이다. 이들 외국인들 중에

memo

36) 전후 일본에서는 전전의 군국주의 사상에 대한 반성으로 '야마토 민족'이라는 표현은 물론, 심지어 '민족'이라는 말조차 거의 사용하지 않는 경향이 강하다는 점에 주의할 필요가 있다.

37) 식민지 시대에 일본으로 건너가고 그대로 거주하게 된 한반도 출신자 및 그 후손들을 일본에서는 외국인 등록상의 국적기재 표기에 따라 재일한국·조선인이라고 부르는 경우가 많았으나, 최근 그런 등록상의 차이를 극복하기 위해 재일코리안이라고 부르는 경우가 늘어나고 있다.

는 일본의 제국주의 팽창에 따른 구 식민지 지역 출신자와 달리 일본의 경제적 발전에 따라 비교적 새롭게 정착한 외국인 이주자들이 많은데, 그들을 구식민지 출신자와 구별하는 의미에서 종종 뉴커머라고도 한다.

이상과 같이 일본의 다민족성을 이해하기 위해서는 그 역사적 배경에 기초하여 그 민족적 차이와 더불어 일본국적 소유 여부를 기준으로 접근하는 것도 중요하다. 그러나 동시에 일본에서의 다민족성을 마이너리티 문제로서 이해할 때에는 민족적 차이나 국적만으로는 풀기 어려운 또 하나의 문제가 존재한다. '마이너리티'를 메이저리티majority의 대조어로서 사회적 약자를 지칭할 때 그 개념에는 민족적 약자뿐만 아니라 장애인이나 병자 혹은 고령자 같은 신체적 약자로부터 동성애자, 성性전환자 등 사회적 가치 기준상의 소수자까지 포함된다. 심지어 숫자적으로는 결코 소수자가 아닌 여성들도 그 사회적 지위의 취약성에 비추어 마이너리티 문제로 분류되는 경우가 종종 있다.

그러나 다른 나라에서도 흔히 볼 수 있는 마이너리티 문제와 달리 지역학으로서의 일본의 마이너리티 문제를 생각할 경우 반드시 검토해야할 핵심적인 사항이 하나 더 있다. 소위 피차별 계급 출신자들의 문제다. 그들은 민족성이나 일본국적 소유자라는 측면에서는 일본사회의 메이저리티에 속한다. 그럼에도 불구하고 일본의 역사구조 속에서 만들어진 피차별 계급 출신자들에 대한 차별 문제는 일본사회에 있어서 가장 뿌리 깊고 심각한 문제로서 오랫동안 지속되어 왔다. 이러한 의미에서 일본에서의 마이너리티 문제에는 민족 개념이나 일본국적 소유 여부와 차원이 다른 또 하나의 요소가 존재하고 있는 것이다.

이상에서와 같이 지역학으로서의 일본사회의 다민족성과 마이너리티 문제를 이해하는 데 필요한 각 주체와 그들의 마이너리티성의 배경을 정리하면 다음의 표와 같다.

일본에서의 주된 다민족 구성원과 마이너리티성의 배경

		민족적 소수	일본국적 소유	신분적 계급성
아이누, 오키나와		○	○	×
구 식민지 출신자		○	×	×
뉴커머	일본계	×	×	×
	비일본계	○	×	×
피차별 계급 출신자		×	○	○

2. 일본 국적의 다민족

(1) 아이누

역사의 흐름 속에서 일본국적을 갖게 되었으면서도 일본사회에서 다른 민족성을 가진 존재로서 잘 알려져 있는 존재의 하나가 아이누アイヌ 민족이라고 불리는 사람들이다. 아이누 민족은 예전에 에조치라고 불렸던 홋카이도, 지시마千島열도, 사할린, 캄차카 반도 등에 광범위하게 분포하여 거주했으며 현재도 홋카이도를 중심으로 살고 있다.

아이누협회의 2006년 조사에 의하면 홋카이도에 거주하는 아이누 민족의 인구는 2만3782명으로 집계되고 있다. 그러나 일본인과의 결혼이 증가한 점, 본인의 자진 신고에 의한 조사라는 점 등 조사 신뢰도에 문제가 있어 정확한 수치는 불분명하다. 아이누 민족은 독자적 문자를 갖지 않아 그 역사가 그다지 알려지지 않았으나 7세기 무렵부터 일본 측 기록에 '에조'라는 표현이 발견된다. 당시 에조는 일본 최초의 국가적 권력 기반인 야마토 정권의 통솔이 미치지 못 하는 지역 주민이라는 의미를 지니고 있었다. 아이누 민족은 주로 수렵, 어업, 작은 규모의 농경문화를 영위했으며 7세기부터 13세기 무렵까지 홋카이도 지역 등에서 나타나는 마지막 토기 문화인 사쓰몬擦文문화[38]와의 관계도 깊다고 추측되고 있다. 13세기 이후 이 사쓰몬 문화를 토대로 철기 문화가 합쳐진 생활양식을 아이누 문화라고 부른다.

13세기 이후 야마토 민족이 아이누 거주지로 진출하기 시작했다. 14세기에는 홋카이도 남부에 당시 와진和人[39]이라고 불리는 야마토 민족 중심의 거주지가 형성되었다. 야마토 민족의 진출에 따른 영토 확장의 움직임은 수렵이나 어업을 중심으로 생활하던 아이누 민족에게 압박이 되었으며 이로 인해 1457년에는 야마토 세력과 아이누 민족 사이에 고마샤인コマシャイン 전투[40]가 벌어졌다.

▼ 전통 아이누 민족의 모습

memo

38) 토기의 표면을 다듬기 위해 나무주걱으로 문질러 만든 귀얄문양을 가진 토기 문화.

39) 같은 야마토 민족이나 아이누 민족과 구별하는 단어로서 혼슈에서 홋카이도로 건너온 사람들을 호칭할 때 종종 사용되는 개념이다.

40) 고마샤인 전투는 다케다 노부히로武田信広가 아이누군의 우두머리인 고마샤인을 죽임으로써 그들을 제압한 와진과 아이누 민족간의 전투다.

전투에서 승리한 와진의 대표자는 그 후 마쓰마에松前라고 개명한 후 이 지역을 지배하게 되었다.

① 사쓰몬토기

도쿠가와막부 성립 후 막부권력으로부터 아이누 민족과의 독점적 교역권을 부여 받은 마쓰마에번松前藩은 아키나이바商場라고 불리는 아이누 민족과의 교역 지역을 확대하여 이를 통해 얻은 막대한 이익을 기반으로 홋카이도 전역에 영향력을 행사하게 되었다. 이에 반발한 아이누는 1669년 다시 샤쿠샤인シャクシャイン 전투[41)]를 통해 와진에 대한 저항을 시도했으나 전투에서 패배하여 이후 마쓰마에번에 완전히 복속하게 되었다. 18세기 전반 무렵에는 많은 아키나이바가 장소청부場所請負제도[42)]에 따라 와진의 지배 하에 들어가게 되었으며 과거 그 장터에서 대등한 교역 상대이던 아이누 민족은 와진이 경영하는 상업 지역에서 단순 노동력으로 혹사당하기도 했다. 일본 사회에 있어서의 아이누 민족의 종속적 지위는 이 시기에 굳어졌다고 할 수 있다.

18세기 말 무렵부터 러시아의 남하 정책에 위기를 느낀 에도막부는 홋카이도가 일본에 귀속한 영토임을 보이기 위해 아이누 민족에 대해 일본식 이름, 일본어 장려, 두발의 와진화, 불교사원의 건립 등 소위 동화同化[43)] 정책을 취하기 시작했다.

1869년 메이지정부는 이 지역의 명칭을 에조지에서 홋카이도로 바꾸어 본격적으로 개척하기 시작했다. 1872년에는 호적법에 따라 아이누 민족을 일본국민으로 편입시켰다. 그러나 한편으로 호적상 그들을 '도진土人[44)]'으로 분류하여 야마토 민족과의 차별성을 여전히 남겼다. 이와 동시에 아이누 민족 거주지를 소유자가 없는 지역으로 지정하여 국유재산으로 편입시켰고, 그 후 이 땅은 정부의 불하 정책으로 인해 홋카이도 이주의 일본인 소유 하에 들어가게 되었다. 이 과정에서 선先주민이던 아이누 민족은 메이지 정부에게 땅을 임차하여 사는 지위에 몰리게 되었다.

memo

41) 홋카이도 히다카日高의 아이누 수장인 샤쿠샤인이 마쓰마에번주의 불공정한 무역에 대항하여 일어난 전투.

42) 번이 지배했던 아키나이바에 대해 와진 상인들이 번에게 일정한 대가를 지불하는 대신 그 장소에서의 독점적인 상업권을 보장 받는 제도. 이후 그 장소에서는 어장 경영이 활발해졌다고 한다.

43) 여기서 말하는 '동화同化'와 후술할 피차별부락문제에 대한 행정적 조치를 뜻하는 '동화同和'가 다른 개념임에 대해 주의할 필요가 있다.

44) 미개척지역의 원시적인 생활을 하는 주민을 비하한 표현.

아이누 민족의 생활이 어려워지는 가운데 1899년 메이지 정부는 '홋카이도 구舊도진 보호법'을 시행하여 농업 희망자에 대한 농지 부여, 의료, 교육 등에 대한 보호 정책을 취하기는 했다. 그러나 이것은 선주민으로서의 아이누 민족의 민족적 권리를 회복시키기 위한 정책이라기보다 종속적 지위에 있는 아이누 민족에 대한 시혜를 통해서 일본사회에 동화시키기 위한 회유 정책에 불과했다.

그 후 이 법률은 1997년 '아이누 문화 진흥 및 아이누의 전통 등에 관한 지식의 보급 및 계발啓発에 관한 법률', 소위 '아이누 신법'의 성립에 따라 폐지되었다. 즉, 약 100년 가까이 아이누 민족은 구도진보호법 아래 야마토 민족의 '시혜'를 받으면서 살아야만 했던 것이다.

그 아이누 신법은 제1조에서 '아이누 사람들의 민족으로서의 자부심이 중시되는 사회 실현을 도모하고 아울러 일본의 다양한 문화 발전에 기여할 것을 목적으로 한다.'고 규정하고 있다. 다시 말해 아이누의 민족성과 상관없이 단지 생활보호에만 시각을 한정했던 구 보호법으로부터 약 100년 만에 비로소 법적으로 아이누의 민족성을 존중하는 길이 열리게 된 것이다. 물론 이 법률에 따라 일본사회에서 아이누 사람들에 대한 민족적 다양성의 존중이 얼마나 효과를 보게 될지는 향후 주목할 문제다.

(2) 오키나와인

일본국적 소유자이면서도 현대 일본사회의 다민족성을 형성하는 또 하나의 축이 오키나와현을 중심으로 거주하고 있는 오키나와 사람들이다. 현재 오키나와현으로 편입된 이 지역은 과거 류큐왕국이 군림했던 지역이다. 통일 왕조로서 류큐왕국이 성립된 것은 1429년이다. 당시 북산北山, 중산中山, 남산南山 3파로 나뉘어 있던 이 지역을 중산의 우두머리인 쇼하시尚巴志가 통일시킴으로써 통일왕조로서의 류큐왕국이 출범하였다. 이후 류큐왕국은 중국 명나라와 조공-책봉 관계에 들어감으로써 한반도, 일본 등과 마찬가지로 중국을 중심으로 한 동아시아 질서 체계에 편입되었다. 즉, 류큐왕국은 비록 그 국가 규모는 작았으나 중국을 중심으로 한 동 아시아의 질서 체계 속에서 하나의 독립국으로 존재했던 것이다. 또한 류큐는 지정학적으로 동남아, 일본, 중국 등을 잇는 허브hub로서 일찍이 동아시아의 무역 중계기지로 발전하였으며 그로 인해 류큐왕국은 슈리성首里城을 중심으로 무역입국으로서 경제적으로도 번영했다.

▼ 슈리성

그러나 류큐왕국은 에도 시대 초인 1609년 도쿠가와 이에야스의 승인 하에 현재 가고시마현에 본거지를 둔 시마즈번島津藩에 의해 침공을 당했다. 이후 류큐왕국은 중국과 조공관계를 유지하면서 한편으로는 시마즈의 지배를 받음으로써 막부도 섬기는 2중의 종속 관계에 놓이게 되었다. 시마즈번이 류큐의 중국과의 조공관계를 유지시킨 것은 대국 중국에 대한 공포와 동시에 중국과의 무역을 통해 류큐왕국에 들어오던 막대한 무역 이익을 챙기기 위한 것이었다. 에도시대에 2중의 복종관계에 있던 류큐왕국이 결국 독립성을 완전히 상실하고 일본의 한 지역으로 편입된 것은 일본이 근대국가 건설 과정에 들어선 메이지 시대의 일이었다.

근대국가의 건설을 위해 영토 확장 및 확정의 필요성을 가진 메이지 정부는 1871년 류큐 표류민이 타이완에서 현지 주민에게 학살당하는 사건이 발생하자 명실 공히 류큐왕국의 일본 편입에 나서게 된다. 다음해인 1872년 메이지 정부는 류큐왕국을 류큐번으로, 류큐왕을 류큐번왕으로 함으로써 사실상 일본의 행정 지역의 하나로 격하시켰다. 1874년에는 류큐 표류민 학살에 대한 보복으로서 타이완에 출병했다. 물론 이것은 중국에 대해 류큐가 일본 영토임을 각인시키기 위한 계산된 행동이었다. 이미 붕괴의 길을 걷고 있던 청나라는 일본의 군사 행동에 대해 류큐와 타이완에 대한 종주국으로서 대응할 힘이 없었다. 영국의 개입도 있었고 결국 청나라는 일본에 대해 학살에 대한 배상금을 지불하기에 이르렀다. 사실상 류큐민을 일본국민으로 인정하는 것과 마찬가지였다. 이를 틈타 1879년 메이지정부는 최후의 류큐왕 쇼타이尚泰의 지위를 박탈하였다. 비록 그에게 일본 귀족의 지위를 부여하였으나 강제로 도쿄로 이주시켰다. 이로 인해 류큐번은 왕의 통치에서 완전히 벗어나 오키나와현으로 재편성됨으로써 오랜 전통을 가진 독립 왕국은 그 지위를 상실하게 되었다. 이것을 류큐처분琉球処分이라고 한다.

일본 사회에서의 다민족성을 생각하는 데 오키나와가 가지는 의미를 이러한 역사적 편입 과정에만 두는 것은 충분하지 않다. 제2차 세계대전 말 오키나와는 치열한 지상전의 무대가 되었다. 1945년 3월 말부터 약 3개월 간 계속된 소위 오키나와전沖縄戦이다. 이 전투에는 여학생 간호부대인 히메유리학도대ひめゆり学徒隊[45]까지 투입되었는데, 비극적 결말로 인해 그 상처가 현재에도 오키나와 사람들의 가슴 깊이 새겨져 있다. 또한 이 전투에서는 미국과의 교전으로 인한 일반 주민들의 사망뿐만 아니라 일부 일본군에 의한 오키나와 주민 학살 행위가 있었다는 증언도 있다. 제2차 세계대전 시 오키나와만이 겪었던 이와 같은 복잡한 사정은 일본으로의 편입 과정의 역사와 맞물려, 그 후 오키나와 사람들의 민족적 마이너리티 의식을 키우는 데 중요한 의미를 가진다는 것을 인식할 필요가 있다.

오키나와의 복잡한 지위에 관해서는 또 하나 기억할 것이 있다. 패전에 의해 미국의 점령 하에 들어간 일본은 1952년 4월 28일 샌프란시스코 강화조약의 발효로 주권을 회복했으나 오키나와는 신탁통치 형식으로 미국의 행정권 하에 남았다. 물론 이것은 오키나와의 지정학적 위치가 가져다 준 군사기지로서의 사용가치에 따른 조치였다. 그 후 1972년 오키나와는 일본에 반환되었으나 미군기지로서의 역할에는 변화가 없었다. 일본으로 반환된 후에도 기지용도로 강제 수용당한 토지는 그대로 기지로 사용되었다. 면적상으로 일본 본토의 약 0.6%에 지나지 않는 오키나와현에 현재 재일미군기지의 75%가 집중되어 있다. 기지의 크기는 오키나와섬의 약 19%에 이른다. 뿐만 아니라 주거 밀집 지역에 자리 잡은 기형적인 기지 위치와 다발하는 기지 관련 사고, 심지어 반복되는 미군 병사에 의한 각종 범죄는 바로 일본 전체의 국익을 위해 오키나와만이 그 희생을 감수해야만 한다는 의식을 오키나와 사람들에게 심어주고 있다.

이와 같이 일본사회에서의 다민족성 및 마이너리티 문제로서 오키나와 사례는 과거의 편입 과정과 함께 지난 전쟁과 그 후의 군사기지화라

footnote

45) 오키나와현립 여자고등학교와 사범학교 여자부의 학생으로 구성된 간호부대. 인솔교사를 포함한 240명 중 136명이 사망하고, 그 중 10명은 집단 자결했다고 한다. 전후 위령탑인 히메유리탑이 세워졌다.

는 전쟁 전후의 역사에 의해 전개된 것이다.

3. 외국 국적의 다민족

(1) 재일코리안

재일코리안의 기원

일본사회의 다민족성을 형성하는 또 하나의 범주는 외국국적을 소유하는 정주 외국인들이다. 이 범주의 대표가 재일코리안들이며 여기서 말하는 재일코리안은 후술할 뉴커머에 속하는 한국인들과 달리 식민지 지배에 유래하여 형성된 소위 재일교포들을 뜻한다.

재일본대한민국거류민단在日本大韓民国居留民団[46]의 공표 자료에 의하면 식민지 지배에 따른 재일코리안의 인구는 병합 직후인 1911년에는 2527명이었으나 식민지 지배 말기인 1944년에는 1백 93만 6843명에 이르러 35년간의 식민지 지배 기간 중에 재일코리안의 인구는 약 766배나 증가했다. 물론 이 증가의 배경에는 토지조사 사업으로 인한 토지 소유권의 상실, 쌀 등의 강제 공출에 따른 식량 사정의 악화, 그리고 무엇보다 전쟁 말기의 동원체제가 크게 작용했다. 격화된 전쟁 수행을 위해 일본정부는 1938년 국가총동원법国家総動員法을 제정하고, 1939년에는 국민징용령을 발령하여 적지 않은 한반도 거주자들을 전쟁 체제로 몰아갔다. 1942년에는 '조선인내지이입알선요강朝鮮人内地移入斡旋要項'을 작성하였으며, 1944년부터는 본격적으로 징용을 시작했다. 그 결과 1938년에 79만 9878명이었던 재일코리안들의 숫자는 식민지 지배 말기의 불과 수년 사이에 약 1백 13만명가량 더 급증하였다.

footnote

46) 1946년 10월 재일코리안 중의 우파세력을 중심으로 결성된 조직. 당초는 재일본조선인거류민단이라고 칭했으나 그 후 1948년 대한민국 건국에 맞추어 한국을 지지하는 단체로서 명칭이 바뀌었다.

해방과 재일코리안

1945년 8월 패전으로 일본을 점령한 미국은 해방국민이라는 대의와 점령하의 일본사회의 혼란을 회피하는 의미에서 재일코리안의 한반도 귀환 정책을 시행했다. 그에 따라 약 1백40만명 정도의 한국인이 귀환길에 올랐으나 빈곤과 한국의 정치적 혼란, 또 오랜 일본 생활에 따른 고향에서의 생활기반 상실 등으로 인해 1946년 말경에는 한반도로의 귀환 사업이 사실상 중단되었다. 이로 인해 현재에 이르기까지 유지되어 온 약 60만명 규모의 재일코리안 사회의 기반이 형성된 것이다.

재일코리안들이 정주하는 경향을 보이는 가운데 1945년 12월 일본정부는 선거법을 개정하여 호적에 따른 선거권 부여의 방침을 세웠다. 이는 전후 최초의 재일코리안에 대한 차별 정책의 효시였다. 일본은 한일병합의 합법성이라는 입장에서 재일코리안들의 일본국적 소유를 부정하지 못했다. 국적이 아니라 호적에 따라 선거권 부여 여부를 결정하기로 한 것은 일본국적을 소유하는 재일코리안들의 선거 참여를 막기 위한 정책이었다.

1947년 5월 외국인등록령外国人登録令이 시행되었다. 바로 일본법무성 자신이 점령하의 재일코리안들에 대한 관리법규라고 지적한 동 법령에서, 일본정부는 일본국적을 소유한다고 하는 재일코리안들을 '외국인으로 간주한다'는 모순된 정책을 취했다. 이로 인해 일본국적 소유자인 재일코리안은 외국인으로서도 등록하게 되었다. 이러한 일본정부의 적대적 자세의 배경에는 재일코리안들의 빈곤에 따른 재정부담, 해방국 국민으로서 일본 국내법에 대한 준법 의식의 희박함, 또 재일코리안 운동의 격화 등도 크게 작용했다.

한편 1948년 8월 대한민국이 건국되었는데, 당시 한국정부는 일본정부에게 재일코리안의 국적을 한국으로 할 것을 요구했다. 여기에는 두 가지 의미가 있었다. 하나는 한일병합 자체가 불법이라는 한국 측 입장에서 재일코리안들의 국적 역시 일본이 아니라 한국이어야 한다는 의미이고, 또 하나는 남북분단이라는 정치 상황에 대처하기 위한 의미였다. 당시 일본은 재일코리안들의 국적을 일본으로 하면서도 호적에는 이들을 순수 일본국민과 구별하기 위해 한반도 출신자를 뜻하는 '조선'으로 기재하고 있었다. 그러나 한반도가 남북한으로 분단됨에 따라 원래 북한을 뜻하는 것이 아닌 '조선'이라는 호칭이 한국정부의 정당성을 훼손시키는 정치적 의미를 지니게 되었다. 한국정부가 재일코리안들의 국적을 '한국'으로 수정할 것을 요구한 것은 이 '조선'의 사용을 막는 의미가 있었던 것이다. 다시 말해 전후 일본사회에서 외국국적 소유자로서의 재일코리안들의 마이너리티성 형성에는 한국정부의 정책적 대응도 크게 영향을 준 것이다.

지식칼럼

재일코리안의 여권 소유

재일코리안 중 '한국' 혹은 '조선' 국적에 따라 생기는 큰 차이의 하나가 출국할 때에 나타난다. 본국 국민과 같이 한국 외교 통사부에서 정식 여권을 발급받을 수 있는 한국 국적 소유자와 달리 한국 정부는 조선국적 소유자에게는 여권을 발급하지 않는다. 그러나 조선 국적 소유자는 북한 국민임을 정식적으로 뜻하는 것도 아니거니와 북한과 일본 간에 국교가 없기 때문에 북한 발급의 여권도 소유하지 않는 것이 일반적이다. 따라서 조선국적 소유자는 일본 출국 시에 일본정부가 발급하는 '재입국허가증'을 받아 그것을 여권에 대신하는 신분증으로 사용한다.

그러나 이를 정식 여권으로 인정하여 입국을 허가할지의 여부는 각 국가의 정책에 달려 있다. 한국의 경우 조선 국적 교포의 입국에 관해서는 맨 처음 한 번만 임시입국허가증을 발급하는 경우가 대부분이다. 다시 말해 두 번째 이후의 입국에는 한국 국적으로의 '귀화'를 요구한다. 이는 한국 정부에 의한 재일교포의 한국 국적 취득 유도 정책의 일환이다.

당시 국제법 및 국제적 관례에서는 정치적 지배관계 단절에 따라 종주국에 거주하게 된 구 피지배국 국민에게는 일정한 기간 중 종주국 국적 또는 원래의 국적의 하나를 선택하는 권리가 주어지는 것이 통례였다. 이를 국적선택권이라고 한다. 그러나 한일 양국 정부의 이해관계 일치에 따라 재일코리안들에게는 국적선택권이 주어지는 일은 없었다. 이런 가운데 1952년 4월 28일 대일강화조약 발효에 따라 재일코리안들은 일방적으로 일본 국적을 박탈당했다. 그 후 외국인이 됨으로써 거주자격을 상실한 재일코리안은 같은 날 시행된 법률126호로 인해 전무후무한 기이한 지위에 놓이게 되었다. 동 법률은 별도로 재류자격이 결정될 때까지 재일코리안을 재류자격이 없는 자로 분류했다. 즉, 일본에서 재류자격이 없는 재일코리안들이 그 자격이 결정될 때가지는 재류할 수 있다는 기이한 지위를 부여받게 된 셈이었다.

또한 같은 날 공포된 외국인등록법에 따라 지문날인제도가 도입되고 1955년부터는 강제시행에 들어갔다. 1993년 지문날인을 면제받기까지 오랜 비판의 대상이 되어 온 재일코리안들에 대한 관리 체제가 시작된 것이다.

한일 국교정상화와 재일코리안

1951년부터 1965년까지 이루어진 한일국교정상화 회담에서 정식 재류자격을 부여받지 못 했던 재일코리안들의 불안정한 지위에 관해서 논의가 있었다. 이 회담에서 한일 양국은 동일한 역사성을 가진 같은 재일코리안에게 국적에 따라 법적 재류자격에 차별을 주는 정책에 합의했다. 즉, 협정에 따른 영주권을 한국국적 소유자에게만 부여하기로 한 것인데, 이를 협정영주권이라고 하였다. 한편, 조선국적 소유자는 그 후도 한동안 영주 자격이 없이 거주하게 되었다.

그러나 1979년 유엔인권규약 및 1981년 난민조약의 비준에 따라 일본 국내에서는 외국인의 지위 개선에 대한 요구가 높아졌다. 이에 따라 일본정부는 협정영주권을 가지지 못했던 재일코리안들에게 1982년 1월 1일부로 특례영주권特例永住權을 부여했다. 이로 인해 같은 역사성을 가진 재일코리안들 중에는 성격이 다른 두 종류의 영주 자격이 생기게 되었다. 또한 1980년대에는 국민연금 가입, 아동수당 지급, 공적 주택 금융, 공적 주택 거주권 등 그때까지 국적 조항에 따라 향유하지 못했던 각종 기초사회생활권이 대폭 개선된 것은 사실이다.

1965년 한일국교정상화 교섭과정에서 재일코리안은 1971년 1월 16일 출생까지의 협정 1세와 그 직계 자녀, 즉 협정 2세까지 영주권의 부여가 결정되었으나 3세 이후의 영주권 문제는 공백으로 남아 있었다. 이 문제를 해결하기 위해 1988년부터 양국 간에 협상이 시작되었다. 결국 1991년 11월 1일부터 협정영주, 특례 영주로 나뉘어 있던 재일코리안들의 영주 자격은 모두 특별영주권特別永住權으로 통일되었다. 1990년대를 맞이한 한일 양국 사회의 성숙은 같은 역사성을 가진 재일코리안들에 대해 통일된 자격을 주는 여유를 갖도록 한 것이다. 재일코리안에 대한 차별적 제도의 상징이던 지문날인제도도 1993년 1월 8일부로 폐지된 바 있다.

이와 같이 재일코리안들에 대한 일본사회의 대응이 그들을 일본사회의 구성권으로서 받아들이는 방향으로 흐르고 있는 것은 확실하다. 반면에 이러한 흐름은 재일코리안들의 마이너리티성에 있어서 새로운 문제도 발생시키고 있다. 즉, 귀화 및 혼인 등에 따른 일본국적 취득자의 증가 문제가 바로 그것이다. 민단 통계에 의하면 1991년 무렵까지 약 5000명 정도였던 귀화자 수는 그 후 10만명을 넘나드는 수준까지 증가했으며 일본인과의 결혼 비율도 1990년대 초반에 80%를 넘어, 현재 약

90% 수준까지 늘어났다. 이로 인해 1985년 이후 감소세에 있던 재일코리안 수는 1995년 이후 매년 1만명 이상이나 감소하고 있다. 2008년 현재 특별영주권 소지자가 약 42만명 정도임을 감안하면 이 추세가 계속될 경우 몇십 년 후에는 적어도 식민지 시대에서 비롯된 재일코리안들이 소멸할 가능성도 예상된다. 마이너리티로서의 재일코리안은 식민지 지배에 따른 거주자에서 일반 외국인과 같이 전후戰後 입국자로 그 비중이 옮아가고 있는 추세에 놓여 있다.

(2) 뉴커머

외국국적 소유자로서 일본에 정주하는 범주에는 위에서 말한 구 식민지 출신자 이외에 또 하나 무시할 수 없는 사람들이 존재하는데, 바로 뉴커머new comer라고 불리는 사람들이다. 이 범주에 속하는 사람들의 증가에는 두 가지 요인이 작용했다. 하나는 일본의 경제 발전에 따른 국제적 위상의 상승이며 또 하나는 과거 일본 자신이 취한 이민 정책의 부산물이라는 측면이다.

패전에 따라 미국 주도로 자유주의 국가에 편입된 일본은 냉전의 격화에 따른 미국의 대일 부흥 정책으로 눈부신 경제 발전을 이룩했다. 1964년에는 '신칸센新幹線'이라고 불리는 고속철도가 개통되었으며 같은 해 아시아에서 처음으로 올림픽이 도쿄에서 개최되었다. 1968년에는 당시 서독을 앞지르고 세계 제2위의 경제대국의 지위를 차지하였다. 이러한 경제적 부의 축적은 점차 아시아를 중심으로 한 개발도상국 사람들을 흡수하는 힘으로 작용했다.

1970년대 베트남 전쟁 전후의 복잡한 정치 정세와 캄보디아의 내정 혼란에 따라 일본으로 유입된 난민이 증가했다. 소위 인도지나난민インドシナ難民이라고 불린 사람들이다. 1980년대 버블경제로 이어지는 경제적 사회적 분위기 속에서 필리핀 등 동남아 여성들이 유흥가를 중심으로 대거 몰려왔는데, 이들은 당시 자파유키산ジャパ行きさん이라고 불렸다. 물론 일본인 남성과의 결혼을 위해 거주하게 된 아시아 여성들도 늘어났다.

1983년 일본은 신장된 국력을 배경으로 '유학생 10만명 구상'을 내세워 일본어학원 입학자 등에 대한 입국허가를 간소화했고, 이를 계기로 중국을 비롯한 아시아 지역 유학생들이 많이 입국하였다.

1980년대 후반에 이르러 새로운 흐름이 발생하였다. 과거에 일본이 해외로 내보낸 이민자 자손들의 환류還流가 시작되었다. 메이지유신 이후 급속한 군사화와 대륙팽창 정책은 국민생활의 커다란 희생 위에 이루어졌다. 국내에서 생활고에 시달리던 사람들이 국책에 따라 해외 이민의 길에 오르기 시작했다. 소위 '구치베라시口減らし' 정책이었다. 공식적인 일본인 이민의 효시는 1885년 당시 하와이로의 이민이었는데 그 후 미국과 브라질을 중심으로 한 남미 지역으로 확대되었다. 이러한 일본인의 해외로의 유출이 100년 가까운 세월을 거쳐 다시 환류하기 시작한 것이다.

1980년대 남미 국가들은 심각한 인플레이션에 시달려 국민생활은 혼란의 극치를 이루었다. 이런 상황 속에서 특히 일본계日系 후손들은 그 활로로서 조국 땅을 찾게 되었다. 일본정부 역시 과거 국책으로 인해 사실상 버린 자국민의 후손들에 대한 정책적 배려와 더불어 단순 노동력 공급의 부족을 해소하기 위해 1989년 출입국관리법을 개정하여 직업에 제한이 없는 정주 비자를 그들에게 부여하기로 했다. 이로 인해 특히 남미지역으로부터 '재再이민'이 급증했다. 돈벌이를 목적으로 입국한 그들은 대부분 상대적으로 직업조건이 열악한 중소기업이나 영세기업에서 단순 노동에 종사하고 있으며 오늘날 일본사회에서 새로운 마이너리티 문제를 야기하고 있다.

이와 같이 일본사회에서 새롭게 다민족성을 이루고 있는 뉴커머에는 인근의 아시아 지역에서 온 민족과 일본계 후손들이 섞여 있다. 즉, 국적도 민족성도 다른 진정한 외국인과 외국 국적이면서도 민족적으로는 일본인에 속하는 '외국인'이 혼재되어 있다는 것이 특징이다.

4. 피차별 계급 출신자

아이누, 오키나와인, 재일코리안, 뉴커머와 같이 그 마이너리티성이 민족적 차이나 국적으로 인해 생긴 경우와 달리 민족성과 국적에 상관없는 기원을 가진 또 하나의 마이너리티 문제가 일본사회에는 존재한다. 어찌 보면 가장 뿌리 깊고 심각한 문제라고 볼 수 있는 그 주체는 소위 피차별부락被差別部落 출신자들이다. 이 문제는 일본에서의 권력구조로 인해 만들어졌다. 일본에 처음으로 고대국가가 들어선 7-8세기 무렵

에는 이미 신분제도가 확립되었으며 일반 평민 속에서도 양민과 천민으로 나누어졌다. 그런 천민 속에서는 '고시키노센五色の賤'이라고 불리는 다섯 가지 종류의 천민들이 존재했다. 그러나 이들 천민 계급과 피차별부락 출신자의 연관성에 관해서는 특별히 알려진 바가 없다.

오늘날까지 심각한 문제로 남아 있는 피차별부락 문제와의 관련이 추측되는 것은 일본 중세 이후의 일이다. 가마쿠라시대의 일부 기록에는 '에토리餌とり'라고 불린 피차별 신분의 존재가 나타나고 있으며 또한 '가와라모노河原者'라고 불린 강 둔치에 사는 피차별적 집단에 대한 기술도 등장한다. 그들은 주로 죽은 말이나, 소의 처분 및 그를 통한 가죽 생산, 범죄인에 대한 단속, 체형体刑, 심지어는 사형 집행 등에 종사했다. 당시 그런 직업에 종사한 그들이 왜 차별의 대상으로 되었는가에 관해서는 피, 죽음 등 '게가레穢れ'[47)]에 대한 공포와 그로부터의 기피 의식이 작용했다고 하는 설명이 지배적이다. 즉, 살아 있는 생명체에게는 공포의 대상일 수밖에 없는 죽음과 관련된 일을 맡은 사람들은 사회공동체로부터 경원시되는 대상이 되었고 그것이 그들을 사회에서 제외시키는 기원이 되었다는 것이다. 중세에 있어서 피차별 계급은 기타 행상, 예능 등에도 종사했다. 그 직업 역시 안정된 농촌사회의 생산 활동과 동떨어짐으로써 공동체에서 배제되기 쉬운 직업들이었다.

그러나 무엇보다 그런 피차별 신분계급이 사회구조로서 본격적으로 정착된 것은 근세 에도시대 이후의 일이었다. 정권을 잡은 에도막부는 사농공상士農工商의 신분제도를 도입했다. 무사계급의 지배 체제를 정당화시키기 위한 이런 신분제도는 당연히 무사계급과 그 이외의 평민 사이에 대립구조를 자초하게 마련이었다. 막부는 이를 막기 위해 평민 이하에 소위 '에타穢多', '히닌非人'[48)]이라고 불리는 피차별 계급을 설정했다. 그리고 그들에게는 평민을 단속하는 경찰업무나 형의 집행 역할 등을 맡게 하여 평민과 피차별 계급 간에 상호 대립과 증오심을 야기하게 하였다. 인원수로는 압도적으로 다수인 피지배 계급이 단결하여 무사계급에 저항하지 않도록 하기 위해 '분할하여 통치하는' 권력자의 상투적 통치 방법을 충실히 이행한 것이었다.

에도 시대에는 피차별계급을 거주지, 옷, 머리스타일 등으로 평민과 구별시켜 그 존재를 노골적으로 분리시켰다. 이와 동시에 원래 기독교 등 금지 종교의 신앙 통제를 위해 각 사찰에게 작성하게 한 슈몬베쓰아라타메초宗門別改帳[49)] 등을 통해 각 지역마다의 주민 관리체제를 확립시

memo

47) '게가레'라고 함은 일본의 전통적인 신도 신앙에서 널리 발견되는 개념이고 주로 위험이나 불행을 가져다는 것으로서 기피의 대상으로 되어 왔다. 신도의 의례로서 자주 볼 수 있는 '오하라이お祓い'라는 행위는 바로 이 '게가레'를 제거하는 의식儀式의 의미를 가진다.

48) 현재 일본사회에서 '에타穢多', '히닌非人'이라는 말은 차별용어이기 때문에 사용되지 않는 점에 주의가 필요하다.

49) 각 사찰이 자신의 신앙 자임을 증명하는 명단. 통상 가족 단위로 기재되는 경우가 많았다.

켰다. 사실상 호적관리에 나선 것이었다. 이미 거주지역이 어느 정도 분리되었던 와중에 이 정책은 피차별 계급이 거주하는 지역을 부각시키는 역할을 하게 되어 오늘날까지 남아 있는 소위 부락지역의 형성에 중요한 요인의 하나가 되었다. 일본에서 소위 '부락문제'라고 할 때의 '부락'은 이와 같이 에도시대에 확립된 피차별 계급의 거주 지역을 가리킨다.

1871년 메이지정부는 천민해방령을 발령하여 그들을 같은 평민으로 편입시켰다. 그러나 오래된 사회의 차별의식과 더불어 피차별 계급이 독점하던 직업 특권이 이 정책으로 인해 상실되면서 피차별계급은 그 후 빈곤층이라는 새로운 사회적 저변을 이루게 되었다.

이러한 가운데 민권 운동과 다이쇼데모크라시大正デモクラシー[50]라는 사회적 분위기 속에서 1922년 스이헤이샤水平社가 성립되었다. 부락민의 단결을 호소한 스이헤이샤는 정부의 점진적인 융화사업에 대한 반대자로서 강력한 자주적 차별 철폐 운동을 벌이기도 했으나 결국 군국주의 체제 하에서 부락민들의 전쟁협력을 옹호하는 단체로 전락하기도 했다.

전후 새로운 민주주의 사회가 형성되는 과정에서 1955년 부락해방동맹部落解放同盟이 결성되었으며 이후 부락해방동맹은 부락해방운동의 핵을 이루었다. 일본정부 역시 1969년 동화대책사업특별조치법同和対策事業特別措置法을 제정하여 부락 지역의 생활환경, 교육, 직업 등에 대한 개선 정책을 전개해 왔다. 일본에서는 이 법률에 근거하여 피차별부락 문제를 행정적 의미에서 '동화同和'문제라고도 부른다.

현대 일본사회에서 부락 차별은 명시적으로 표면화되어 있지는 않다. 그러나 이러한 이유로 부락 차별문제가 사라졌다고 판단하기는 이르다. 현재도 취업, 결혼 등을 비롯해서 부락출신자에 대한 사회적, 심리적 차별은 엄연히 존재하고 있으며 오히려 그로 인해 이 문제가 쉽게 겉으로 나타나지 않는 원인이 되고 있다.

memo

50) 20세기 초 정당정치의 성립이나 사회 · 문화 분야에서의 자유민주주의적 풍조를 지칭하는 개념. 그 후 1930년 무렵부터의 군국주의의 확립과 대조적으로 사용되는 말이기도 한다.

지식칼럼

주요 사항 연표

1429년 통일 류큐왕국 성립

1457년 고마샤인コマシャイン 전투

1609년 사쯔마번의 류큐 왕국 침공

1669년 샤쿠샤인シャクシャイン 전투

1869년 에조지를 홋카이도로 개명

1871년 천민해방령 발령

1879년 류큐 처분

1885년 하와이 이민을 효시로 일본의 해외 이민 개시

1899년 "홋카이도 구토인旧土人 보호법" 제정

1922년 스이헤이샤 성립

1938년 국가총동원법 제정

1946년 재일본대한민국거류민단 결성(당초는 재일본조선인 거류민단)

1947년 외국인등록령

1952년 대일강화조약 발효(일본 주권 회복), 외국인등록법 제정

1955년 부락해방동맹 결성, 강제 지문날인제도 시행

1965년 한일국교정상화(한국국적 소유자에만 협정영주권 취득 부여 확정)

1969년 동화대책사업특별조치법同和対策事業特別措置法 제정

1972년 오키나와 반환

1982년 특례영주권 부여

1989년 정주 비자 신설

1991년 재일코리안 영주자격을 특별영주권으로 통일

1993년 강제 지문날인제도 폐지.

1997년 "아이누 문화 진흥 및 아이누의 전통 등에 관한 지식의 보급 및 계발啓發에 관한 법률"(소위 아이누 신법) 성립

심화학습

1. 전후 일본사회의 마이너리티로서 걸어온 재일코리안들의 역사를 조사해 보자.
2. 일본사회의 부락차별에 관한 실태를 조사해 보자.
3. 한국과 일본의 다민족성과 마이너리티 문제를 비교하고 정리해 보자.

참고자료

역사교과서 재일코리안의 역사 작성위원회 편저, 신준수 · 이봉숙 역 『재일한국인의 역사』 역사넷 2007

테사 모리스 스즈키저, 임성모 역『변경에서 바라본 근대: 아이누와 식민주의』산처럼 2006

장근식 · 주은주 · 김백용 편『경계의 섬, 오키나와』논형 2008

上田正昭編『ハンドブック 国際化のなかの人権問題』明石書店 2002

在日本大韓民国居留民団 http://www.mindan.org

사진 · 그림

① http://www.city.aomori.aomori.jp/contents/bunkazai/inisie/taka/image/taka3_1.jpg

5장 사회운동

사회운동이란 전통적으로 '사회적 모순에 의해 생활의 위기에 직면한 민중들이 기존의 자원배분 상태나 사회규범, 가치체계 등을 변혁하거나, 의식 및 사상의 혁신을 통해 위기를 해결하고자 하는 전국적 규모의 조직적 또는 집합적 노력'이라 정의할 수 있다. 이처럼 사회운동은 자발적인 민중의 움직임에 의해 일어나는 것을 전제로 하기 때문에 국가 권력에 상충하거나 저항하는 경우가 많을 수밖에 없었다. 따라서 사회운동은 기존 질서에 반항적인 경우가 많았고, 기득권 세력의 진압 노력이 강할수록 피해가 클 수밖에 없었는데, 이것이 구舊천황제와 전체주의적 이념에 기반을 두어 엄격한 사회적 통제를 시행한 전전戰前 일본 사회에서 사회운동이 서구에 비해 적었던 한 이유가 되었다. 특히 1937년 이후 일본이 전시체제에 돌입하면서 강력한 사상통제를 실시하자 노동운동이나 학생운동과 같이 대표적인 사회운동도 거의 소멸상태에 빠지게 되었던 것이다.

그러나 전후 민주화로 인해 강압적인 분위기가 완화되고, 한편으로 일본 국민의 주권의식이 강화되면서 대규모적인 사회운동이 일어났다. 특히, 1945년부터 1950년대 초반에는 노동운동과 학생운동을 중심으로 한 대규모 사회운동이 폭발적으로 일어났다. 노동운동과 학생운동은 본문에서 보듯이 전국에 기반을 둔 강력한 조직력을 이용하며 과격한 투쟁을 마다하지 않았다. 그러나 두 운동은 많은 성과를 거두면서도 점차 참가자의 개성과 의견을 경시하는 조직의 논리에 빠지게 되었고, 참가자의 자격을 근로자나 학생으로 제한하는 배타성을 띠는 등 한계에 봉착하였다.

1960년대를 경계로 일본의 사회운동은 서서히 변화를 맞이하였다. 즉, 일본 사회가 점차 개인적인 가치와 다양한 분야에 관심을 기울이게 되면서, 거대 조직에 바탕을 둔 획일적인 사회운동보다는 다양한 사회적 욕구에 기초한 다면적인 사회운동이 성장하게 된 것이다. 또한 새로운 사회운동은 단순히 자신들의 생활권만이 아니라, 반전운동처럼 인류공통의 보편적 문제에도 관심을 기울기 시작한 점도 특징이었다.

본장에서는 이상과 같이 전개된 전후 일본의 사회운동을 다음과 같은 구성으로 살펴보았다. 우선 전후 사회운동의 개요를 소개하였다. 이어서 1950-60년대의 대표적 사회운동이었던 노동운동과 학생운동을 통해 조직적 사회운동의 전개 과정을 서술하였다. 마지막으로 조직적 사회운동이 약화된 후에 전개된 다양한 사회운동에 대해 평화운동, 소비자운동, 그리고 환경운동 등을 중심으로 살펴보았다.

1. 전후 일본 사회운동의 개요

전후 GHQ[51)]점령하의 일본에서는 민주화의 흐름 속에서 수많은 민간단체들이 자발적으로 탄생하였고, 이들에 의해 전전에 억눌렸던 욕구가 표출되면서 적극적인 사회운동이 전개되었다. 우선 전시중 산업보국회産業報国会[52)]의 결성에 의해 거의 종적을 감추게 된 일본의 노동운동은 전후 민주화의 과정에서 폭발적으로 부활하여 이미 1948년에 약 3만4000의 단위 노조와 670만의 조합원을 헤아릴 정도가 되었다. 이어서 농지해방과 연계된 농민의 조직화도 진전되었으며, 학생운동도 부활하여 각 대학에서 학생 자치회가 결성되었고, 이어서 전국 조직인 전학련全学聯[53)]도 결성되었다. 이 외에도 각종 사회단체들이 급증하는 가운데, 정치 영역에서도 360개 이상의 군소정당이 난립하는 등, 1950년 이전의 일본 사회는 사회운동과 정치적 자유화에 대한 욕구가 한꺼번에 분출된 시기였다. 그러나 점차 보수와 혁신 계열의 정당들이 유사한 사상적 기반에 따라 정리되었고, 이어서 보혁保革 양측이 각기 성향에 맞는 사회운동 단체와의 연계를 강화하였고, 이들 사회운동 단체가 다시 중소규모의 민간 조직을 포섭해가며 사회운동을 주도하는 시기가 1960년대까지 이어졌다.

이러한 가운데 일본 사회운동의 주류를 이루게 된 것이 노동운동과 학생운동이었다. 노동운동은 전후 급속한 노조설립을 바탕으로 광범위한 조직력을 자랑했고, 임금투쟁은 물론, 후술하는 안보투쟁과 같은 정치투쟁에도 참여하면서 일본 사회에 커다란 영향력을 지니게 되었다. 이 시기의 노동운동은 대규모적인 조직의 효율적인 동원을 위해 운동지도부의 결정에 일사불란하게 따르는 조직력을 중시하였고, 상정한 목표의 달성 여부에 커다란 의미를 두었다. 한편 학생운동 역시 전학련

memo

51) 정식명칭은 SCAP(Supreme Commander of the Allied Powers, 連合国軍最高司令官司令部)이나, 주로 GHQ(General Headquaters) 또는 연합군 최고사령부로 불렸다. 일본의 군정은 처음에는 미군이 단독으로 담당했으나, 1946년 2월에 11개 연합국의 구성된 극동위원회가 결성된 후 형식상 이 위원회에서 일본 통치에 관한 기본 정책을 결정하였다. 그러나 실권은 미군에게 있었고, GHQ의 최고 사령관도 미군 사령관인 더글라스 맥아더(Douglas MacArthur)였다. GHQ는 직접 일본을 통치한 것이 아니고, 기존의 일본 통치기구를 이용한 간접통치방식을 취하였다.

52) 1939년부터 일본의 각 직장에 결성된 어용 노동자 단체. 노동자의 전쟁 협력을 이끌어내고자 정부에 의해 결성이 장려되어 이미 1941년에 회원이 547만에 달했고, 대일본산업보국회라는 전국 조직의 산하에 단위(직장별) 보국회가 조직되어 있는 형태였다. 정부 주도의 단체이므로 당연히 노동자의 권리를 위한 쟁의를 배제하고 노동력의 집중적 동원을 목표로 하였다.

53) 정식 명칭은 전일본학생자치회총연합회全日本学生自治会総連合会. 1948년 9월 일본 전국 145개 대학에 의해 결성된 학생 운동 단체. 결성이후 일본의 반체제운동에서 주요한 역할을 담당해

을 중심으로 전국에 조직이 결성되면서 조직력 강화를 중시하였고, 노동운동과 같이 목표의 달성 여부에 중요한 의미를 두었다. 즉 두 운동은 조직력 강화와 이를 바탕으로 한 목표 달성여부를 중시한 점에서 동일한 성격을 가지고 있었던 것이다.

그러나 1960년의 안보투쟁을 기점으로 대규모 조직에 기초한 상명하달적인 구조와 이데올로기적 대립에 기반을 둔 정치적 투쟁에 점차 염증을 느끼는 구성원들이 늘어갔다. 이들은 자신들의 생활에 직접 관련된 일상적인 사회현상에 점차 관심을 가지게 되었고, 이러한 성향을 가진 계층의 숫자가 늘어가면서 노동운동과 학생운동이 사회운동으로서 가지는 영향력은 약화되었다. 즉 고도경제성장 과정에서 야기된 공해, 행정적인 불합리, 급변하는 사회 구조에 대한 입장을 표명하는 단체가 늘어났고, 이것이 노동운동이나 학생운동과는 다른 형태의 사회운동, 즉 시민운동이 사회운동의 주류로 등장하는 시초가 된 것이다.

이후 시민운동은 주민운동, 환경운동, 평화운동, 소비자운동, 반차별운동, 혁신자치체, 대안정치 운동, 그리고 현재의 NGO/NPO로 나타나는 다변화된 사회 구조와 보편적 정의 추구에 대한 대응이라는 형태로 발전하게 되었다. 1980년대를 기점으로 운동 성격이 변하는 단체도 나타났으나 대체로 시민운동 단체는 조직 우선에 의한 개인 경시에 대한 반발을 담아 평등성과 유연성을 추구하는 경우가 많고, 기존 체제의 파괴보다는 개혁과 타협에 중점을 두는 성향이 강하였다. 이처럼 사회운동의 평등성과 유연성이 강해지면서 운동단체의 자발적인 결성과 참가도 증가하여 현재 공식적으로 사단 및 재단법인으로 신고 되어있는 단체는 NPO만으로도 약 2만 6천에 달할 정도로 일본의 사회운동은 성황을 이루고 있다.

왔으며, 후술하는 1960년 안보투쟁에서 격렬한 투쟁방식으로 주도적 위치를 차지했다. 그러나 안보투쟁이 미일안전보장조약개정의 폐기에 실패하자 이를 패배로 여긴 지도부 사이에서 평가를 둘러싸고 분열이 시작되었고, 이후 점차 약화되어 현재에는 단순한 학생 자치회의 연합회적인 성격이 강한 단체로 되었다.

2. 전통적 사회운동 - 사회운동의 출발과 조직적 운동의 성장

(1) 노동운동

1945년 8월의 패전으로 일본사회는 커다란 변혁을 맞이하게 되었다. 전쟁 기간에 중지되었던 정당 활동은 부활하였고, 많은 사회운동을 억압하는 법적 근거가 되었던 치안유지법은 철폐되었다. 또한 전전 일본의 기득권 계층이었던 관료, 군, 우익 정치가, 재벌, 기생지주寄生地主[54] 등은 공직에서 추방되었다. 이로 인해 다양한 사회운동의 욕구가 일본사회에서 분출되었는데, 그중 우선 눈을 끄는 것은 노동운동이었다. 비록 노동운동이 훗날 고도경제성장을 거치면서 점차 축소되는 것은 사실이지만, 패전 후 1950년대를 거치면서 폭발적인 기세로 성장하며 전후 일본사회의 형성에 커다란 영향을 준 것은 부인할 수 없었다.

일본에서는 패전 후 GHQ가 진주하면서 1925년 이래 노동운동을 억압하는 법적 근거였던 치안유지법이 폐지되었고, '비군사화·민주화'정책의 일환으로 노동조합법(1945.12 제정. 49년 개정)과 노동관계조정법(1946.10 제정. 49년 개정)이 신설되어 노동운동이 한층 고양될 수 있는 환경이 정비되었다.

이러한 변화 속에 각 기업에서는 노조가 급속히 결성되었다. 이미 46년 전반까지 1만2천을 넘는 노조가 결성되어 조직률이 40%를 넘어선 것이다. 이때 노조에 사무원과 현장의 노동자가 같이 소속되었는데, 이것은 당시까지의 일본 사회의 시각으로 보면 이질적인 것이었다. 일본은 전통적으로 사무직원과 현장 노동자 사이에 직급상의 차별이 있어서 두 계층이 공동으로 행동하는 일이 적었기 때문이다. 그러나 전후의 생활 환경악화는 사무원과 공원을 가리지 않고 찾아 왔고, 민주화 과정에서 양쪽 모두 노동자라는 평등의식이 침투하면서 공동의 조직을 만들게 된 것이다. 이 결과 노조에 가입하는 조합원의 숫자가 급증하게 되었고, 노조가 가지는 사회운동 단체로서의 역량은 한층 확대되었다.

한편 대부분의 노조는 우선 기업별로 결성되었는데, 이것은 전시중 노동자의 통제를 위해 정부에 의해 만들어진 산업보국회가 전후에도 노조의 기본단위가 되었기 때문이다. 그러나 곧 기업별 노조가 산업별로 결집하면서 산업별 노조단체가 만들어 졌고, 이 산업별 단체도 다시 결집하여 1946년 8월에 공산당 계열의 산별회의産別会議와 사회당 계열의 총동맹総同盟이라는 두 개의 전국단체National Center로 결성되었다. 이처럼 전국적인 노조단체가 성립된 것은 노동조합운동이 체계적인 사회운동으로 발전한 것을 의미했다.

전국 규모의 체계적인 사회운동으로 발전한 노동운동의 첫 번째 목표는 패전이후 황폐해진 경제 상황에서 기본 생활을 보장하는 수준으로 임금을 인상시키는 것이었다. 그러나 이러한 요구는 역시 불황에 허덕이던 자본가들의 동의를 얻지 못하였고, 이에 대해 노동자들이 선택한

memo

54) 농민에게 토지를 대여해주고 소작료를 징수하는, 직접 농업에 종사하지 않는 토지소유자. 패전 후 농지개혁으로 해체되었다.

① 미이케三池쟁의의 한 장면. 미이케 쟁의는 1953년과 1959-60년의 2회에 걸쳐 미쓰이三井광산에서 일어난 대규모 노동쟁의이다.

항의 수단인 파업도 전후 일본의 특수한 상황으로 무력화되었다. 급속하게 진행되던 인플레이션[55]을 배경으로 자본가들이 경영지속을 통한 생산보다는 공장 폐쇄와 자재 은닉 이후 인상된 가격으로 자재를 처분하여 이윤을 노리는 방식으로 대응했기 때문이다.

이 때문에 노동자들이 다시 선택한 방법이 생산관리투쟁이었다. 생산관리투쟁은 노동자가 자본가의 생산에 대한 지휘와 감독을 거부하고 직접 설비와 자재를 접수하여 경영활동을 유지함으로써 임금을 확보하는 방법으로, 당시 상황에서 효과적인 대응책이었다. 생산관리투쟁은 자본가와 정부의 강력한 반발에 의해 1949년 이후 거의 소멸되었으나, 노동운동에 있어서 중요한 성과를 남겼다. 생산관리투쟁을 통해 노동자는 경영에 대한 지식을 얻게 됨으로써 그 후 특히 인사관리에 관해 향상된 교섭력을 얻게 된 것이다. 또한 노동자들이 상시적인 단체교섭의 장이 되는 경영협의회를 사내에 설치하는 성과를 얻은 것도 이때였다.

이처럼 노동자들이 합리적인 근거를 가지고 자신들의 임금 수준을 제안하는 능력을 얻으면서 이루어낸 가시적인 성과가 1946년에 성립된 전산형임금체계電産型賃金体系였다. 이것은 전력산업의 발송전 및 배전에 관련된 노조가 연합하여 결성한 일본전기산업노동조합日本電気産業労働組合이 제시한 임금 체계로, 노동자의 생존에 필요한 임금을 기본생활급 등 객관적으로 분류된 항목으로 제시하면서 이후 임금 결정에 있어서 중요한 기준이 되었다. 이 새로운 임금결정 체계는 자본가의 자의적인 임금 결정권을 약화시켜 노동자의 이권을 지켜낸 성과물로서, 자신의 의견을 실상에 반영할 기회가 적었던 노동자의 위치에 커다란 변화를 준 사건이었다.

전산형임금체계의 성립에 이어 노동운동의 커다란 성과로 평가받는 것이 춘투春闘의 정착이었다. 춘투란 매년 봄에 각 산업의 노조가 모여 임금인상 요구액 및 타협액, 요구 제출일과 교섭 일정, 파업과 타협의 시기 등에 관해 통일된 행동을 하기로 결정한 뒤, 전국적·전산업적 규모로 임금 교섭에 들어가는 행위를 말한다. 원래는 1954년 일본전기산

memo

55) 전후 일본은 전시중의 병기 대금 남발로 통화량이 급증했음에도 패전으로 생산활동이 정체에 빠지면서 급격한 인플레이션을 맞이하였다. 이 때문에 신엔절환新円切換 등의 조치에도 불구하고 결과적으로 1945년 10월에서 1949년 4월 사이의 3년 6개월 사이에 소비자 물가는 약 100배 인상되었다.

업노동조합 외 4개의 산업별 노조연합이 모여 시도한 산업간 공동 임금인상 투쟁에서 시작되는데, 이후 1955년부터 당시 일본 노동운동의 대표적인 단체였던 일본노동조합총평의회日本労働組合総評議会(총평総評)의 공식적인 임금인상 투쟁 방법으로 채택되어 대규모화하였다. 이때 춘투가 급속히 노동현장에 정착된 것은 당시 노동자들이 품고 있던 피해의식에 해답을 주었기 때문이다. 당시 노동운동의 고양에 따라 각지에서 파업이 진행되는 가운데, 노동자들 가운데에서는 자신이 소속된 기업에 지나친 임금인상 투쟁을 펼치면 기업이 파산할 지도 모른다는 불안감을 가지고 있는 경우가 적지 않았다. 과도한 임금인상의 결과로 제품 가격이 상승하여 시장에서 경쟁력을 상실, 소속 기업이 결국 파산하고 자신도 실업자가 될 수 있다는 우려가 있었던 것이다. 이러한 염려에 해결책을 제시한 것이 공동 임금인상 투쟁, 즉 춘투였고, 이 때문에 노동자의 전국적인 지지를 얻고 급속히 정착할 수 있었다. 노동운동이 또 다시 커다란 성과를 거둔 것이다.

그러나 이처럼 노동자들의 임금인상 요구가 관철된 배경에는 일본 경제가 고도성장하여 노동자의 요구에 응할 수 있게 된 것에도 원인이 있었다. 자본 이윤의 증가와 노동력 수요의 증대, 그리고 이에 뒷받침된 임금인상과 고용확대로 생산 확대가 노사의 공통 목표로 된 것이다. 이 때문에 점차 일본에는 협조적 노사관계가 정착하게 되었고 노동운동은 대결적인 구도에서 벗어나게 되었다. 이를 반영하듯이 고도경제성장이 종식된 뒤에는 춘투가 기대에 부합하는 임금인상에 계속 실패하였다. 특히 1989년에 규모면에서 사상 최대의 노동조합인 일본노동조합총연합회日本労働組合総連合会[56)]가 결성되었음에도 불구하고 1990년대 헤이세이불황 이후 지속적으로 참담한 협상 결과를 보게 되었다. 이는 장기간에 걸쳐 형성된 협조적 노사관계로 인해 오히려 노동운동의 활동력과 조직력이 저하된 것과 관련이 있는 것이다.

이처럼 일본의 노동운동은 고도경제성장기 이후 점차 활기를 잃게 되었으나, 그렇다고 해도 1950-1960년대에 방대한 규모와 막강한 조직력을 바탕으로 임금 인상과 노동자의 사회적 지위 향상에 일정한 성과를 거두었던 사실을 부인할 수는 없다. 이것은 조직적인 대규모 사회운동이 일본사회에서 성과를 거둔 대표적인 예로 노동운동이 일본 사회운동에서 가지는 의미는 지대했다.

memo

56) 1989년 결성시 산하에 78개의 산업별 노조와 798만인의 조합원을 두었는데, 이것은 당시 일본의 조직 노동자의 65%를 차지하는 숫자였다.

(2) 학생운동과 안보투쟁

② 1960년 안보투쟁 당시 학생운동단체

노동운동과 함께 전후 일본의 조직적 사회운동의 대표적인 존재로 학생운동을 빼놓을 수 없다. 노동운동과 마찬가지로 전전부터의 역사를 가지고 있던 학생운동은 전시중의 탄압으로 활동을 중지하였으나 전후 곧 부활하였다. 우선 각 대학에서 학원 민주화 운동이 시작되었고, 이는 곧 1948년에 앞서 언급한 전학련의 결성으로 이어졌다. 전학련의 출범으로 본격화된 일본의 학생운동은 이후 주요한 정치적 투쟁에 항상 참여하면서 일본 사회운동에서 중요한 위치를 차지했다. 즉 패전 직후 대학제도의 민주화를 요구한 학원 민주화 투쟁에서 시작하여 일즈 반대투쟁, 레드퍼지 반대운동, 반전평화 옹호운동, 스나가와砂川기지 반대투쟁, 근평勤評투쟁, 안보투쟁, 대학관리 반대투쟁, 하네다羽田투쟁, 사세보佐世保투쟁 등 다수의 데모활동에서 학생 단체는 중요한 역할을 맡았던 것이다.

지식칼럼

· 일즈 반대투쟁

연합군 총사령부 민간정보국 교육고문이었던 월터 일즈(Eells, Walter C)가 1949년 7월 19일 니가타현에서 '공산주의 교수를 추방하라'라는 요지의 연설을 한 것에 대해 반대한 운동.

· 레드퍼지 반대운동

냉전의 진전에 따라 자본주의 진영 동맹국을 지킬 필요성을 느낀 미국은 동맹국들에게 대규모의 원조와 함께 자본주의적 체제의 확립을 주문했다. 이로 인해 일본에서는 전후 민주화과정에서 추방된 전전의 관료, 정치인, 경제인들이 사회질서 유지와 자본주의체제 강화를 위해 속속 공직에 복귀하였고, 반대로 자유로운 정치활동의 보장에 의해 급속히 확장되었던 좌파 및 공산당 계열의 인사들이 탄압을 받게 되었는데 이를 역逆코스라고 한다. 이러한 미국의 역코스 정책은 일본 사회의 공직에서 좌파 및 공산주의자들을 추방하는 레드 퍼지red purge를 일으켰는데, 이에 반대한 운동.

· **스나가와기지 반대투쟁**

1957년 도쿄 스나가와쵸砂川町의 미군 기지 확장 계획에 반대한 운동. 이때 주변 주민의 일부가 진입금지 선을 불과 수 미터 넘어선 것으로 기소된 것을 스나가와 사건이라 한다.

· **근평투쟁**

1957-58년에 걸쳐 공선제에서 임명제로 바뀐 교육위원회가 교원에 대한 근무평가를 강행한 것에 대해 반대한 운동. 당시 좌파적 성향의 일본교직원조합日本教職員組合(일교조)를 약화시키려는 조치로 여겨졌다.

· **대학관리 반대투쟁**

1962년 문부대신文部大臣의 국립대 학장 선임권 및 감독권 강화에 대해 학생들이 펼친 반대 운동.

· **하네다투쟁**

1967년 당시 미국의 베트남 전쟁에 기지 제공이라는 형태로 협력하고 있던 수상 사토 에이사쿠佐藤栄作의 베트남 방문을 저지하기 위해 학생을 중심으로 한 좌익이 펼친 폭력 데모.

· **사세보투쟁**

1968년 미국의 원자력 항모 엔터프라이즈가 일본 사세보 항에 입항한 것에 대하여 학생단체를 포함한 좌파가 대대적인 반대운동을 펼친 사건.

수많은 학생운동에서도 특히 주목할 것은 1960년의 미일안전보장조약개정 반대운동, 즉 안보투쟁이었다. 안보투쟁은 학생만이 아니라 광범위한 참가자를 기반으로 한 국민적 규모의 사회운동이었으나 그 주역은 학생이었다. 이때 학생운동은 대대적인 조직력을 이용하며 운동의 중심에서 커다란 공헌을 하였다. 그러나 이처럼 학생운동의 조직력이 큰 역할을 한 안보투쟁 이후, 일본의 사회운동은 점차로 탈조직적인 성향을 띠게 된다. 안보투쟁과 같이 대규모적인 조직이 주역을 맡는 사회운동에 참가했던 많은 학생, 시민, 노동자 등 많은 참가자들이 상명하달적 구조에서 자신의 의견을 제대로 반영할 기회를 잃고 조직적 사회운동에 염증과 한계를 느끼게 되었기 때문이다. 따라서 학생운동의 조직력이 가장 잘 발휘된 안보투쟁은 사실은 일본 사회의 조직적 사회운동이 퇴색하게 되는 계기를 만든 운동이 되었다고도 할 수 있다. 안보투쟁을 통해서 본 일본 학생운동의 전개과정은 다음과 같다.

학생운동의 대표 조직인 된 전학련은 출범 당시 일본 공산당의 영향을 강하게 받고 있었으나, 1955년 일본공산당이 제6회 전국협의회에서 기존의 무장투쟁 노선을 변경하면서부터 거리를 두었다. 투쟁방법에 대한 견해가 달랐던 것이다. 이후 전학련의 주도권은 공산당으로부터 제명 처분을 받은 신좌익 학생의 조직, '분토Bund'가 잡게 되었다. 분토는 '동맹'을 의미하는 독일어로, 신좌익 학생들에게는 '공산주의자 동맹'을 의미하는 용어이다. 그리고 1958년에 결성된 분토에 의해 지도된 전학련이 본격적으로 실력을 보인 것이 안보투쟁이었다.

안보투쟁의 불씨는 일찍이 1952년부터 만들어지고 있었다. 1952년 샌프란시스코 강화조약의 발효로 일본은 국제사회 복귀와 함께 미국의 우방으로서 10년 약정의 안전보장조약을 맺었는데, 이 조약에서 일본은 일본 국내에 미국의 군사기지를 제공하는데 동의하였다. 이로 인해 일본은 미국과 긴밀한 관계를 맺게 되는 데에는 성공하였으나, 독립국이 되었음에도 불구하고 미점령군의 계속된 주둔을 허락한 점과 조약 내용이 쌍무적이 아니라 일본의 의무 사항만이 강조된 편무적이었다는 점에서 미국의 세계 전략에 비판적인 좌파는 물론이고, 우파에게조차 국권의 불완전 회복이라는 불만을 남겼다.

이에 조약기간 만료가 다가오던 1960년 전전의 관료출신이자 보수파로서 당시 수상이었던 기시 노부스케岸信介는 조약 갱신을 원하던 미국을 방문하여 이에 동의하는 대신, 기지제공이라는 일본의 의무만이 있었던 기존 조약의 내용을 미일간의 공동방위를 기초로 한 쌍무적 조약으로 변경하여 양국 관계를 보다 대등하게 하려 하였다. 미국은 이에 동의했고, 이로 인해 기시와 같은 보수우파는 국권의 부분적 회복이라는 성취감을 갖게 되었을지 모르나, 아직 아시아·태평양전쟁의 기억을 생생하게 지닌 일본 국민들에게는 조약 개정으로 인한 신조약의 발효가 일본이 미국의 세계 전략에 추종하여 모종의 전쟁행위에 참여하거나 일본 영토를 전쟁터로 제공할 수 있는 가능성을 갖춘 것으로 보였다.

원래 조약 개정 이전에는 아직 개정될 내용이 자세히 알려지지 않았던 관계로 반대 의견이 원수폭금지대회[57] 등에서 약간 표명되는 수준이었으나, 개정안의 내용이 알려진 1960년 1월 이후 조약 내 '극동의 안전'이란 문구의 의미에 대한 의문이 중의원에서 제기되면서 사태가 변화하기 시작했다. 개정 조약에서 극동이란 대체로 필리핀 이북 및 일본과 그 주변을 말하나, 미군의 출동 범위는 여기에 국한되지 않는다는 설명이 붙으면서 일본과 전혀 무관한 지역의 출격기지로 일본이 이용되고, 이로 인해 일본과 무관한 전쟁에 말려들게 되는 것은 아닌가하는 우

memo

57) 미국의 원자폭탄과 수소폭탄 개발 및 실험을 반대하는 집회. 일본의 히로시마, 나가사키의 핵폭탄 피해를 상기하는 사회운동에서 비롯되었다.

려가 생긴 것이다. 때마침 5월에 소련 상공에서 미국의 정찰기인 U2기가 격추되면서 동일 기종이 일본에도 배치되어 있던 사실이 폭로되자 국민들의 개정 조약에 대한 관심이 더욱 높아지기 시작했다. 평화헌법의 제정과 고도경제성장의 진전으로 전쟁에 대해 깊은 거부감을 가졌던 일본 국민들은 당연히 조약개정을 환영할 수 없었고, 곧 이에 대한 반대운동이 격화되었다. 이때 저항운동의 선두에 격렬하게 나선 것이 바로 전학련이었다.

이러한 가운데 조약개정을 강행하려던 기시는 동년 5월 20일, 중의원에서 조약개정에 저항하던 사회당 의원과 자민당 비주류파를 경찰에 명령하여 강제 퇴거시키고, 자민당 주류파 의원만으로 조약 개정에 관한 심의 통과와 체결을 강행하였다. 사태가 이에 이르자, 이를 '민주주의의 파괴'라 여긴 학생, 문화인, 노조원, 일반시민들이 자발적으로 데모대를 구성하며 국회를 둘러싸고 항의 운동을 펼치게 되었다. 이로 인해 안전보장조약 개정 반대운동, 즉 안보투쟁은 본격화하였고 점차 국민운동적인 성격으로 확대되어갔다.

이에 기시는 경찰병력 외에도 폭력배를 포함한 우익단체 등을 동원하여 데모대에 맞섰다. 중의원이 승인한 조약은 참의원의 승인을 얻지 못해도 30일 뒤인 6월 19일 자정에는 자동적으로 발효되도록 법률로 정해져 있었기 때문에, 기시는 어떻게든 데모대를 해산하고 국회를 봉쇄하면서 시간을 끌어 조약의 자동 승인을 얻어내려 하였던 것이다. 이에 전학련은 6월 15일 국회 돌입을 통해 국면을 전환하려 하였다. 이윽고 남문으로 돌입한 시위대와 경비대간에 격렬한 충돌이 일어났는데, 이 과정에서 도쿄대학의 여학생이었던 간바 미치코樺美智子가 사망하는 사건이 일어났다. 데모에 나선 학생의 사망사건은 시민들과 특히 학생에게 커다란 충격을 주었다. 다음날 전국에서 학생들이 도쿄에 집결하기 시작하였고, 시민들의 참가도 격증하면서 데모대의 기세는 한층 달아올랐다. 당황한 기시는 자위대에 출동요청을 하지만 내란 가능성을 두려워한 방위청장의 거절로 자위대 출동이 무산되었고, 이제 기시의 데모대 진압은 불가능해졌다. 18일, 국회를 둘러싼 데모대의 숫자는 무려 33만에 달했고, 기시에게 이들을 해산할 방법은 없었던 것이다. 기시는 오직 6월 20일에 조약이 자동승인 될 때까지 국회와 자신의 관저를 지켜낼 수밖에 없었다. 경비대가 데모대를 간신히 막아내는 동안 관저에 갇힌 기시는 자살까지 생각했다고 한다. 19일 자정에 기시는 '안보반대

(안전보장조약 갱신 반대), 기시퇴진'의 구호를 묵살하고 조약의 자동승인에 성공했으나, 대대적인 혼란사태를 불러일으킨 책임을 지고 곧 수상직을 사임했다. 비록 조약개정의 폐기에는 실패했지만 안보투쟁은 유례없는 규모의 사회운동으로 명실상부한 국민운동이 되었다. 특히 많은 관련자가 지적하듯이 어떤 의미로는 '안보 반대'보다 더 큰 목적이 된 '기시 퇴진'에 성공한 것은 안보투쟁이 거둔 커다란 성과였다.

게다가 보수파의 거두로서 국민에 대해 권위적인 자세를 취하던 기시의 몰락은 단순히 개인적인 일로 끝나지 않았다. 후임으로 수상에 취임한 이케다 하야토池田勇人는 세태의 변화를 통감하고 국민에게 민주적인 자세로 임하며 경제발전에 전념하는 정책을 취하게 되었고, 이는 이후의 수상들에게도 연결되면서 이른바 '전후형 통치파'의 시대가 시작되었다. 비록 전학련 내부에서는 조약 개정 저지의 실패가 패배로 규정되면서 책임과 대책을 둘러싸고 분토와 전학련 자체의 사분오열이 일어났지만, 이미 언급한대로 기시의 퇴진과 보수적 정치형태의 몰락은 커다란 성과였으며, 이러한 결과를 이끌어 낸 뒤에는 학생운동의 조직력이 있었던 것이다. 이러한 점에서 이후 학생운동이 계속된 폭력적 내부 분열로 인하여 시민의 지지를 잃고 1980년대 이후 쇠퇴하였다 해도, 일본 사회운동에 남긴 실적은 결코 적은 것이 아니었다.

그러나 조직적 학생운동이 커다란 역할을 담당한 안보투쟁은 이미 언급한 대로 조직적 사회운동이 쇠퇴할 것을 예고하는 사건이기도 하였다. 즉 안보투쟁의 또 다른 주요 구성원이었던 시민들은 특별히 지지하는 정당이나 이데올로기가 없고 정치적인 야심을 가지지 않았던 점, 조직의 명령이 아니라 자유의사로 데모에 참가한 점, 반대운동에 24시간 전면적으로 참여한 것이 아니라 자신의 생활을 유지하면서 필요한 순간에만 참가한 점, 그리고 참가에 필요한 경제적 비용이나 손해를 자신이 직접 책임진 점에서 기존의 조직적인 노동운동이나 학생운동과 달랐기 때문이다. 이것은 명백히 조직의 지도와 명령에 따르는 수직적인 형태의 참여가 아니라 자신의 의사에 따라 참가를 결정하고, 참가자간의 상하 계급의식을 배제한 수평적 형태의 사회운동이었다. 이 새로운 흐름이 곧 베헤렌ベ平連('베트남에게 평화를! 시민연합ベトナムに平和を!市民連合)과 같은 시민운동으로 발전하면서, 일본의 조직적 사회운동이 비조직적인 시민운동으로 변화하는 시대를 열게 되었다.

3. 새로운 사회운동 – 비조직적 시민운동의 발전

(1) 시민운동의 전개

조직적 사회운동의 총결산이라고도 평하여진 안보투쟁이 종식된 후 일본사회에는 새로운 형태의 사회운동이 나타나기 시작했다. '자발성, 자기표현, 평등성' 등을 특징으로 하는 개인원리에 기초한 시민운동이 그것이다. 새로운 형태의 시민운동은 개인의 자발적인 참여는 물론, 유동적이고도 유연한 조직을 가지면서 기존의 조직 원리를 거부하는 특징을 가지고 있다. 즉 고정적인 역할, 엄격한 규칙, 그리고 경우에 따라서는 다수결 원리조차 부정하였다. 이 때문에 시민운동은 노동운동의 '노동자'와 같은 특정한 자격에 대한 강조가 적어서 다양한 배경을 가진 구성원에 의해 진행되는 특징을 가지게 되었다.

시민운동의 구체적인 예로서는 베헤렌을 포함하는 평화운동, 소비자운동, 환경운동 등을 들 수 있다. 초기의 대표적인 시민운동으로 많이 언급되는 베헤렌은 1965년에 발족하여 1974년까지 활동한 시민운동단체로 주로 지지 정당이 없는 무당파 지식인층을 바탕으로 운동을 전개하였다. 운동 내용은 미일공동데모, 뉴욕 타임즈 등 언론 매체에의 광고 게제, 미군 탈주병에 대한 원조 등이었는데, 과격한 폭력 투쟁을 배제하고 기존 체제 안에서 운동에서 벌였다는 점에서 참신함이 있었다. 또한 안보투쟁 이후 조직적 사회운동에 염증을 느끼게 된 시민들과 학생들이 다수 참가한 탓에 상명하달적인 조직 원리가 약했던 것이 특징이었다. 베헤렌은 최고 300에 달하는 관련 단체를 가질 정도로 발전하였는데, 이와 같이 유연한 조직과 운동 방법은 기존의 노동운동이나 안보투쟁과 같은 대규모적인 조직 운동과 선을 달리 하며 이후의 사회운동에 많은 영향을 주었다고 평가된다.

한편 소비자운동은 고도경제성장기에 생산자와 소비자 사이에 힘의 차이가 현저해지면서 활성화되었다. 1950-60년대에 나타난 불량제품의 횡행과 대기업의 횡포에 대한 고발형 운동으로 시작된 소비자운동은 1970년의 칼라TV 불매운동처럼 커다란 성과를 거두기도 하였다.[58] 소비자운동은 부인연합회나 소비자단체와 같은 '조직'이 매개가 되기는 하지만 소비자라는 존재의 특성상 개개인을 조직적으로 단속하거나 선택을 강요할 수 없다는 점과 자발적인 참여에 전폭적으로 의존해야 한

memo

58) 당시 제조업체에 의해 칼라TV의 정가가 적정 가격보다 높게 책정되자 이에 항의하여 전국 지역부인단체연합협의회地婦連가 1년간 칼라TV의 불매운동을 전국에 호소하였는데, 여기에 즉시 전국의 소비자단체들이 호응하고 나섰다. 이 과정에서 마쓰시다松下 전기의 불법적인 판매경로가 발각되었고, 불황이 겹치며 실제로 판매고가 급감하자 12개 가전업체들은 종래 품목에 비해 20%나 낮은 '정가'의 제품을 발매하게 되었다. 한편 마쓰시다 전기는 불법적인 유통경로로 제품을 판매한 사실을 인정하면서 소비자의 손해배상청구소송을 받게 되었다.

다는 점에서 이전의 조직적 사회운동과는 성격을 달리 하였다.

환경운동 역시 조직적 사회운동과는 다른 방식으로 전개되었다. 일례로 전전부터 조짐이 보였던 구마모토현 미나마타시水俣市의 미나마타병 사건의 경우, 피해자들이 오랜 투쟁 끝에 1973년 미나마타병 발생의 원흉으로 지목된 신일본질소비료(현재의 칫소チッソ)에 승소하였는데, 이 과정에서 결성된 피해자 단체는 상명하달적인 수직적 조직이 아니라 피해자간의 수평적 모임을 바탕으로 체제 안에서의 투쟁, 즉 미나마타병의 피해상황에 대한 선전과 시민들의 동참 호소, 법적 소송을 통해 평화적인 해결을 시도하였다. 최종적으로 2004년 일본 최고재판소로부터 칫소는 물론, 국가와 현의 과실 책임을 인정하는 판결을 받아 내었다. 실로 50년에 가까운 세월이 흘렀으나 격렬한 조직적 투쟁이 아니라 체제 순응적인 방식으로 단순히 기업의 손해 배상을 뛰어넘어 사회 구조적인 실책을 공공기관이 인정하게 한 커다란 성과를 올렸다는 점이 특기할 만하다.

이처럼 안보투쟁 이후의 사회운동은 체제 안에서의 평화적인 투쟁, 자발적인 참여, 수평적인 조직 구성과 가입탈퇴의 자유 등의 특징을 가지게 되었고, 이것이 현재 일본 사회운동의 주류인 시민운동의 중요한 특징이 되었다. 그리고 이와 같은 특징으로 인해 시민운동은 주민운동, 환경운동, 평화운동, 소비자운동, 반차별운동, 혁신자치체, 대안정치 운동, 그리고 NGO/NPO에 이르기까지 다양한 활동 분야를 가지게 되었다. 지면관계상 시민운동의 대표적인 예로 꼽히는 평화운동, 소비자운동, 환경운동에 대해 구체적으로 살펴보기로 한다.

(2) 평화운동

전후 광범위한 시민운동으로 발전되는 일본의 평화운동은 원래는 시민운동 단계에서 시작된 것이 아니라 전쟁에 대한 국민적 염증에서 비롯된 것이었다. 이 때문에 일본의 평화운동은 '평화운동'이라는 하나의 슬로건을 건 것이 아니라 평화를 침해할 수 있는 다양한 정세 변화에 대해 그때마다 반응하는 형태로 시작되었다. 따라서 일본의 평화운동은 인류의 보편적 정의로서의 평화라기보다는 더 이상 전쟁에 말려들어 피해를 보고 싶지 않다는 희망에서 출발했다는 점에서 분명한 한계점도 있었다. 히로시마와 나가사키의 비참한 원폭피해를 호소하고 전후 미국의 팽창적인 군사행동에 일본이 동참하는 것에는 격렬히 저항하면서도, 자신들이 아시아 국가들에 행한 비인도적 행위에 대한 고발과 반성은 적었다. 그러나 1970-80년대를 거치면서 비록 주류는 아니어도 이기적인 평화운동의 선을 넘어 인류 공동의 평화를 찾고자 하는 모습이 나타나면서 일본의 평화운동은 점차 성숙되기 시작했다고 평가되고 있다. 이러한 전후 일본의 평화운동이 어떻게 시민운동으로 성장하였는지를 살펴보기로 하자.

패전이후, 제9조로 대표되는 평화헌법에 대한 일본 사회의 지지는 높았다. 1946년 마이니치每日신문의 여론 조사에 의하면 헌법에 '전쟁 포기 조항'을 첨가하는 것에 대한 찬성이 거의 70%에 달했다. 그러나 언급한 대로 이것은 일본의 잔학행위에 대한 반성을 능동적으로 인식한 결과가 아니었다. 전시중의 잔학행위에 대해 대다수 일본 국민의 반응은 '우리도 전쟁 지도자들에게 속았다'로, 그 책임을 도쿄 재판에서 심판 받은 지도층에 돌리는 것이었다. 따라서 전쟁에 대해 강한 공동의 책임의식을 가졌던 것은 아니었다. 게다가 패전을 미국의 압도적인 힘에 의한 것으로 받아들인 일본인의 인식은, 아시아 국가들에 대한 멸시감을 거의 그대로 남아 있게 하였다. 즉, 패전 직후 수동적으로 주어진 '평화'는 일본인의 반성인식은 물론, 평화 그 자체에 대한 성찰의 기회를 거의 주지 못했던 것이다.

그러나 1950년을 전후하여 냉전, 중화인민공화국의 성립, 그리고 한국전쟁이라는 동서대결 국면의 심화는 어떠한 형태로던 일본의 평화를 일본인들 자신이 본격적으로 고민하도록 만들었다. 우선 1949년, '전쟁과 평화에 관한 일본 과학자의 성명'이 발표되면서 각계 지식인을 중심으로 '평화문제 담화회'가 결성되었다. 평화문제 담화회는 평화공존과 비무장중립을 위한 일본의 노력을 호소하였고, 이것은 사회적으로 큰 영향을 주었다. 이어서 1951년 사회당은 제7차 전당대회에서 '전면강화, 중립견지, 외국군사기지 반대, 재군비 반대'를 평화 4원칙으로 채택하였고, 노동자 조직인 총평도 이를 받아들임으로써 냉전 구도로의 비자발적 참여에 대한 반대, 즉 평화운동의 기반이 형성되기 시작하였다.

1952년 미일안전보장조약 성립 후에도 평화 4원칙은 기지 신설 및 확장에 대한 반대투쟁, 원수폭 금지운동, 헌법옹호운동 등으로 나타나면서 일본사회에 지속적으로 영향을 주었다. 기지반대 투쟁은 한국전쟁과 냉전으로 일본 내에 기지 확장과 신설을 추진한 미국과 일본정부의 승인에 대한 저항이었다. 여기에는 해당지역 주민은 물론 이들과 연계한 학생, 노동자, 문화인이 광범위하게 연합한 전국조직의 결성과 안보조약의 위헌판결이라는 성과가 뒤따랐다. 원수폭 금지운동 역시 미국의 원폭병기 증강과 수폭실험에 반대하는 전국조직을 결성하여 최종적으로 3천만 명의 서명을 얻어 내었다. 한편 헌법옹호운동은 1954년에 시도된 보수파(자유당과 개진당)의 헌법 9조 개헌시도에 대한 국민적인 반대로 시작되어 1958년 사회당의 중의원 대약진이라는 결과를 만들며 보수파의 개헌 의도를 좌절시켰다.

이와 같이 1950년대의 평화운동은 전쟁에 대한 감정적 염증이라는 선을 넘어 미국과 소련 어느 쪽에도 가담하지 않음으로써 전면적인 전쟁을 회피하고자 한 당시 일본인의 의식을 나타내고 있었다. 이러한 회피의식이 가장 폭발적으로 표출된 것이 바로 1960년의 안보투쟁이다. 그러나 안보투쟁이 평화운동 단체에 의해 주도된 것이 아님은 이미 언급한 대로이며, 오히려 평화운동이 주도적인 위치에 나서게 되는 것은 이후 전개되는 기지문제에 관련된 항의 운동에서였다. 전술한 스나가와기지 반대투쟁에서 최근의 오키나와 기지 문제에 이르기까지 무수히 일어난 미군기지 피해에 대한 항의 운동은 막상 참가자를 인도하는 조직이 강력한 조직력을 가지는 경우는 별로 없었고, 주로 합법적 소송, 선전물을 통한 홍보 활동, 인간 사슬과 같은 평화적인 투쟁 방법을 통해 끊임없이 일본 사회의 관심과 동참을 유도해왔다. 이것은 기지반대 운동이 노동운동이나 학생운동과 같은 조직적 사회 운동이 아니라 시민운동의 성격을 강하게 가지고 있었음을 보여주고 있으며, 원수폭금지세계대회[59]나 베헤렌과 같은 다른 평화운동도 비슷한 성격을 보였다.

한편 일본의 평화운동이 이처럼 시민운동으로 성장했음에도 불구하고 일본 사회의 평화 의식에는 여전히 중대한 한계점이 있었다. 일본 시민들의 평화 요구가 전쟁 피해의식에 기초하면서도 자신들이 일으킨 전쟁에 대한 책임의식은 거의 없다는 사실에는 큰 변화가 없었던 것이다. 비록 1960년대에 베헤렌과 같이 일본이 미국의 군사기지로서 또 다시 전쟁의 가해자가 되는 것에 반대하는 시민운동이 나름의 성과를 거두었지만, 일본 사회의 주류적인 평화의식은 아직 자기중심적인 사고범위를 벗어나지 못하고 있었다. 특히 1960, 70년대에 일본 사회가 고도경제성장 속에서 새롭게 얻은 부의 향유에 대한 욕구가 증대하면서 평화가 향상된 생활수준의 유지를 의미하는 것으로 인식되기 시작한

memo

59) 1954년 일본 어선 다이고후큐류마루第五福竜丸의 수소폭탄 실험에 의한 피폭을 계기로 촉발된 일본의 반핵운동. 원자폭탄과 수소폭탄의 금지를 청원하는 서명운동에서 시작하여 각지의 청년단, 부인회, 그리고 노동조합과 혁신적인 정당들이 참가한 끝에 1955년에 히로시마에서 제1회 원수폭금지세계대회가 열리게 되었으며, 이후 주로 선전물이나 전시회에 의한 계몽활동과 서명운동, 원수폭의 폐기를 요청하는 선언문의 채택 등의 활동을 현재까지 이어가고 있다.

것이 평화의식의 이기적 성격을 더욱 부채질하였다.

이러한 가운데 1980년대에 들어서면서 경제대국으로의 성장에 기초한 자부심과 이를 지키기 위한 욕구가 일관성 없는 평화 성향으로 나타났다. 1980년대 초반에는 경제적 성공에 기초한 자국에 대한 자부심, 즉 '경제적 민족주의'의 가 대두되기 시작했다. 그와 같은 분위기는 일본의 경제적 번영을 유지하려는 희망을 한층 강화시키면서 자기모순적인 평화의식을 노정시키게 된다. 즉, 미일군사동맹을 긍정적으로 평가하고 자위대 필요론이 증가하는 가운데 무력보유를 원칙적으로 금지하는 헌법 제9조의 개정에는 반대하는 의견이 늘어났던 것이다. 이처럼 일견 해석하기 어려운 일본사회의 반응은 사실은 자신들의 경제적 성공에 의한 평화를 지키기 위한 군사력 유지에는 찬동하면서도, 막상 직접적으로 전쟁에 말려들어 피해를 입는 것에 대해서는 강한 거부감을 가지고 있음을 의미한다.

그런데 1990년대 국제정세의 변화에 따라 평화의식에 또 다른 변화가 나타났다. 우선 베를린 장벽의 붕괴로 상징되는 냉전의 종식이 세계대전의 발발 가능성을 약화시키면서 일본의 군사력 강화가 곧 대규모의 전쟁, 즉 세계대전에의 비자발적인 참여를 유발할 가능성이 적어지게 되었다. 냉전에 의한 세계대전의 발발 가능성이 약화되면서 다발된 국지적인 패권 다툼, 특히 걸프전의 전개과정은 이라크와 같이 국지적인 패권을 목표로 지역안보와 세계평화를 위협하는 세력에 대해서 가장 효과적인 제재수단은 군사력임을 선전하는 효과를 가져왔다. 특히 국제사회에 의해 이라크의 쿠웨이트 침공이 비인도적인 행위로 규정되어 군사적 제재가 가해지자 군사력은 비인도적 행위를 막는 수단으로 여겨지게 되었다. 세계대전을 회피하면서도, 군사력에 의한 비인도적 행위의 규제는 일본의 평화를 유지함과 동시에 경제적 민족주의에 의해 고양된 자부심을 충족시키고, 더 나아가 일본의 국위에 어울리는 국제공헌을 실현하기 위해 적합한 수단이라는 인식이 형성될 수 있는 토양이 마련된 것이다.

이러한 분위기를 반영하듯이 1991년 자위대 소해정掃海艇의 페르시아만 파견에 대한 아사히朝日신문사의 여론조사에 65%의 응답자가 찬성을 나타내었다. 이것은 60년대 후반 UN협력을 위한 자위대의 해외파견에 60%내외의 응답자가 반대했었다는 사실과 비교하면 커다란 변화였다. 이것이 곧 무력의 해외파병에 찬성한다는 의미는 아니었으나,

1992년 6월에 성립한 PKO 등 협력법의 탄생과 결코 무관하지 않은 것도 사실이다. 국민의 지지가 없는 법안의 성립은 어렵기 때문이다. 이후 자위대의 활동 영역은 2006년 해외 파병을 본연의 임무로 격상(이전까지는 부수적 임무였음)시키고, 2007년 방위청의 방위성 승격, 2009년에 PKO활동의 5원칙 중 2개 원칙[60] 폐지를 추진한 사실에서 보이듯 계속 확대되고 있으며, 이것은 단순히 미국의 세계전략에 편승한 결과만이 아니다.

그렇지만 일본 사회 전체가 이와 같은 경향으로 일치단결하고 있는 것은 아니다. 특히 1970년대 말에서 80년대 초에 행해진 '전쟁전戰争展' 행사는 전국적인 규모로 성장하면서 '피해', '가해', '반전저항', '현재와 미래전망'을 테마로 삼았고, 1990년대에 '사죄와 전쟁보상'을 추가하며 전쟁전 행사를 상시화하기 위한 시설의 건립에 성공한 것은 단순한 피해의식에 기초한 평화운동의서 진일보한 성과였다. 또한 1990년대 이후 일본군 위안부 문제에 대해 관심을 가지고 여성운동 단체를 중심으로 자발적으로 결성된 시민운동은 공정한 처리를 일본 정부에게 요구하고 있고, 2004년에 결성된 '9조 모임九条の会'은 보수 계열의 인사를 포함한 저명한 사회 인사를 망라하면서 헌법 9조의 유지를 주장하고 있다. 그리고 일각에서는 한국의 독도 영유가 정당한 것이라고 주장하는 단체도 나타나고 있다. 이러한 사실은 일본의 평화운동이 단순히 자기 중심적인 수준에서 벗어나 일본 국민만이 아니라 다 같이 국가권력에 의해 참담한 피해를 입은 각국의 피해자도 관심의 대상으로 삼은 것으로, 평화운동이 본연적으로 가져야 할 보편적인 평화의 추구에 관심을 기울이고 있음을 의미한다. 이러한 움직임이 향후 일본 사회를 어떠한 방향으로 나가게 할 것인가는 지속적인 관심의 대상이라 할 것이다.

memo

60) 여기서의 2개 원칙이란 교전 당사국이 정전상태에 있을 경우, 그리고 당사국의 요청에 의해서만 자위대 파견을 할 수 있다는 기존의 원칙을 말한다.

(3) 소비자운동

일본에서 소비자운동이 본격화 한 것은 전후에 접어들어서였다. 생활물자 확보운동, 불량상품 추방운동, 물가인하 운동으로 시작된 전후 초기의 소비자 운동은 1957년 제1회 전국소비자대회로 이어져, '소비자 대중이야말로 주권자'라는 선언을 발표하게 된다. 그 뒤 고도경제성장기의 공공요금인하, 식료품의 가격인하와 첨가물 삭감운동, 오일 쇼크기의 물가 및 등유가 인상 반대, 1980년대의 엔다카円高 차익 환원 및 식품안전 확보 운동, 1990년대의 친환경 제품의 판매요구를 비롯한 소비자 생활 관련법의 제정을 위한 운동 등 지속적인 활동이 있어왔다. 이처럼 전후 소비자운동은 중단 없이 계속되어 왔고, 특히 일본 사회운동의 주된 관심이 이데올로기 문제 등 거대담론에서 자신들의 일상에 관련된 사항으로 옮겨 오면서 더욱 활발히 활동을 펼치게 되었다. 일본 소비자 운동에서 대표적인 결과물인 생활협동조합운동에 대해 구체적으로 살펴보자.

현재 일본의 생활협동조합(이하 '생협')은 6천만 이상의 조합원과 출자금 1조 1천 3백억 엔을 자랑하는 거대 조직이며, 그 중 대표적인 조직인 일본생활협동조합연합회日本生活協同組合連合会[61]는 세 분야의 활동 영역을 가지고 있다. 첫째, 상품사업, 둘째 복지 활동분야의 생활 공조, 식사회와 배식활동, 만남의 장소 제공, 육아지원, 셋째 정책제언, 식품안전, 소비자문제, 환경보전, 식육 및 농업문제, 유니세프와의 국제협력, 재난지역의 원조활동이 그것이다. 이처럼 다양한 활동 분야는 일본의 생협이 초기의 결성 목적인 공동 구매를 통한 저렴한 제품의 확보에 그치는 단체가 아님을 보여주고 있다. 생협은 조합원의 복리를 위한 단계를 넘어서, 광범위한 사회 운동을 실행하고 있는 것이다. 그러나 일본의 생협이 초창기부터 이처럼 거대한 조직력과 다양한 활동분야를 가진 것은 아니었으며 일본에서 처음 만들어진 것도 아니었다.

memo

61) 2006년 기준으로 공급액은 3739억엔, 조합수는 499이며, 주요 업무는 독자상품의 개발 및 공급이다.

원래 생협은 19세기 이래 점차 가혹해지는 독점 자본가 세력의 횡포에 대항하기 위한 빈민들의 방어 수단으로 서구에서 태어났다. 서유럽에서 생협은 단순히 생필품 배급만을 위한 소비조합이 아니라 신용조합, 노동자 생산조합, 농업협동조합 등의 형태로 다양화했다. 이러한 단체들은 조합원의 상호부조를 통해서 독점 자본가들에 의해 과도한 가격이 매겨진 물품이나 서비스로 인해 생기는 피해를 줄이는 것을 주된 목적으로 삼았다. 이처럼 자기방어적인 성격에서 출발한 생협운동은 자본주의적 모순에 대해 공격적인 대응은 적었지만, 그만큼 참가자의 부담이 적은 특성이 있어서 가입자가 급속히 늘었으며, 그 과정에서 점차 지역 사회를 구성하는 이웃만이 아니라 '인류' 전체를 위한 협동 사회, 공정 사회의 건설에 관심을 가지게 되었다. 바로 이 점이 생협운동이 일반적인 계급투쟁이나 노동운동과 다른 독자적인 의미를 가지는 이유이다.

이렇게 갈등회피의 성향이 강한 생협운동은 상대적으로 적은 탄압을 받게 되어 비교적 순조로이 발전, 19세기말에는 국제 협동조합 동맹을 형성할 정도로 성장하였고, 제2차 세계대전 후에는 영국, 프랑스, 독일, 스웨덴 등에서는 농어업과 신용협동조합의 조합원을 제외한 대부분의 시민이 동참할 수 있는 소비자 협동조합을 탄생시키게 되었다. 이 소비자 협동조합은 다양한 분야의 시민이 동참할 수 있다는 점에서 곧 대규모 조직으로 성장했는데, 영국의 경우 1950년대 말에는 1천3백만의 조합원을 가지게 될 정도였다. 이후 유럽의 소비자 조합은 1970년대를 기점으로 한층 발전하는 경우와 축소되는 경우로 나뉘게 되었는데, 현재 일본의 생협도 바로 이 소비자 협동조합과 유사한 경로로 성장하였다.

일본에서는 일찍이 1898년 철공 노동조합인 일본철도교정회日本鉄道矯正会가 조합원에게 생활필수품을 저렴한 가격으로 제공하기 위해 소비조합을 조직하였지만, 전전의 소비조합은 당국의 강력한 탄압으로 점차 쇠퇴하였고, 1930년대 후반 전시기에 접어들면서 거의 소멸하게 된다.

그러나 일본의 소비조합운동은 패전 후 극도로 악화된 경제 상황이 일반 국민의 상호부조를 필요로 하자 본격적인 도약의 시기를 맞이한다. 배급만을 기다리다 영양실조로 사망한 동경 지방법원의 야마구치 요시타다山口良忠 판사의 일화는 당시 최악이었던 경제상황을 보여 준다. 이러한 상황아래에서 일반 국민들이 식량과 생필품을 보다 원활하게 입수하기 위해 소비조합, 즉 생협을 결성하였던 것이다. 생협의 결성에는 전후 폭발적으로 고양된 노동운동이 큰 역할을 하였고 열악한 경제 상황에 비례하여 생협 설립은 급증하였다. 1947년에 전체 생협 수는 6503개 이며 조합원 수는 297만명에 달했고 각 대학에서도 생협이 속속 설립되었으며, 소비자생활협동조합법이 1948년에 제정되면서 생협은 법인 자격을 획득하게 되었다. 그러나 전후 초기의 생협은 곧 위기에 직면하였다. 역코스로 인해 주요한 구성 세력이었던 노동조합의 분열이 일어났고 그로 인해 자금난과 경영난에 봉착한 생협이 늘었기 때문이다. 이에 지역 근로자를 중심으로 결성되어 있었던 각 지역의 생협은 전전부터 시작된 반班활동[62]을 활성화시켜 지역 주민과의 밀착도를 높이면서 위기를 탈출하고자 하였고, 더 나아가 각 지역 생협의 단결로 보다 합리적인 공동 구매 및 업무 처리를 이루고 하였다. 그 결과 현재까지 일본의 대표적인 생협조직인 일본생활협동조합연합회가 1951년에 결성되었다.

memo

62) 반班은 일본어로 '한'이라 하는데, 6-13인 정도의 소규모 조직으로 공동 구입과 조직 활동을 할 수 있는 생협의 최소 단위 조직이다. 각 지역의 생협이 생협운동의 실질적 주체이고, 지역 생협의 행동지침의 반 단위의 의사를 결집하여 조성되기 때문에 반이 가지는 위치는 대단히 중요하다.

이처럼 적극적인 노력으로 조직 확대에 성공하면서 다수의 시민을 포섭한 생협은 고도경제성장을 거치면서 본격적인 시민운동 단체로 발돋움하게 된다. 고도경제성장을 거치면서 일본 사회는 노동조합의 약화가 진행되는 한편 개발에 따른 공해 및 각종 피해가 만연해지고, 유통근대화로 소비자 주권도 약해 졌다. 이에 시민들은 스스로 자신들의 권리와 복지를 찾고자 노력했는데 이 과정에서 다수의 시민이 참여하고 있던 생협이 시민운동 단체로 변화한 것이다.

우선 생협이 단순한 소비가 아니라 구입 단계에까지 활동 범위를 넓히며 보다 안전하고 합리적인 제품의 생산을 추구하였다. 재생휴지 등과 같이 독자적인 규격에 따른 소비재를 개발하고, 생태계를 파괴하는 합성세제의 추방운동을 전개한 것이 그 일례이다. 또한 공동구입의 과정에서 벌어진 농수산물의 산지 직거래 운동은 농촌 및 어촌의 지역발전 운동으로 연결되었고, 오염되지 않은 식품의 구입을 위한 노력이 환경오염의 방지를 위한 운동으로 연결되면서 생협의 공동구입 활동은 사회운동으로 발전하게 되었다. 특히 이러한 과정에서 다수의 전업주부가 동참하게 되면서 생협운동이 여성운동의 일환으로 작용한 점도 특기할 만하다. 이처럼 소비자만이 아니라 생활자로서의 자격을 찾고자 운동을 전개하면서 생협에의 동참자도 증가하여 1955-75년 동안 조합원 수는 5.8배, 출자금은 65.3배가 늘었다.

이처럼 양적인 팽창이 이루어지는 사이에 한때 생협이 과도하게 경영 규모를 확대하는 등 지나치게 기업적인 성격을 강조한 시기가 있었다. 그러나 곧 지나친 자본주의적 노선을 반성하여 1970년대 초반부터 다시 물가인상 반대투쟁 등 국민생활 보호를 위한 활동에 복귀한 것은 생협이 사회운동 조직으로서 현재까지 남는 데에 중요한 계기가 되었다. 우선 말단 조직원의 의사가 강하게 반영되는 반 활동을 강화시키면서 조직의 재정비를 하는 한편, 공동구입, 조합원 공제, 금융사업 등 생협의 기본적인 사업을 계속 온존시키면서 새로운 사회운동에 도전했는데, 이것이 1980, 90년대부터 현재까지 생협운동의 주된 내용이 되었다. 즉 생협은 환경보호를 위해 환경을 배려한 상품군의 개발과 합성세제 추방, 빈병회수와 같은 생활운동과 환경파괴 행위의 규제를 요청하는 정치운동에 이르기까지 다양한 활동을 펼쳤던 것이다. 또한 취학원조, 교육개선의 청원, 자원봉사를 통한 노인문제에의 접근, 지역 내의 상인들과의 협력을 통한 지역 발전, 산지 직거래 운동 강화를 통한 농촌의 지역발전을 주된 내용으로 하는 주민운동을 펼쳐 나갔다. 마지막으로 생협 내에 자연스럽게 자리 잡게 된 여성운동은 단순히 여성의 해방만이 아니라 인간과 사회의 해방이라는 보다 넓은 시각의 여성운동으로 발전하게 되었다.

이상에 보았듯이 생협은 초기에는 단순히 사회적 약자였던 지역 근로자들이 자신들의 생활을 방어하고자 만들어낸 조직이었다. 그러나 성장과정에서 구성원들이 시민으로서의 주권의식에 눈 뜨면서 유력한 시민운동의 기구가 되었음을 알 수 있다. 특히 생협은 하나의 특정한 활동이 아니라 다양한 사회운동을 동시에 진행하고 있다는 점에서 큰 특징을 가지고 있다. 이러한 점에서 생협은 소비자 운동의 범위에 머물지 않고 일본 사회의 시민운동 전체에 커다란 영향력을 발휘하는 중요한 존재라 하겠다.

(4) 환경운동

③미나마타병의 희생자 모습

일본의 공해 재해는 미나마타병, 제2미나마타병, 욧카이치四日市천식, 이타이이타이병イタイイタイ病의 속칭 4대 공해병이 대표적이다. 우선 미나마타병은 1956년 구마모토현 미나마타만에서 메틸수은에 의한 수질 오염으로 발생한 질병이며, 제2미나마타병은 1964년 니가타현 아가노가와阿賀野川에서 역시 메틸수은에 의해 생긴 질병을 말한다. 욧카이치 천식은 1960년에서 72년 미에현 욧카이치시에서 발생한 유황산화물에 의한 대기오염을 원인으로 한 천식이다. 카드뮴에 의한 수질오염으로 칼슘 감소를 일으켜 연골화에 치명적인 영향을 주는 이타이이타이병은 1910년대에서 1970년대 전반에 걸쳐 특히 도야마현 진즈가와神通川 유역에서 빈발했다. 이들 공해병들은 무분별한 공해 물질의 이용과 투기投棄에 의해 생긴 것으로, 고도경제성장기에 전국적인 관심을 끌게 되었다. 4대 공해병 대책의 공통점은 원인을 제공한 대기업과 정부의 무성의한 태도

와 발빼에 대해 해당 지역의 주민을 중심으로 한 시민단체가 끈질긴 법정투쟁을 벌여 결국은 기업과 정부가 발병의 원인을 인정하게 하고, 이에 대한 배상을 얻어냈다는 것이다. 그 예를 미나마타병(제2미나마타병 포함)을 중심으로 살펴보자.

세계 최초의 공해병으로 일컬어지는 미나마타병의 희생자들은 1956년부터 공식적으로 보고되었다. 그 시기 미나마타시에서는 뇌성마비 증상의 소아 증가, 원인 불명의 각종 '기병奇病'의 발생, 어폐류의 폐사, 고양이와 까마귀 등의 광증狂症과 폐사와 같은 환경오염 증상이 줄을 이었다. 의료계와 학계는 미나마타시 근교의 신일본질소비료의 공해 물질 배출을 유력한 원인으로 지적했으나, 신일본질소비료의 냉담한 자세와 정부기관의 미온적인 조치가 계속되었다. 그런 가운데 1965년 멀리 떨어진 니가타현의 쇼와덴코昭和電工공장의 근처에서도 유사한 증상이 발생하면서 피해자들의 제소와 조직 결성이 본격화 했다. 즉 1967년 니가타의 미나마타병 환자들이 쇼와덴코를 제소하여 4대 공해재판을 시작하였고, 1969년에는 공해피해자 전국대회가 열려서 미나마타병, 이타이이타이병, 모리나가森永비소우유 피해자등의 대표 수백 명이 집결하여 대책을 논의하였다. 1973년에는 미나마타병 피해자들의 신일본질소비료에 대한 제소에 대해 승소판결이 내려졌고, 이후 피해자 및 잠재적 발병 가능자들이 늘면서 제소도 계속되었다. 이러한 가운데 1975년 '미나마타병 간사이 환자 모임水俣病関西患者の会'이 결성되는 등 피해자단체의 결성도 지속되었고, 오랜 기간의 운동 끝에 2004년, 일본의 최고재판소는 신일본질소비료는 물론, 국가와 현의 과실책임을 인정하는 판결을 내렸다. 50년에 가까운 세월이 흘렀으나, 이러한 장기간의 운동은 단순히 미나마타병에 대한 배상 탄원의 성공에 그친 것이 아니라, 일본의 환경운동의 커다란 한 축을 이룬 것으로 평가받고 있다.

이처럼 미나마타병 관련 피해자들은 법정 투쟁을 통해 일정한 성과를 거두었고, 이타이이타이병이나 욧카이치 천식의 피해자들도 소송을 통해 일정한 보상을 얻는 데에 성공하였지만, 위에서 보았듯이 그 과정이 쉽지는 않았다. 미나마타병이 기업의 책임 인정을 이끌어 내는 데에는 20년이 걸렸으며, 이타이이타이병이 일본 최초로 정부 공인의 공해병이 된 것은 고도경제성장도 후반을 달리고 있던 1968년이었다는 것은 전후 일본의 환경운동이 쉽지 않은 길을 걸어왔음을 보여주고 있다. 그러나 어려웠던 과정에도 불구하고 환경운동은 비폭력적인 방법과 전국

지식칼럼

모리나가 비소우유 사건

모리나가森永유업은 1953년부터 전국의 공장에서 유제품의 용해도를 높이기 위해 저렴한 공업용 비소를 매개로 하여 만들어진 첨가물을 분유에 첨가했는데, 이로 인해 비소가 불순물로 분유에 남게 되면서 모리나가의 분유를 마신 1만3000명의 유아가 비소 중독에 걸리고, 이 중 130명이 사망한 사건. 당초에 모리나가는 발병과 제품 사이의 연관성을 부인하거나 공업용 비소의 판매자에게 책임을 전가하였으나 오랜 소송에 의한 관련자의 실형선고와 불매운동에 의한 이미지 악화를 거쳐 결국 1974년 피해자·후생성과의 타협에 의해 재단법인 히카리협회(財)ひかり協会의 설립에 동의하였고, 이 협회가 이후 피해자를 항구적으로 보살피게 되었다. 그러나 현재에도 히카리협회에서 일부 피해자의 발언권이 제한되는 등 문제가 남아 있는 것이 사실이다.

의 자발적인 참여자에 기반을 두며 시민운동으로서 정체성을 지켰고, 결과적으로 소기의 성과를 거둔 점에서 일본사회에 커다란 영향을 남겼다. 이타이이타이병 대책 위원회의 소송 결의에 대해 전국에서 20인의 변호사가 모여 변호단을 결성한 사실에서 보이듯, 환경운동은 지역주민에 의한 단순한 주민운동의 선을 넘어서 전국적인 차원으로 진행되었으며 합법적인 절차로 성과를 이루어 내어 시민운동이 나아갈 방향의 제시에 일조했던 것이다.

한편 미나마타병이나 이타이이타이병처럼 직접적인 피해에 대한 반응에서 촉발된 일본의 환경운동은 1980년대에 들어 주민운동의 영역을 뛰어 넘는 포괄적인 운동으로 성장하게 되었다. 공해의 주범격인 기업이나 이에 관련된 정부에 대한 비판에서 시작된 환경운동이 점차 환경문제의 발원이 생산자만이 아니라 소비자에게도 있다는 점을 인식하면서 일본의 경제 및 사회구조, 라이프스타일, 가치관 등 사회제도 및 문화를 총체적으로 재검토하는 운동으로 발전해가고 있다. 이에 따라 일본의 환경운동은 자연보호 및 원료검증만이 아니라 폐기물 재활용, 소비 형태의 개선 제시, 환경 교육 등 다양한 내용을 가지게 되었다. 또한 시민들 스스로가 민간에서 기부금을 모아 자발적으로 역사적 건조물이나 토지의 보존을 꾀하는 내셔널 트러스트 운동과 같이 참신한 환경운동도 나타났으며, 생협운동에서 보았듯이 소비자 운동 속에서 환경운동이 진행되게 하는 등 다른 방면의 사회운동에도 적지 않은 영향을 주었다. 환경운동이 시민들이 자신의 생활권을 지켜내려는 주민운동의 차원에서 시작했으나, 참가자들의 인식이 성장하면서 보다 다양하고 영향력이 강한 사회운동으로 성장한 것이다. 환경운동이 일본 사회운동의 발전에 있어서 빼놓을 수 없는 중요한 위치를 차지하는 것은 바로 이 때문이라 하겠다.

심화학습

1. 일본 사회운동의 변화방향을 일본 사회의 민주화 과정과 연계하여 생각하여 보자.
2. 본문에 소개된 것 이외의 일본의 사회운동에 대해서 조사하고 토론하여 보자.
3. 일본 사회운동과 한국의 사회운동의 유사점과 상이점에 대해 생각하여 보자.

참고자료

정진성『현대일본의 사회운동』나남출판 2001
한영혜『일본의 지역사회와 시민운동』한울 아카데미 2004
有馬学『日本の近代4「国際化」の中の帝国日本』中央公論新社 1999
渡辺治編『現代日本社会論』労働旬報社 1996
『世界大百科事典 第2版』日立デジタル平凡社 1998

사진 · 그림

① http://tom.livedoor.biz/archives/51054450.html
② http://ameblo.jp/kawai-n1/entry-10389506708.html
③ http://www.lib.hokudai.ac.jp/.../tenji3/tenji3-8.html

찾아보기

ㅂ

ㅅ

ㅇ

일본 지역학 입문1

문화 · 사회

초판 1쇄 발행 2011년 2월 28일
초판 2쇄 발행 2013년 8월 30일
초판 3쇄 발행 2014년 9월 25일
지 은 이 한국외국어대학교 일본어대학 학술도서편찬위원회
발 행 인 김인철
발 행 처 한국외국어대학교 출판부
130-791 서울특별시 동대문구 이문로 107
전화 02)2173-2495~7
팩스 02)2173-3363
홈페이지 http://press.hufs.ac.kr
전자우편 press@hufs.ac.kr
출판등록 제6-6호(1969. 4. 30)
디자인 · 편집 (주)이환디앤비 02)2254-4301
인쇄 · 제본 현문자현 031)902-1424

ISBN 978-89-7464-660-8 14910 정가 16,000원
ISBN 978-89-7464-666-0(세트)
*잘못된 책은 교환하여 드립니다.

HU;NE은 한국외국어대학교출판부의 어학 및 사회과학도서 Sub Brand이다. 한국외대의 영문명인 HUFS, 현명한 국제전문가 양성의 (International+Intelligent)의 의미를 담고 있으며, 휴인(携引)의 뜻인 '이끌다, 끌고 나가다'라는 의미처럼 출판계를 이끄는 리더로서, 혁신의 이미지를 담고 있다.